Ullstein

DAS BUCH

Als die legendäre *TITANIC* am 15. April 1912 im Nordatlantik versinkt, speist man die Weltöffentlichkeit mit einer ebenso einleuchtenden wie einfachen Erklärung ab: eine Eisbergkollision. Für alle Zukunft unterliegt es der höchsten Geheimhaltungsstufe, daß zur gleichen Zeit das U-Boot Nummer 11 der kaiserlich-deutschen Marine an ebendiesem Ort zwei Torpedos abfeuerte. Den Kommandanten, Kapitänleutnant von Müller, kostete das »lebenslänglich«.
Anläßlich der Taufe von *TITANIC II* läuft 50 Jahre später in London ein Erpresserbrief ein, wonach dieses großartige Schiff das gleiche Ende erleiden soll wie die berühmte Vorgängerin, falls die Forderungen dieser Terroristen nicht erfüllt werden. Die britische Spionageabwehr setzt Konteradmiral der US-Navy, Toni Lützow, den legendären Kommandanten von *U-136*, über ein Staatsgeheimnis ins Bild. Er ahnt sofort, wer hinter dem Ganzen steckt. Doch ist es tatsächlich sein Erzfeind, Piratenadmiral Brandenburg?

DER AUTOR

C. H. Guenter wurde 1924 in Franken geboren. Wie viele seiner Altersgenossen legte er im Krieg das Notabitur ab und wurde zur Marine eingezogen, der er dann bis Kriegsende angehörte. Seine wichtigsten Einsätze erlebte er als Seeoffizier, zum Teil auf U-Booten. Seine Laufbahn als Schriftsteller begann C. H. Guenter mit dem Schreiben von Schlagertexten und Kurzgeschichten. Später folgten Drehbücher und Kriminalromane. Viele seiner Romane erschienen in den USA, in England, Frankreich, Brasilien, Italien und Rumänien.

C. H. Guenter

Der TITANIC-Irrtum

Band IV:
U-136 auf der sibirischen Spur

Roman

Ullstein

Ullstein Buchverlage GmbH & Co. KG,
Berlin
Taschenbuchnummer: 24471

Originalausgabe
Oktober 1998

Umschlaggestaltung:
Hansbernd Lindemann
Illustration: Silvia Christoph

Printed in Germany 1998
Gesamtherstellung:
Ebner Ulm
ISBN 3 548 24471 8

Gedruckt auf alterungs-
beständigem Papier
mit chlorfrei gebleichtem Zellstoff

Vom selben Autor in der Reihe der Ullstein Bücher:
Das letzte U-Boot nach Avalon
Bd. I: Einsatz im Atlantik
(23925)
Bd. II: U-136 in geheimer Mission
(23926)
Bd. III: Duell der Admirale
(24398)
Kriegslogger-29
(24304)

Die Deutsche Bibliothek –
CIP-Einheitsaufnahme
Guenter, C. H.:
Der Titanic-Irrtum: Roman/
C. H. Guenter. – Berlin: Ullstein
Bd. 4. U-136 auf der
sibirischen Spur.
– Orig.-Ausg. – 1998
(Ullstein-Buch; Nr. 24471)
ISBN 3-548-24471-8

Vorwort

Dieser Roman schließt an die Bände AVALON I: ›Einsatz im Atlantik‹ (UB 23925), AVALON II: ›*U-136* in geheimer Mission‹ (UB 23926) und den dritten Band ›Duell der Admirale‹ (UB 24398) an.

Als Konteradmiral der NATO erhält der ehemalige Kommandant von *U-136*, Toni Lützow, den Auftrag, das bestgehütete Geheimnis jener Zeit, das Geheimnis um den Untergang der legendären *TITANIC* im Jahre 1912, aufzuklären und seinen Todfeind, den Piratenadmiral Brandenburg, an der Versenkung der neuen *TITANIC II* zu hindern.

I. TEIL

Der Kapitän der Kapitäne

1

Der neunzig Meter lange navygraue Stahlzylinder mit dem hohen schmalen Turm warf Bugwellen wie ondulierte Haarsträhnen. Das erste amerikanische Atom-Unterseeboot kam vom Marinestützpunkt San Diego und fuhr entlang der kalifornischen Küste mit Nordkurs. Die *Nautilus*, das berühmteste U-Boot aller Meere, hatte insgesamt 130000 Seemeilen hinter sich und wurde nach Seattle überführt. Eine Reise von zwei Tagen, knapp tausend Meilen. Und dennoch war diese kurze Reise die letzte von Korvettenkapitän Mittler, dem dritten Commander der *Nautilus*.

Querab von Los Angeles in Höhe der Insel Santa Rosa befahl der Commander eine Kursänderung auf einhundertvierundfünfzig Grad. Dann wandte er sich an seinen Ersten Offizier, Kapitänleutnant Hopkins: »Lassen Sie tauchen, Hop. Ich bin in der Kabine und packe meinen Krempel zusammen.«

Die Unterwasserfahrt auf vierzig Meter Tiefe verlief ruhig wie immer. Kaum, daß von den Maschinen und Aggregaten mehr zu hören war als ein Summen. Korvettenkapitän Mittler legte seine persönlichen Dinge in den Koffer, ein paar Bücher und Fotos aus dem Regal, private Garderobe aus dem Spind, einen Whiskytumbler mit goldenem Rand. Danach saß er eine Weile herum und hätte gerne einen Scotch zu sich genommen. Doch Alkohol war offiziell auf Kriegsfahrzeugen der US-Navy verboten, und sein heimlicher Vorrat war bereits getrunken.

Über Bordtelefon bat er seinen I WO, Hopkins, zu sich, wurde dann aber von einer Lautsprecherdurchsage unterbrochen.

»Achtung! Horchraum an Zentrale: Feste Ortung in Backbord voraus. Entfernung zwölfhundert Yards. Vermutlich russischer U-Boot-Diesel in Schnorchelschaltung.«

Commander Mittler begab sich in die Zentrale und besprach sich mit dem Funkoffizier.

»Das muß unser Bewacher vom Dienst sein, Sir.«

»Woher kennen die schon wieder unsere Position und unseren Kurs?«

»Weiß der Teufel, Sir.«

»Die Iwans haben doch überall ihre Agenten. Sie sahen uns aus San Diego auslaufen«, vermutete der Commander.

Der Horchraum meldete hektisch: »Kontakt kommt auf und näher.«

»Schraubengeräusche?« fragte Mittler, denn nach Schraubengeräuschen ließen sich erfahrungsgemäß die Bootstypen bestimmen. »Schraubenrotation ist kaum vernehmbar«, lautete die Antwort.

Mittler war einen Augenblick ratlos.

»Die Russen müssen einen neuen Propellertyp verwenden«, bemerkte Mittler schließlich. »Sie drehen leiser als unsere.« Dann wandte er sich an seinen I WO: »Was schlagen Sie vor, Hopkins, daß wir ihn rasch loswerden?«

Der junge, kaum dreißigjährige Hopkins überlegte nicht lange. »Es ist ein konventionelles U-Boot, Sir. Das macht unter Wasser bestenfalls zwanzig Knoten. Wenn wir einen Zahn zulegen, schaut er schnell in die Röhre.«

»Schön, lassen Sie den Reaktor hochfahren und auf dreißig Knoten gehen. Und dann möchte ich Sie in meiner Kammer sprechen, Hopkins.«

Erwartungsgemäß fiel der Beschatter zurück. Bei neunundzwanzig Knoten kam er nicht mehr mit. Kapitänleutnant Hopkins, vom Aussehen her Vollblutamerikaner, rundes Gesicht, brünettes Haar, kurz getrimmt, schlank und sportlich, trug immer ein Lächeln zur Schau, von dem man sagen konnte, es strahle Optimismus aus. – Oder auch Arroganz, je nachdem, ob man Hopkins persönlich mochte oder nicht. Was ihn vielleicht von amerikanischen Jungs unterschied, war seine Größe. Wenn der amerikanische Durchschnitt bei einhundertfünfundachtzig Zentimeter lag, dann konnte Hopkins von dieser Länge nur träumen. Aber genau das prädestinierte ihn zum U-Boot-Fahrer.

Er betrat die nicht allzu große Kommandantenkammer mit den grünen Ledersitzmöbeln und der Wandverkleidung aus aluminiumgefaßtem, nicht brennbarem Resopal in Mahagonitönung.

Kaum hatten beide Platz genommen, kam Commander Mittler zur Sache: »Daß ich Sie als meinen qualifizierten Nachfolger vorgeschlagen habe, das wissen Sie, Hopkins.«

»Es wäre mir eine Ehre, Sir.«

»Leider kommt es nicht alleine auf mich an.«

Hopkins zog Stirnfalten, was sein Lächeln beeinträchtigte. »Ich weiß, Sir. Die Entscheidung fällt der Prüfadmiral. Soll ein ziemlich ... Verzeihung ... sehr scharfer Hund sein.«

»Kennen Sie ihn nur vom Hörensagen?«

»Er war für ein Semester mein Dozent auf der Marineakademie in Columbia. Man kann nicht sagen, daß wir uns dabei näherkamen. Er wußte meinen Namen, sonst nichts. Wahrscheinlich hat er den inzwischen auch vergessen.«

»Lützow kann aber auch charmant sein«, bemerkte der Commander.

»Wenn er will, Sir. Nur will er meistens nicht.«

Commander Mittler massierte sich seinen Dreitagebart und sagte: »Admiral Lützow soll für Amerika eine heiße Sache aus dem Feuer gerissen haben. Im Kampf gegen die Piraten in der Malakkastraße. Man munkelt von H-Bomben und so weiter. Das brachte ihm die Beförderung zum Konteradmiral ein. Beachtliche Karriere für einen ehemaligen deutschen U-Boot-Kommandanten. Aber was U-Boote betrifft, ist er das As der Asse. Sie werden mir schon keine Schande machen, Hop, immerhin ist Admiral Lützow ein äußerst korrekter Mann.«

Hopkins erhob sich und klemmte seine Mütze unter den Arm, blieb aber unter der Tür stehen, als erwarte er noch weitere Anordnungen.

»Sie übernehmen in Seattle das Boot kommissarisch als

Commander. Überwachen Sie die nötigen Reparaturen. Sie wissen, worauf es ankommt.« Hopkins zählte auf: »Das Angriffssehrohr ist undicht, das Taucherlicht, die zwei Turmscheinwerfer haben Aussetzer und im Kühlkreislauf des Hochdruckdampfkondensators muß irgendein Haarriß sein, denn wir haben Seewasser in der Bilge.«

»Sie werden das locker hinkriegen, Hopkins«, zeigte sich der Commander zufrieden. »Und noch etwas: Bitte bei meinem Abschied von der *Nautilus* kein riesenhaftes Ballyhoo mit Teppich, Blümchen, Musik und so weiter. Der Oberbootsmaat soll eine saubere Seite pfeifen, wenn ich über die Stelling an die Pier marschiere. Und damit hat sich's. Die Navy ist ja ein kleiner Haufen. Wir werden uns gewiß wiedersehen. Falls ich mir beim Bergsteigen in den Rocky Mountains nicht den Hals verbiege. Aber leider muß ich dorthin. Ich habe das meiner Frau vor zwanzig Jahren als Hochzeitsreise geschenkt, und irgendwann sollte man so ein Versprechen einlösen ... Ach, und noch etwas, Hopkins, lassen Sie den Gyro-Kompaß überprüfen. Für die nächste Nordpolfahrt muß das Ding hundertprozentig in Ordnung sein. Das wär's dann, mein Junge.«

Zwei Tage später, Ende September 1960, brachte die *Nautilus* die Überführungsfahrt hinter sich und lief durch den Pudget Sound nach Seattle ein. Ein heißer Oktobertag. Der Himmel war zu blau, die See zu glatt. Die Klimaanlage lief pausenlos auf vollen Touren. Die *Nautilus* machte bei der Marinewerft zwischen Pier 7 und dem Schwimmdock fest.

Als erster verließ der alte Kommandant George Mittler das Schiff. Zum Abschied überreichte ihm der I WO die übliche Uhr. Sie war etwas Besonderes. Eine Rolex mit Navy-Zifferblatt und eingravierter Widmung. Die hundertzehn Mann der Besatzung hatten zusammengelegt und eintausendsechshundert Dollar dafür aufgebracht. Leichten Herzens. Denn Commander Mittler war ein prima Chef gewesen. Jeder hatte ihn gemocht.

An Deck legte Mittler dem I WO die Hand auf die Schulter.

»Noch einen Rat, Hop. Immer darauf achten. Schön an Steuerbord bleiben, und daß kein Fender außenbords hängt. Sieht sonst aus wie eine Lady, der die Strümpfe rutschen.«

Ein Teil der Besatzung erhielt Urlaub, die Reparaturarbeiten gingen flott voran. Zum Schluß kamen noch die Ingenieure der Gyroscope-Company und justierten den Mark-20-Gyro-Kompaß. »Jetzt kommt er wieder auf 200000 Touren«, versprachen sie. Wer nicht kam, war der Befehl, auf den Hopkins ungeduldig wartete, nämlich die Aufforderung, sich beim Befehlshaber der Unterwasserstreitkräfte des Marinedepartments einzufinden. In der dritten Oktoberwoche meldete Kapitänleutnant Hopkins beim Flottillenchef, daß die *Nautilus* auslaufbereit sei. Ein neuer Kommandant war noch nicht in Sicht.

2

Admiral Toni Lützow saß in seinem Büro, das noch weniger einladend war als der Routinekram auf dem Schreibtisch. Gewachster Parkettboden aus Schiffsholz, eingebaute Wandschränke aus der gleichen uralten Sykomore wie sein Schreibtisch, die Vorhänge Marke Segeltuch grob und die Sessel, hart wie Deckstühle, verbreiteten wenig Gemütlichkeit. Büros dieser Art hatten die Ausstrahlung einer Munitionskiste. Den Admiral störte das wenig. Es paßte zu ihm. Außer der Freundlichkeit eines wortkargen Mannes wurde ihm eine gewisse Rücksichtslosigkeit nachgesagt, bei der es sich jedoch allein um Gewissenhaftigkeit handelte.

Sein Adjutant, ein Oberleutnant, kam herein.

»Der zweite Termin, Sir.«

»Soll kommen.«

Der vorgeladene Besucher war Kapitänleutnant Hopkins. Die Mütze unter den Arm geklemmt, salutierte er.

»Melde mich wie befohlen zur Stelle, Sir.«

Lützow blieb – im Rücken die ›Stars and Stripes‹, vor sich die lederbezogene Schreibtischplatte – sitzen und hob nur das Kinn um wenige Zentimeter. Den Prüfling zu mustern ersparte er sich. An Hopkins konnte er sich düster erinnern. Alles, was sich ihm über seinen ehemaligen Schüler eingeprägt hatte, war, daß er eine erstklassige Qualifikation hatte, aber ein wenig zu lässig war.

»Sie wissen, warum Sie hier sind, Hopkins«, begann der Admiral.

»Einigermaßen, Sir.«

»Ich werde Sie nicht fragen, warum die *Nautilus* zweitausend Tonnen hat, wie lang sie ist, wieviel Mann Besatzung, wie schnell sie läuft und wie tief sie tauchen kann. Das steht in jedem Flottenalmanach. Nehmen Sie erst mal Platz.«

Hopkins sackte in den Clubsessel.

Lützow, der bei solchen Gesprächen gerne eine erhöhte Position einnahm, schob sich halb auf die Schreibtischecke. Sofort begann der Chef der Unterwasserstreitkräfte mit seiner Examinierung. »Wo sind Sie bisher gefahren?«

»Nach Westpoint auf einer Fregatte, danach als Erster Offizier auf dem U-Boot *Wahoo*, später als Kommandant. Dann kam ich als II WO auf die *Nautilus* für einen längeren Einsatz. Anschließend ein Jahr Studium der Nukleartechnik und bei Westinghouse Einweisung auf den Atom-U-Boot-Reaktor.«

Mit der kaum wahrnehmbaren Andeutung eines Lächelns stellte Lützow die nächste Frage: »Wie erklären Sie einem Laien mit wenigen Sätzen die Funktion eines U-Boot-Reaktors?«

Hopkins schien es auswendig gelernt zu haben: »Ein U-Boot-Reaktor besteht aus sorgfältig voneinander getrennten Heizstangen aus Uran. Sobald man sie einander nähert, tritt eine kontrollierte Reaktion ein. Dies zum Unterschied von der unkontrollierten Reaktion im Inneren einer Atombombe. Im Reaktor wird eine ungeheure Hitze erzeugt. Um diese Hitze in Grenzen zu halten, pumpt man Wasser durch den Uranbrenner. An einer Seite des Reaktors strömt das kalte Wasser hinein, auf der anderen Seite kommt es siedendheiß wieder heraus. Allerdings radioaktiv. Deswegen wird es durch einen Wärmetauscher geschickt, um die Wärme in ein anderes System zu leiten, das nicht radioaktiv werden soll, nämlich in eine Dampfturbine. So wird daraus eine ideale Unterseebootmaschine. Ein Pfund Uran entspricht der Kraft von zehntausend Gallonen U-Boot-Dieselöl. Ein U-Boot muß das also nicht mitnehmen und gewinnt dadurch sehr viel Platz.«

Der Admiral zeigte nicht, ob ihn die Antwort befriedigt hatte. Seine Fragen folgten jetzt schnell aufeinander.

»Welches U-Boot hat sich als erstes unter den Packeisgürtel der Polarkappe gewagt?«

Hopkins grinste. »Ihres, Herr Admiral, *U-136* im Zweiten Weltkrieg auf der Flucht vor britischen Verfolgern.«

»Falsch. Es gab vor mir noch so einen Irren.« Lützow wechselte das Thema. »Was haben Sie als letztes gelesen, Hopkins?«

Der Kapitänleutnant wirkte irritiert. Im Moment schien es ihm nicht einzufallen.

»Ich glaube, ich habe mich durch James Joyce gekämpft. Es war ›Finnegan's Wake‹, noch schwieriger zu lesen als ›Ulysses‹, diesen Roman über einen einzigen Tag in Dublin. Offen gesagt, ich habe nicht alles verstanden, Sir. Mark Twain oder Hemingway sind leichtere Kost. Aber ich werde mir Joyce wohl noch einmal vornehmen.«

»Ich auch«, gestand der Admiral, »wenn er eines Tages aus der hohen Dichtkunst in die niedere Form der Unterhaltungsliteratur übersetzt worden ist.«

Dieser Hopkins erzeugte genau den Eindruck, den Lützow schon immer von ihm gehabt hatte. Er wirkte ein wenig zu cool und zu locker. Ob er wirklich zur Übernahme der *Nautilus* als Commander geeignet war, würde sich wohl bei dem bevorstehenden Unternehmen herausstellen.

»Was wissen Sie von den Verhältnissen im Eismeer, Hopkins?«

»Da gibt es immer eine Menge Durchfahrten Sir. Sie werden Lagunen genannt. Gefährlich sind die Eisberge. Sie ragen meist weit in die Tiefe und haben oft scharfe Kiele.«

»Wie navigieren Sie in Polarnähe?«

»Leider nicht mit dem Kreiselkompaß, Herr Admiral, er büßt in Polarnähe seine Stabilität ein, sondern mit dem Gyroskop. Der Systemfehler im Gyro wurde auf der *Nautilus* übrigens behoben.«

Unvermittelt rutschte der Admiral vom Schreibtisch. Da er sehr schlank war, wirkte er größer. Seine Augenfarbe, eine Mischung aus Grün, Blau und Grau, war nur bei direkter Beleuchtung erkennbar. Er hatte die gegerbte Haut von Berufsseeleuten, sah aber gut aus. Ein Frauentyp wie Gary Cooper.

Lützow kreuzte die Arme vor der Brust und sagte völlig überraschend: »Danke, Kapitänleutnant Hopkins. Sie hören von uns.«

Hopkins grüßte. An der Tür holte ihn noch eine beiläufige Frage ein.

»Angenommen, Ihr Schiff geht unter, Hopkins, auf dem Rettungsboot haben nur fünf Personen Platz. Sie sind aber zu sechst. Sie, Ihr Vater, Ihre Mutter, Ihr Bruder, Ihre Schwester und die Großmutter. Wen würden Sie zurücklassen?«

Hopkins bekam einen mehr als nachdenklichen Gesichtsausdruck und geriet sichtlich in die Enge.

Geduldig wartete Lützow.

»Alles Charaktersache, Hopkins.«

Doch dann rettete der Adjutant den Prüfling.

»Admiral Rickover am Apparat, Sir«, meldete er.

»Wir sprechen uns noch.« Damit schickte Admiral Lützow Hopkins hinaus.

Tagelang ließ das Marinedepartment Kapitänleutnant Hopkins im ungewissen. Dann brachte der Melder den schriftlichen Auslaufbefehl. Hopkins erhielt das vorläufige Kommando über das Atom-Unterseeboot.

In den Morgenstunden des 8. Oktober warf die *Nautilus* Leinen los. Ein Schlepper zog sie frei von der Pier bis in die Mitte des Hafenbeckens. Noch schlugen die Wellen beinahe zärtlich gegen den stählernen Rumpf des berühmtesten Fahrzeugs aller Weltmeere. Immerhin hatte die *Nautilus* im Sommer 1958 als erstes Schiff unter dem Eis hindurch den Nordpol passiert und damit einen neuen Seeweg erschlossen.

Erst jenseits der Hafenmole nahm das U-Boot Fahrt auf. Mit zwölf Knoten durchquerte es den Pudget Sound, bis Seattle langsam unter der Kimm wegtauchte.

Und noch immer war der Prüfadmiral nicht an Bord. Kapitänleutnant Hopkins war schon voller Hoffnung, Lützow hätte verzichtet. Doch kaum eine halbe Stunde später tauchte ein Marinehubschrauber auf und meldete sich über Sprechfunk.

Während die *Nautilus* ihre Fahrt verringerte, schwebte der Helikopter über ihr. Droben öffnete sich eine Schiebetür. Stehend in einer Schlinge wurde Admiral Lützow samt Gepäck an einem Stahlseil zur *Nautilus* heruntergelassen. Er kam auf dem spritzwasserfeuchten Deck glatt auf und grüßte den Wachoffizier, der aus dem seitlichen Turmschott an Deck gekommen war.

»Bitte an Bord kommen zu dürfen.«

»Genehmigt, Herr Admiral.«

Seite wurde gepfiffen. Schon verschwanden beide im Inneren der *Nautilus*.

Draußen auf See nahm die *Nautilus* Nordwestkurs auf das polare Eismeer.

Problemlos bewältigte das Boot die seichten Gewässer des Block Island Sound. Bei der Hundert-Faden-Linie tauchte es. Das Boot wurde getrimmt und ausbalanciert. Bei zunehmender Tiefe ging die *Nautilus* auf einhundertachtzig Fuß und legte Geschwindigkeit zu, bis 25 Knoten. Da die *Nautilus* für Unterwasserfahrt konstruiert war, benötigte sie dafür eine geringere Maschinenleistung als bei Überwasserfahrt, wenn ihr Wulstberg einen bremsenden Wellenberg vor sich herschob.

Immer wenn Admiral Lützow seinen Kontrollgang durch die *Nautilus* machte, mußte er an sein altes *U-136* denken. Dann war wieder alles da. Der Geruch, Dieseldunst und Männerschweiß, die Enge, die härteren Bewegungen des Typ 7-C-Bootes. Im Vergleich zu dessen enger Stahlröhre war die *Nautilus* ein Palasthotel. Auf den alten U-Booten beanspruchten Akkus und Brennstofftanks nahezu die Hälfte des Innenraumes. Hier war alles viel geräumiger gestaltet. Es gab Kammern für die Offiziere, die Offiziersmesse war fast viermal so groß wie auf einem der üblichen Boote. Die Mannschaftsmesse hatte vergleichsweise ungeheure Abmessungen. Die sechsunddreißig Mann einer Wache konnten zu gleicher Zeit essen. Außerdem war das Essen wohl das beste der US-Navy. Was dazu führte, daß die Leute immer an Gewicht zulegten.

Binnen fünf Minuten ließen sich die Mannschaftsräume in einen Kinosaal verwandeln. Es gab Eiscreme-Automaten, Coca-Cola-Automaten, Musikboxen mit Hi-Fi-System. Das Abspielen einer Platte kostete fünf Cents. Ferner gab es den Luxus einer automatischen Waschmaschine, einer Trockenschleuder, einer Bibliothek mit sechshundert Bänden sowie einer Dunkelkammer mit Vergrößerungsapparatur. Die Waschräume waren gekachelt. Jedem Besatzungsmitglied stand eine Schublade aus rostfreiem Stahl für Toilettengegenstände zur Verfügung. Jeder Matrose hatte eine eigene Koje mit bequemer Schaumgummimatratze. Früher mußten sich drei Matrosen eine Koje teilen.

Auf längeren Tauchfahrten entfernte ein besonderes Gerät, CO_2-Schrubber genannt, das Kohlendioxyd aus der Luft. Für den Sauerstoffvorrat gab es eine riesige Flaschenbatterie. Klimaanlagen hielten die Temperatur auf zwanzig bis zweiundzwanzig Grad. Sogar eine tägliche Bordzeitung kam heraus.

Die junge Besatzung der *Nautilus* hatte es auf dem komfortabelsten Schul-U-Boot der Welt verhältnismäßig leicht. Das alte Seemannssprichwort von den eisernen Matrosen auf hölzernen Schiffen und den hölzernen Matrosen auf eisernen Schiffen traf hier mit Sicherheit zu. Auf dem alten *U-136* war es noch nicht ganz so gewesen, eher umgekehrt.

Die *Nautilus* lief von Seattle aus Generalkurs 325 Grad.

Am zweiten Tag ordnete Lützow mehrmals Notfallsituationen an. Er ließ das ganze Programm durchlaufen. Zum Beispiel den Ausfall des Reaktors. Die *Nautilus* fuhr mit ihrem Hilfsdiesel weiter.

Alle zeigten sich stets der Situation gewachsen, die hundertzehn Mann Besatzung, die Offiziere für Navigation, Funk und Technik, ebenso der Commander.

Weitere Ausfälle wurden simuliert.

Unvermittelt ließ der Admiral Wassereinbrüche melden, Ruder- und Schraubenschäden oder plötzlich auftauchende Wracks und Unterwasserfelsen.

In souveräner Ruhe erteilte Kapitänleutnant Hopkins immer die richtigen Kommandos. Selbst bei schwierigen technischen Ausfällen oder einer vorgetäuschten Grippeepidemie an Bord reagierte er zu Lützows Zufriedenheit.

Als Lützow ein Reaktorleck vortäuschen wollte, wurde aus der Theorie plötzlich Wirklichkeit. Beißender Qualm drang aus den Gittern der Klimaanlage.

Der Leitende Ingenieur gab Alarm.

»Feuer an Bord!«

Ihre Augen tränten. Sie erlitten starken Hustenreiz. Man konnte kaum noch atmen. Der LI meldete, daß die Isolierung der Backbordhochdruckturbine zu kokeln anfing. Eine bekannte Schwäche bei der *Nautilus*. So einem Brand wäre sie fast einmal zum Opfer gefallen.

Sie hatte jetzt 130000 Seemeilen auf dem Buckel, die Isolierungen saugten sich mit Sickeröl voll, und bei hoher Fahrtstufe begannen sich gerne Schwelbrände zwischen dem heißen Turbinengehäuse und der Isolierung zu entwickeln. Deswegen hatte die *Nautilus* schon einmal wochenlang in der Werft gelegen.

Commander Hopkins erteilte ohne Zögern die richtigen Befehle. »Backbordwelle stop!«

Gleichzeitig befahl er auf Schnorcheltiefe zu gehen und den Notdiesel anzuwerfen. Dadurch wurde das Boot erst einmal durchgelüftet. Dann kletterten Maschinisten mit Rauchmasken und CO_2-Löschgerät nach unten, rissen die schwelenden Isolierungen ab, schäumten alles ein und brachten den Defekt unter Kontrolle, ehe Flammen herausschlugen.

In diesen Minuten höchster Anspannung nahm Lützow noch einen Belastungstest bei Hopkins vor. In diesem Punkt kannte er keine Rücksichten.

»Wie war das, Commander? Ein Schiff geht unter, das Rettungsboot faßt nur fünf Mann, sie sind aber zu sechst. Was tun Sie?«

Während Hopkins gleichzeitig ein Bordtelefongespräch entgegennahm, Befehle über Mikro erteilte, das Boot überwachte und Meldungen bestätigte, widmete er sich noch dem Prüfadmiral. »In so einer Situation, Sir, würde ich den Überlebenden raten, die Entscheidung zu treffen, wer zurückbleiben muß. Auf jeden Fall werde ich mich selbst als erster auf das Rettungsboot begeben, denn ich bin der einzige, der segeln kann, der etwas von Navigation versteht und somit die Schiffbrüchigen in einen Hafen zu bringen vermag.«

Lützow nickte nur. Nicht die geringste Veränderung des Gesichtsausdrucks verriet, ob ihm die Antwort gefiel.

»Alles Charaktersache«, sagte er mehrdeutig.

Später tauchte das Boot auf. Die Brückenwache, auch Hopkins und der Admiral standen, eingehüllt in warme, wasserdichte U-Boot-Pelze, bei Graupelschnee und eisigem Wind oben.

Die Pribilof-Inseln lagen längst Steuerbord achteraus. Die Dämmerung kam. Ringsum war alles grau in grau bei aufkommendem Nebel und ersten Eisschollen.

»Ziemlich einsame Ecke, Sir«, ließ sich Hopkins vernehmen.

»Da kann Gottvater vorbeikommen, und keiner merkt was«, stimmte ihm Lützow bei.

Die *Nautilus* fuhr bereits wieder mit Atomkraft und zwanzig Knoten.

Lützow dachte an seine alte Crew von *U-136*. Wie hatte sich alles geändert in fünfzehn Jahren.

Die Sturmwachen damals im Atlantik mit den offenen Brücken, keinen trockenen Faden am Leib, ein Loch im Stiefel, damit das Wasser ablief. Immer auf der Hut vor feindlichen Flugzeugen und U-Boot-Jägern, ständig auf der Suche nach Konvois, Nachschubdampfern für England, nach Rauchfahnen von Schiffen am Horizont. Er vermißte seine bewährten Männer, die noch einmal beim ›Duell der Admirale‹ dabeigewesen waren. Er vermißte Rahn, seinen I WO, Klein, den Walfänger und Obersteuermann, Wessel, den II WO und Humorbeauftragten der deutschen U-Boot-Flotte, und nicht zuletzt Behrens, den besten Leitenden Ingenieur aller Zeiten. Tempi passati! Wo sie wohl herumkrebsten? Ging es ihnen gut? So gut wie ihm?

Schon sechs Jahre waren seitdem vergangen. Sechs fast zu gute Jahre.

Auf der *Nautilus* hatten sie jetzt das, was der Jäger Büchsenlicht nennt. Die Minuten der schattenlosen Sicht. Hopkins forderte seine Leute auf, hinter den Gläsern nicht einzuschlafen. Ein Backschafter brachte Kaffee auf die Brücke und Sandwiches, dick mit Schinken und Ei belegt.

»Und jetzt noch Eiscreme«, hörte Lützow aus dem Dialog der schmatzenden Männer.

»Du bist ein Vielfraß von einer Fettsau.«

»Das ist die Nahrungskette. Jeder muß essen oder sterben«, meinte ein anderer

Jede Meile führte sie tiefer in den riesigen Trichter der Beringstraße, deren Hals südwestlich lag. Oft wurden hier die Eismassen schon gefährlich, weil sie unregelmäßig und plötzlich auftauchten. Ein japanischer Küstenstrom schob sie gegen die Wände des Trichters an die Küsten von Alaska und Sibirien.

Plötzlich eine Stimme im Brückenlautsprecher: »Achtung! Flugzeug im Horizontradar. Kurs fünfundneunzig Grad, Höhe vierzehntausend Fuß.«

»Das ist der abendliche Fernaufklärer vom Dienst. Die Russen überwachen ihren Teil der Beringstraße«, bemerkte Lützow.

»Er wird uns sehen und melden, Sir«.

»Dann dauert es nicht lange, und sie setzen einen Bewacher auf uns an.«

»Ich werde tauchen, Sir, lege einige große Backbordzickzacks ein, bleibe aber auf Generalkurs.«

Lützow nickte. »Sie haben es erfaßt, junger Mann.«

Junger Mann war zweifellos übertrieben, denn Lützow war kaum zehn Jahre älter als dieser Hopkins.

»Aufklärer verschwindet Richtung Luftbasis Naukano«, meldete der Radarbeobachter.

»Na bitte, wie erwartet.«

Bevor der Befehl zum Tauchen gegeben wurde, sagte Lützow zu Hopkins: »Von mir aus können Sie das Boot demnächst als Commander übernehmen. Ich werde das befürworten. Die *Nautilus* wird in guten Händen sein. Aber die kommenden

Nächte werden noch hart. Bei Dunkelheit laufen Sie am besten wieder aufgetaucht. Lassen Sie ständig das Radar besetzen und auf weiße Schatten achten. Ein Eisberg ist hier das schlimmste, was uns begegnen kann.«

»Und das bei diesen flachen Gewässern, Sir.«

Lützow meldete sich von der Brücke ab.

»Ich verhole mich in meine Kabine«, sagte er noch. Und: »Ein Mann von der Brücke abwärts.«

3

Entspannt lag Lützow in der bequemen Koje. Auf See fühlte er sich immer wohl. Zu Hause, auf seiner Ranch in Kalifornien nordöstlich von Santa Monica, auch. Aber die gewünschte Ruhe hatte er dort noch nicht gefunden.

Nach seinem letzten großen Kampf gegen die malaysischen Piraten und nach der Zurückeroberung der drei Wasserstoffbomben hatte er einen umfassenden Bericht für die Regierung verfaßt. Alle Einzelheiten über die Operation Pazific Sun sowie die Begegnung mit dem Piratenadmiral Brandenburg, seinem Gegner aus den Zeiten des Zweiten Weltkriegs, hatten nahezu den Umfang eines Buches erreicht. Auch war er ausführlich darauf eingegangen, welche Sicherheitsrisiken selbst bei größter Geheimhaltung immer bestanden hatten. Der Beweis lag auf der Hand. Am Ende war sogar Senator Mortimer Harvey, Chefberater des Präsidenten, als Hintermann des malaysischen Piratenclans überführt worden. Doch schließlich hatte dieser Mortimer Harvey noch eine nationale Großtat vollbracht. Vor Beginn des Prozesses hatte er sich in seiner Zelle erhängt. Dadurch waren den USA viele Peinlichkeiten und Demütigungen erspart geblieben. Keiner weinte dem Senator nach. Der Selbstmord war seine erste und letzte anständige Handlung für Amerika gewesen.

Nebenbei hatte Admiral Lützow auch ein Handbuch darüber verfaßt – (Nur für den Dienstgebrauch) –, wie man solche Zwischenfälle, zum Beispiel die Kaperung eines wichtigen Schiffes, künftig verhindern konnte.

Was Brandenburg, den Piraten-Admiral, betraf, so war bei der letzten Auseinandersetzung in der Straße von Malakka sein U-Kreuzer von Lützow torpediert worden. Mit an Sicherheit grenzender Wahrscheinlichkeit hatte er das nicht überlebt.

Seine Witwe, die Baronesse Dorothea von Königsau, und ihr Sohn Sigurd ertrugen tapfer ihr schweres Schicksal. Alleingelassen und mittellos standen sie eines Tages in San Diego vor Lützows Tür. Der Tod ihres Ehemannes, des einstmals hochdekorierten deutschen U-Boot-Kommandanten Brandenburg, war für beide die Erlösung gewesen. Ein zufriedenes Leben führten sie aber erst, als Lützow sie auf seiner Ranch aufnahm und ihnen dort eine zweite Heimat bot.

Inzwischen hatten sie sich eingelebt. Der mittlerweile 19jährige Sigurd fühlte sich in einer Art Wunschwelt. Er ritt wie ein Cowboy, jagte und fischte wie ein Trapper, verantwortete als begeisterter Rancher und Landwirt die Viehzucht, den Obst- und Weinbau.

Mit strengem Kommando wachte die Baronesse über das Personal, hielt das Haus in Ordnung, ebenso die Verwaltung der Ranch. Auch kümmerte sie sich um den Absatz der Produkte und um die Finanzen, denn Lützow war oft unterwegs.

Im Aufgabenbereich des Admirals lag die Inspektion der U-Boot-Stützpunkte der USA, weltweit, von Pearl Harbor über Okinawa, Manila, Samoa bis Schottland. Immer mehr übernahm er die Aufgaben seines Freundes Admiral Rickover. Unter anderem überwachte er auch den Fortgang des U-Boot-Bauprogramms.

Mitunter hatte Lützow monatelang in Brüssel zu tun. Im Auftrag des Secretary of Defence, des Verteidigungsministers. Als Marinestrategieexperte war er zur NATO delegiert. Seine Reisen an die Nordsee und ans Mittelmeer führten ihn oft durch die alte Heimat Deutschland. Dann suchte er Orte auf, von Flensburg bis Salzburg in Österreich, wo er Judith, seine spätere Frau, getroffen hatte und mit ihr glücklich gewesen war. Auch wenn die Erinnerung schmerzte, er würde alles wieder so machen, wie es damals gekommen war. Nicht anders. Doch er wollte nie wieder heiraten. Es gab keine Frau wie sie.

Beim letzten Aufenthalt in Brüssel hatte ihn der NATO-Geheimdienstchef um eine Unterredung gebeten. Am Telefon hatte Maxwell angedeutet, daß es um private Dinge ging. Lützow sah dieser Besprechung ruhig entgegen. Doch dann kam es nicht zu dem Gespräch. Abwehr-Offizier Maxwell mußte dringend nach Ankara, und Admiral Lützow wurde beim Pentagon in Washington erwartet. So wurde das Gespräch auf einen späteren Zeitpunkt verlegt.

War Lützow mal eine Woche zu Hause auf der Ranch, brauchte er mehrere Tage, um richtig zu entspannen. Nahm dann alles wieder seinen ruhigen Lauf, dann konnte es schon passieren, daß nachts eine Frau zu ihm ins Bett kam. Er empfand es nicht als unangenehm. Bei Gott nicht.

Einmal sagte die Baronesse: »Du bist so zärtlich. Wie kann ein Mann wie du nur so zärtlich sein!«

»War Brandenburg es nicht?« fragte er vorsichtig.

Sie schwieg lange, seufzte tief und erzählte dann: »Ich ging unberührt in die Ehe, hatte mich siebzehn Jahre für einen Mann, der mich liebt, aufgehoben. Dann hat er mich in der Hochzeitsnacht binnen drei Sekunden brutal entjungfert.«

»Und das fandest du nicht besonders gut.«

»Es tat nur weh«, gestand sie. »Aber die deutsche Frau schminkte sich nicht und äußerte auch keinen Schmerz.«

»Denn die deutsche Frau war ein Indianer«, spöttelte er. Er mußte das alles locker nehmen. Auch wenn er mit der Baronesse Dorothea schlief, wich die Erinnerung an seine so tragisch verstorbene Frau Judith nicht. Dann kam er sich oft schäbig vor. Aber er verdrängte es, so gut es ging.

Bevor er in seiner Admiralskoje einschlief, telefonierte er mit Hopkins in der Zentrale. Er warnte Besatzung und Radar noch einmal und befahl höchste Aufmerksamkeit.

»Achtet auf Eisberge. Da sind schon ganz andere Schiffe gegengerast«, hämmerte er ihnen ein.

In den Wochen von Lützows Abwesenheit in Kalifornien hatten sich Dinge ereignet, von denen er nichts wissen konnte, weil sie außerhalb seines Vorstellungsvermögens lagen.

Ein Wohnwagengespann, ein langer aluminiumfarbener

Winnebago mit Tandemachse, gezogen von einer Cadillac-Limousine, überquerte von Kanada kommend die amerikanische Grenze.

An der Zollstation Wallayfield arbeitete man diese Woche offenbar nach Vorschrift. Der Beamte hatte Zeit und nahm es ziemlich genau. Bevor er den Paß aufschlug, musterte er den Fahrer des Cadillac. Er tat dies so auffallend, daß der Mann fragte: »Gefällt Ihnen mein Sakko nicht oder was?«

Es war zweifellos etwas kräftig kariert, aber der Beamte blieb höflich.

»Keineswegs, Sir. Hübsches Muster. Wo haben Sie es gekauft.«

»Auf einem Flohmarkt beim Zirkus in Addis Abeba«, frozzelte der Tourist am Schalter.

Ungerührt prüfte der Beamte jetzt den Paß.

»Sie kommen aus La Valetta?«

»Das liegt in Malta. Und Malta liegt im Mittelmeer. Ich bin britischer Staatsbürger.

Der Beamte verglich das Foto mit dem Aussehen des Grenzgängers.

»Der Paß ist alt, das Foto aber neu«, steller er fest.

»Richtig erkannt«, bemerkte der Engländer süffisant. Er sprach mit leichtem Akzent, was dem Zollbeamten aber kaum auffiel. »Das Foto mußte gewechselt werden, denn ich verlor bei einem Unfall ein Auge. Seitdem ist es aus Glas.« Er hob die schwarze Schutzklappe links. »Möchten Sie es sehen?«

»Nein danke, Sir. Nicht nötig.«

Der Beamte von der Einreisebehörde ging mit dem Paß weg und verschwand in einem Office.

Der angebliche Engländer aus Malta machte sich deswegen keine Sorgen. Der Paß war okay, ein Original, wenn auch nicht sein eigener. Das Personaldokument stammte noch vom russischen Geheimdienst, und der KGB leistete sich keine Pfuscharbeit.

Endlich kam der Beamte wieder, hämmerte den Stempel in den Paß und gab ihn zurück.

»Wie lange bleiben Sie in den USA, Mister Burncastle?«

Der Mann mit dem Paß, den Geheimagenten vermutlich irgendeinem Touristen geklaut und professionell geändert hatten, antwortete: »Einige Wochen. Kommt auf das Wetter an.«

»Und Ihr Ziel?«

»Südkalifornien.«

»Grund des Aufenthaltes?«

»Beruflich. Ich bin Journalist. Reiseschriftsteller.«

Gut, daß er das angegeben hatte. So konnte der Zollbeamte beim Öffnen eines Koffers die umfangreiche Fotoausrüstung nicht beanstanden.

Das Wohnwagengespann fuhr von Montreal kommend am Ontariosee entlang über Buffalo nach Chicago und weiter in den Westen. Zwischen Iowa und Nebraska bewegte es sich entlang der alten Route 66. Meist übernachtete der Fahrer auf Parkplätzen. Richtung Kalifornien legte er ein flottes Tempo vor. Trotz seiner Behinderungen. Die fielen eigentlich nur an den Tankstellen auf, wenn er zwanzig Gallonen Benzin nachfüllen, Öl, Wasser und Reifenluft kontrollieren ließ. Nicht nur, daß ihm ein Auge fehlte, auf der linken Seite trug er deshalb eine schwarze Klappe, er hatte auch noch einen Arm zuwenig. Mit der Prothese konnte er aber so umgehen, als sei er kaum gehandicapt.

Von Denver aus hielt sich Mr. Burncastle südwestlich auf Los Angeles zu. Mitten in einer Talsenke von wüstenähnlichem Charakter – es war unerbittlich heiß, die Straße zog sich vierzig Meilen schnurgerade hin und über dem Asphalt flimmerte die Luft – kletterte die Temperaturanzeige des Cadillac. Burncastle hielt an, ließ den Motor abkühlen und opferte seine Trinkwasservorräte zum Nachfüllen des Kühlers.

So erreichte er die nächste Tankstelle in Arizona.

»Die Pumpe«, diagnostizierte der Mechaniker. »Bei Autos von General Motors sind es fast immer die Wasserpumpen. Oder die Anlasser. Beim Anlasser genügt es, wenn Sie mit dem Hammer draufschlagen, dann rastet das Ritzel wieder ein. Bei der Pumpe hilft nur Austausch. Bei allen Modellen verwenden sie dieses Gelumpe. Die neuen Pumpen sind einen Vierteldollar billiger, aber bei Millionen von Autos jährlich, läppert sich das zusammen.«

»Und der Kunde ist der Dumme«, bemerkte der Einäugige verärgert.

»Well, immer auf die Knochen der Kleinen. Es ist wie im Krieg. Meist trifft es die Unschuldigen.«

Der Mechaniker hatte für häufig auftretende Defekte genug Ersatzteile auf Lager. Der Austausch dauerte nur drei Stunden. Dennoch erreichte Mr. Burncastle verspätet Los Angeles. Um sich bei Nacht in der Riesenstadt nicht zu verirren, rollte er sturheil bis zur pazifischen Küste durch. Dort stellte er den Winnebago auf den Campingplatz von Long Beach nahe dem Huntington Boulevard.

Tags darauf, nachdem er sich einigermaßen erholt und restauriert hatte, hängte er den Camper ab und fuhr mit dem Cadillac über den Vorort Hollywood den Sunset Boulevard hinaus bis nach Santa Barbara.

Auf der Küstenstraße Richtung Frisco bleibend, bog er erst ab, als die Kette der Santa Lucia Berge in Sicht kam. Durch blühendes Land, vorbei an riesigen Plantagen mit Obst- und Weinbau, gelangte er in ein Flußtal.

Oberhalb des Salinas River lag eine große Ranch, gepflegt mit weißen Zäunen. Über dem Torbogen der Einfahrt prangte ein feuervergoldeter Buchstabe. Ein L im Lorbeerkranz.

Von den Hügeln aus beobachtete Mr. Burncastle das Leben und Treiben auf der Ranch. Sie züchteten Pferde, bauten aber in der Hauptsache Wein an.

Im Fernglas sah er einen jungen blonden Mann, der sich als Verwalter um alles zu kümmern schien. Er ritt wie der Teufel, die Beine gestreckt im Cowboysattel.

In den späten Nachmittagsstunden erschien auf der Terrasse des Hauses eine hochgewachsene blonde Frau mit sportlicher Bikinifigur. Sie hechtete in den Pool und durchschwamm mehrere Längen des 50-Meter-Beckens. Eine schwarze Hausangestellte kam heraus und brachte ihr einen Drink, den die Lady im Liegestuhl unter dem Sonnenschirm einnahm. Der Drink war von rosa Farbe. Vermutlich irgend etwas aus Pampelmusensaft.

Bei Sonnenuntergang glaubte Mr. Berncastle genug gesehen zu haben und machte sich wieder auf den Rückweg nach L.A. Auf der Ranch hatte er alles wie erwartet vorgefunden. Nicht ahnen konnte er, daß er seit seiner Ankunft in Kalifornien beschattet und beobachtet wurde. Auch hatte man ihn an diesem Tag häufig fotografiert. Mit einem 85-mm-Objekt. Und das nicht zum erstenmal.

4

In Überwasserfahrt jagte die *Nautilus* durch Nacht und Nebel. Mit vierundzwanzig Knoten durchfuhr sie die Meerenge zwischen Alaska und Sibirien. Ständig sank die Temperatur. Bald begann Treibeis das Meer zu bedecken. Mit dumpfem Ton schlugen die Schollen gegen den Rumpf.

Klugerweise ließ Commander Hopkins tauchen. Des öfteren ging er auf Seerohrtiefe, um das Wetter zu beobachten. Einmal wandte er sich an Admiral Lützow, der am Steuercomputer lehnend seinen sahnigen Marinekaffee schlürfte.

»Typisches Arktistief, Sir. Dichte Bewölkung, schwerhängende Nebel. Sichtweite etwa dreihundert Meter.«

In den späten Nachmittagsstunden kam dann die Meldung: »Horchraum an Zentrale! Haben festen Sonarkontakt. Russischer U-Boot-Diesel in Schnorchelfahrt. Abstand zweitausend Yards. Position Null elf Uhr Backbord voraus. Sonarbild ergibt U-Boot-Form.«

Hopkins bestätigte.

»Dranbleiben!«

»Erst der Fernaufklärer, jetzt der Kontakthalter«, bemerkte der Admiral, »wie erwartet. Denen fällt auch nichts Neues ein.«

Im Horchraum stülpten sie sich Kopfhörer auf.

»Kaum Schraubengeräusch, Sir«, bemerkte der Ortungsoffizier. Commander Hopkins pflichtete ihm bei.

»Genauso wie nach dem Auslaufen in San Diego. Es muß dasselbe Boot sein.«

Lützow nickte zustimmend.

Wenn man vom Antrieb nichts hört, ist es der neue Kiew-Typ unter Kommandant Korpakow. Sie haben bisher nur ein Boot der Kiew-Klasse in Dienst gestellt.«

Bei dem Beschatter – zweifellos einem Schiff der Roten Sibirienflotte – wurde jetzt von Diesel auf E-Maschinen umgeschaltet. Noch konnten sie die Geschwindigkeit der *Nautilus* nahezu halten.

Admiral Lützow nahm den Sonarhörer vom Ohr und wiederholte: »Mit Sicherheit ist das Oleg Korpakow mit seinem neuen Spielzeug.«

»Wer bitte ist Korpakow, Herr Admiral?«

»Ein berühmter russischer U-Boot-Kommandant aus dem Zweiten Weltkrieg. Ein Kirgise. Held der Sowjetunion. Sein Rang ist Korvettenkapitän Erster Klasse, was bei uns dem Rang des Konteradmirals entspricht. Äußerst tüchtiger, äußerst gefährlicher Bursche.«

»Sie kennen ihn, Herr Admiral?«

»Leider«, antwortete Lützow, »wenn auch nur von einem schwedischen Marinemanöver her, wo unter anderen auch Oleg Korpakow als internationaler Beobachter anwesend war.« Lützow beendete den Satz: »Korpakow also, dieser Schweinehund.«

Ausdrücke dieser Art waren bei ihm unüblich. Weshalb Hopkins sich wunderte.

Sie gingen in die Zentrale. Um den Russen abzuhängen, ließ Hopkins die Fahrtstufe auf fünfundzwanzig Knoten erhöhen. Langsam wanderte der Beschatter in Position querab und achteraus.

»Jetzt hilft ihm auch seine neue Schraube nichts mehr«, bemerkte Lützow. Eigentlich wollte er Hopkins nicht damit behelligen, erzählte dann aber doch einiges. »Korpakow hatte im Winter 1945, als der Krieg beinah schon zu Ende war, eine riesige Heldentat vollbracht. In der Ostsee Patrouille laufend, lauerte er Flüchtlingsschiffen auf, die Ostpreußen evakuierten. In einer Nacht versenkte er drei unbewaffnete Passagierdampfer. Sie waren mit Flüchtlingen vollgestopft. Unter anderen die *Wilhelm Gustloff.* Siebentausend Menschen ertranken in den eisigen Fluten. Auf der *General von Steuben* waren es dreitausend, auf der *Goya* viertausend.

»Und dafür bekam er den höchsten Orden.«

»Nicht nur den einen. Aber was wissen Sie schon von damals, Hope! Der Henker Korpakow machte Karriere wie kaum ein anderer in Stalins Roter Flotte.«

»Was für ein Boot fährt er, Sir?«

Lützow wußte über den Stand des sowjetischen U-Boot-Baus mindestens soviel wie die Russen über die *Nautilus*, wenn nicht mehr.

»Die Kiew-Klasse hat etwa zweitausend Tonnen und entspricht dem alten, aber modernen deutschen Typ XXI-Boot. Konventioneller Antrieb. Diesel mit Schnorchel, aber besonders starke E-Maschinen und Batterien. Für ihre mittelalterliche Technik ist die *Kiew* trotzdem hochmodern.«

Laufend meldete der Sonarraum, daß der Russe weiter zurückfiel.

»Sein Antrieb klingt anders, sehr leise«, stellte Hopkins fest. »Können Sie mir erklären, woran das liegt, Herr Admiral?«

Auch darüber wußte Lützow einiges.

»Die *Kiew* verfügt über diese neue zehnflügelige Sichelblatt-Schiffsschraube. Nicht, daß Korpakow sie konstruiert hat, aber sie geht auf seine Ideen zurück. Dadurch ist ein leiser, äußerst effizienter Einschraubenvortrieb möglich. Demnächst, bei den neuen Booten, werden auch wir ihn einsetzen. Einschraubenantrieb wäre ohne eine solche Technik gar nicht realisierbar.«

Hopkins schien jedes Wort von den Lippen des Admirals zu saugen.

»Aber wie zum Teufel konnte er von unserer Unternehmung erfahren, Sir?«

Lützow versuchte es zu erläutern: »Die Sowjets sind nicht nur pathologisch neugierig, sondern auch ängstlich und mißtrauisch. Überall sitzen ihre Geheimagenten. Die haben uns schon gemeldet, als wir Seattle verließen.«

Zäh hielt sich der Russe in ihrer Nähe.

Lützow kommentierte: »Jetzt will er möglichst alles über uns wissen. Mit Sonar und Horchgerät erfährt er immer eine ganze Menge. Ob und wo wir unter das Eis gehen, interessiert ihn natürlich am meisten.«

»Wir schütteln ihn einfach ab, Herr Admiral.«

»Etwas anderes bleibt uns gar nicht übrig. Haken schlagen wie ein Hase nützt wenig. Korpakow ist ein genialer Fuchs. Und um in den Keller zu tauchen, ist das Wasser zu flach.«

Der Reaktor wurde hochgefahren. Binnen weniger Minuten hatte die *Nautilus* ihre höchste Unterwassergeschwindigkeit erreicht. Nahezu dreiundreißig Knoten.

Langsam, aber stetig vergrößerte sich der Abstand zu dem russischen Unterseeboot, bis dieses wohl entnervt beidrehte.

»Aufgeben werden die natürlich nicht«, schöpfte Lützow aus dem Schatz seiner Erfahrung heraus. »Sie greifen nur zu anderen Mitteln.«

»Zu welchen, Sir?«

»Wir werden es erleben, Hopkins«, befürchtete der Admiral.

Die *Nautilus* behielt ihren Generalkurs bei, Richtung McClure-Straße. Nördlich davon hatte sie nur knapp zwei Tage bis zur Peripherie des Packeises.

Noch waren die Durchfahrten, die Risse und eisfreien Stellen, die lagunenartigen Polypen breit genug. Aber ständig war das Eis in Bewegung.

Tausend Meilen weiter im Norden, hinter dichtem Nebel, begann dann die Eisdecke, die den ganzen Pol überzog und von deren fünfzig Meter hoher Kante ab und zu ein Stück abbrach und Eisberge bildete. Manche davon zehnmal so groß wie die Peterskirche in Rom.

5

Die Luftbasis Naukano lag am äußersten Ende des riesigen Territoriums der Sowjetunion. Bei gutem Wetter konnte man über das Meer hinweg nach Osten die Küste von Alaska ahnen. Die Meeresstraße, die an dieser Stelle Rußland von Amerika trennte, war kaum fünfzig Meilen breit. Eskimojäger durchquerten sie oft mit dem Kajak. Politische Flüchtlinge aus den Gefangenenlagern versuchten es bisweilen auf Baumstämmen oder auf zusammengebundenen Kanistern. Selten erreichten sie die Freiheit. Meist wurden sie von der Strömung abgetrieben.

Heute lag tiefe Dunkelheit über der Rollbahn der Luftbasis. Temperatur minus acht Grad. Vor einer Stunde noch hatten die Schneepflüge den Beton für den Nachtstart der Jagdbomber freigeräumt. Meterhoch türmte sich der Schnee in meilenlangen Streifen beiderseits der Piste. Aber noch lag Stille über Naukano. Nur vereinzelte Fenster der Barackenunterkünfte waren beleuchtet.

Der Pilot, Leutnant Nikolai, hatte Einsatzbereitschaft. Vor Mitternacht wurde er geweckt. Der spindeldürre Offizier schlüpfte in den wattierten Overall und in die Pelzstiefel und begab sich ins Büro des Geschwaderkommandeurs. Der setzte ihn über das Einsatzprofil ins Bild.

»Aber Sie müssen alleine fliegen, Nikolai«, schränkte er ein. »Vorschrift ist zwar eine Rotte, aber Sie wissen ja, der Treibstoffmangel. Die gesamte Luftwaffe wird von Propellermotoren auf Düsentriebwerke umgerüstet. So müssen wir zwei verschiedene Brennstofftypen vorrätig halten. Der Tanker sitzt in der Nordpassage bei der Wrangel-Insel im Eis fest. Er hat uns den Wintervorrat zu liefern. Unsere strategische Reserve beträgt gerade noch vier Prozent der Sollmenge. Na, hoffentlich kommt er bald frei.«

»Ich werde das Objekt auch alleine finden, Genosse Oberst«, versicherte der Leutnant und meldete sich ab.

Wenige Minuten nach Mitternacht erhellten Scheinwerfer die eisige Schneelandschaft. In einem Hangar zwischen den Erdwällen wurden Düsentriebwerke gestartet. Die Mikulin-Turbinen heulten auf und liefen warm. Der Pilot bekam Starterlaubnis.

Pfeifend rollte die MiG-19 aus dem Hangar, bog auf die Piste ein, wartete dort, bis das rote Licht am Tower verlosch und ein grünes aufleuchtete. Dann schob der Pilot die Gashebel seiner zwei Triebwerke bis zum Anschlag nach vorn. Der pfeilflügelige Abfangjäger und Jagdbomber stieg aus den Federn und rollte an. Nach knapp eintausendfünfhundert Metern wurde er in die Polarluft gerissen, in der die Eiskristalle flimmerten.

Schon eine halbe Minute später tauchte die Küste auf. Der Pilot schwenkte auf Kurs Ost und nach wenigen Minuten auf Null zehn Grad. Der Staudruckmesser zeigte eine Geschwindigkeit von neunhundert Stundenkilometern. Die MiG-19 war das erste sowjetische Kampfflugzeug, das im Horizontalflug die Schallgrenze erreichte.

Da der Pilot unter keinen Umständen in den amerikanischen Luftraum geraten wollte, änderte er den Kurs erneut.

Bei nächtlichen Patrouillenflügen war das Suchradar ständig eingeschaltet. Doch es lieferte kein Signal. Deshalb ging Leutnant Nikolai tiefer, um Sicht auf das nachtgraue Meer zu bekommen. Außer einem Tanker, der Richtung Point Hope lief, und einem Eisberg, der gewaltig, aber gemütlich mit der Strömung aus der Tschuktschensee trieb, war nichts zu erkennen.

Mit einemmal blitzte im kreisenden Strahl des Radarschirms ein Punkt auf.

Da es sich um eine Position in internationalem Gewässer handelte, nahm der MiG-Pilot Kurs auf das Objekt. Querab vom Kotzebue Sound, nahe siebenundsechzig Grad Nord, erkannte er ein U-Boot, das soeben aufgetaucht war.

Trotz der Nähe von Eisbergen querte es offenbar mit hoher

Überwassergeschwindigkeit den Polarkreis. Zumindest ließ die weiße Hecksee darauf schließen.

Der MiG-Pilot meldete den Kontakt über Funk und suchte weiter das Planquadrat Y/4 ab. Bei Beendigung seiner Patrouillenrunde beobachtete er gegen 02 Uhr noch einmal das U-Boot. Es beschrieb einen weiten östlich gewölbten Bogen, behielt aber seinen Generalkurs Nord bei.

Der MiG-Pilot flog zurück Richtung Küste und beendete seinen Nachteinsatz mit einer glatten Landung.

Sofort nach Eingang der ersten Sichtmeldung war das Marinekommando in Sibirien alarmiert worden. Von dort erhielt das einzige in See befindliche U-Boot, die *Kiew* des Korvettenkapitän Korpakow, Funkbefehl, die neue Position des vermutlichen amerikanischen U-Bootes anzulaufen.

Korpakow war sicher, daß es sich um die *Nautilus*, die ihm schon zweimal entwischt war, handelte. Trotz Eisbergwarnung hatte sich der *Nautilus*-Kapitän offenbar entschieden, seinen ursprünglichen Kurs zur Polareiskappe fortzusetzen. Er hatte ihn nur geringfügig korrigiert, indem er jetzt eine Art Halbkreis beschrieb.

Noch war er einige hundert Meilen vom Ziel entfernt, lief aber direkt auf eine Gruppe vagabundierender Eisberge zu.

Korpakow ließ den Abfangkurs berechnen. Da eine gerade Kurslinie allemal kürzer war als ein weiter Bogen, hoffte er die *Nautilus* wieder einzuholen.

Stundenlang hielt die *Kiew* Kampfgeschwindigkeit unter Zuschaltung der E-Maschinen. Und tatsächlich bekam Korpakow die *Nautilus* ins Radar.

Der Abstand zu ihr schien sich langsam zu verringern. Etwa vierzig Minuten später ereignete sich jedoch etwas Merkwürdiges. Die Distanz zu dem amerikanischen Atom-Unterseeboot verkürzte sich plötzlich so rasant, als habe die *Nautilus* gestoppt und würde ohne Fahrt in der groben See schlingern. Außerdem zeigte der Radarschirm einige helle Punkte. Einen davon dicht bei der *Nautilus*. Zweifellos Eisberge.

6

Alarm! Die Hupen blökten unablässig durch die *Nautilus.*

»Alarm! Eisberge voraus!«

Die Hupen dröhnten, als wollten sie Fleisch vom Knochen trennen.

Admiral Lützow hastete von der Zentrale auf die Brücke. Ein Blick genügte, und er erfaßte die Situation.

Verdammt, das war nicht nur ein Eisberg, das waren drei. Ein riesiger, flankiert von zwei kleineren. Der große sah aus, als schwimme der Mount Everest auf sie zu. Jeder von den kleinen mochte schon seine drei Millionen Tonnen haben.

»Abstand noch zwei Kabellängen«, meldete der Steuerbordausguck.

»Zu spät erkannt«, bedauerte Hopkins, »Radar war ausgefallen, dann der Nebel.«

Er wollte Hart Backbordruder und Äußerste Kraft voraus geben. Dabei rechnete er mit dem Einverständnis des Admirals für diese Notmaßnahme. Aber Lützow wußte, daß es dafür zu spät war. Das ging nicht mehr gut. Durch ein ähnlich falsches Manöver war vor fünfzig Jahren ein Passagierdampfer mit eintausendsechshundert Menschen an Bord gesunken.

Auch Schnelltauchen war unmöglich. Das Wasser war hier zu flach. Nur dreißig Meter Tiefe. Eisberge hatten an der Unterseite weit herabhängende Zacken.

Also preßte Lützow seine Hand auf Hopkins Schulter.

»Ich übernehme, Commander. Da hilft nur eines. Wir müssen voll drauf.«

Hopkins wirkte verblüfft, nahezu sprachlos.

»Auf Ihre Verantwortung, Herr Admiral.«

»Ruder Mittschiffs!« befahl Lützow. »Kurs bleibt. Maschine stop! Maschine äußerste Kraft zurück! An Rudergänger: Kurs nicht ändern!«

»Wahnsinn«, keuchte Hopkins.

Ruhig erteilte der Admiral weitere Befehle.

»Vorderen Torpedoraum sowie die Abteilungen I bis III räumen. Alle Mann in Zentrale. Schotten schließen. Achtung! Festhalten.« Während sich die Distanz zu dem riesigen Eisberg von Sekunde zu Sekunde verringerte, holte Hopkins noch einmal tief Luft. »Wir rammen ihn, Sir.«

In diesen bangen Augenblicken lieferte Lützow noch eine kurze Erklärung.

»Der Stier bietet dem Torero freiwillig nie die Flanke an, sondern attakiert mit dem Schädel. Der ist härter.«

Sie hatten nur noch wenige Augenblicke Gnadenfrist.

»Wer da gegenbrummt, braucht sich keine Gedanken mehr über so etwas zu machen, Herr Admiral«, stieß Hopkins hervor.

»Besser ein kranker Hund sein als ein toter Löwe«, bemerkte Lützow eiskalt, wie es schien.

Die Maschine der *Nautilus* hatte gestoppt. Die Schraube drehte rückwärts, brachte aber kaum Fahrt aus dem 2000-Tonnen-Fahrzeug. Unvermeidlich näherten sich Eisberg und U-Boot einander.

»Es ist unsere einzige Rettung«, erklärte Lützow in diesen Momenten tödlicher Stille. »Wenn wir ihn rammen, drückt uns das zwar den Bug ein. Aber der Bug ist ein ziemlich stabil konstruiertes Ding. Bei jedem anderen Manöver würden wir ihm die Seite bieten. Das Eis würde uns glatt die Flanken aufschlitzen. An keiner Seite kommen wir ungeschoren durch. Aber frontal haben wir noch eine Chance. Es gibt einen historischen Beweis für diese Situation.«

Dann war der Eisberg vor ihnen nur noch eine riesige weiße Wand.

Anklammern – ein vibrierendes Schütteln – ohrenbetäubendes Krachen. Stahlplatten und Spanten verformten sich schrill. »Das wird der größte Bäng nach dem Urknall!« schrie einer der Wachoffiziere.

Ein Regen von Eistrümmern und spitzen Eisdolchen krachte auf sie herunter.

Der Zusammenprall wirkte sich aus, als flögen ihnen die Pupillen von den Augen. Es gab Verletzte. Die *Nautilus* bäumte sich auf, wurde zusammengestaucht wie von Titanenfäusten getroffen.

Im Inneren herrschten chaotische Zustände. Aus dem Vorschiff wurde Wassereinbruch gemeldet.

»Schotten dicht!«

»Sind zu und dicht.«

»Reaktor und Maschine unbeschädigt«, ergänzte der Leitende Ingenieur. »Können mit der Hauptlenzpumpe den Wassereinbruch halten.«

Inzwischen liefen die Maschinen der *Nautilus* äußerste Kraft rückwärts. Knirschend löste sich zerbeulter Stahl von dem Eis, in das er sich gefressen hatte. Sie brachten das Boot jedoch nur frei, indem sie Pendelbewegungen mit dem Ruder ausführten und die Tauchtanks wechselweise anbliesen.

Das Eisungetüm trieb langsam achteraus.

Als die Lage einigermaßen zu überblicken war, meinte der Admiral trocken: »C'est la guerre, Herrschaften. So ist es immerhin besser als tot zu sein.«

Da widersprach ihm Hopkins zum erstenmal.« »Nein, es ist genau dasselbe, Herr Admiral.«

Während die Techniker versuchten, die *Nautilus* schwimmfähig zu halten, wurde der erste verschlüsselte Funkspruch über die Havarie abgesetzt. Mit Angabe von Position und Uhrzeit. »Fügen Sie noch hinzu«, beauftragte Lützow den Funkoffizier, »›Versuchen mit eigener Kraft den nächsten Hafen anzulaufen‹.«

In der Zentrale der *Kiew* wurde noch an der Ursache herumgerätselt, warum die *Nautilus* gestoppt lag. Auch wurden die Funknotsignale der *Nautilus* aufgefangen, obwohl sie nicht entschlüsselt werden konnten.

»Das riecht verdammt nach SOS und Mayday«, bemerkte der erfahrene Korpakow. Für ihn gab es nur eine Erklärung. In kaum unterdrückter Schadenfreude fügte er hinzu: »Die hatten Kollision. Sind voll gegen einen Eisberg geknallt.« Ständig meldete der *Kiew*-Funker hektischen Verkehr auf Notrufwelle. Da sie nicht in der Lage waren, die Funksprüche der *Nautilus* zu entziffern, nahmen sie einen Magnetbandmitschnitt vor.

Indessen lief die *Kiew* weiter mit äußerster Kraft auf die havarierte *Nautilus* zu.

Korpakow entschloß sich, den Havaristen offen anzufunken. »Hier UdSSR-Submarine *Kiew.* Können wir Ihnen helfen?« Da die Antwort ausblieb, wiederholte Korpakow mehrmals sein Angebot.

»Sie hatten offensichtlich eine Eisbergkollision«, funkte er im Klartext. »Wir stehen nur dreißig Meilen von Ihnen entfernt. Können in zwei Stunden Ihre Position erreichen.« Abermals keine Reaktion.

Endlich meldete sich irgendein Funker, ohne den Namen seines Schiffes zu nennen mit einer lapidaren Antwort: »Danke *Kiew.* Wir kommen alleine klar.«

Trotzdem lief Korpakow weiter auf die Position des Havaristen, den er für die *Nautilus* hielt, zu. Doch in den Morgenstunden kam Nebel auf, und auch das Radar gab kein verwertbares Echo mehr.

Die Frühpatrouille der Luftbasis Naukano, zwei MiG-19 Aufklärer, flog befehlsgemäß die letzte Position des Eisberghavaristen dreiundsiebzig Grad Nord, vierundsechzig West an.

Zunächst konnten sie ihn wegen Nebels nicht entdecken. Etwa zwanzig Minuten lang kreisten sie über dem Planquadrat, bis sich die Bodensicht besserte. Aber auch dann war von dem Havaristen nichts zu sehen. Offenbar war er noch in der Lage gewesen, den nächsten Hafen anzulaufen.

Als ihr Treibstoff zu Ende ging, kehrten die MiGs zu ihrer sibirischen Luftbasis zurück.

Die hektischen Funksprüche der *Nautilus*, von Korpakow aufgezeichnet und sofort per Funk überspielt, wurden im sowjetischen Marinestützpunkt Diomede analysiert. Die Behandlung der Tonbandaufzeichnungen der *Nautilus* lief noch, als Korpakow mit seinem Boot die Anadyr-Bucht ansteuerte.

Achtundvierzig Stunden lang fanden sich die russischen Experten in den mehrmals überschlüsselten amerikanischen Funksprüchen nicht zurecht. Das Dechiffrierbüro der ostsibirischen Flotte war nicht mit elektronischen Decodiermaschinen ausgerüstet. Alles lief noch über mechanische Rechner und Hollerithanlagen. Deshalb hatten sie nichts als ein heilloses Durcheinander unverständlicher Morsezeichen vor sich.

Doch als Kapitän Korpakow eintraf, brachte er Ordnung in die Suche.

»Es handelt sich zweifellos um Notrufe«, erklärte er. »Ihr müßt nach Permanenzen suchen, also Morsegruppen, die sich ähnlich sind. Gewiß hat der Commander der *Nautilus* mehrmals folgende Worte verwendet: Eisberg ... Kollision ... Beschädigungen ... Wassereinbruch ... versuchen mit Pumpen zu lenzen ... Reaktor beschädigt oder auch Reaktor unbeschädigt ... sind tauchklar oder auch tauchunklar ... können Fahrt mit eigener Kraft fortsetzen ... oder schickt uns Schlepper ... Kurszahlen für den Rückmarsch ... Ankunftszeiten et cetera. Danach sollte man recherchieren, Genossen.« Noch weiter half Korpakow seinen Funkspezialisten mit seiner Erfahrung. »Diese Morsegruppen müssen sich mehrmals wiederholt haben. Übersetzt meine Angaben ins Englische und vergleicht anschließend die Wortlängen. Vielleicht können wir auf diese Art sogar den amerikanischen U-Boot-Code knacken. Auf jeden Fall muß aufgeklärt werden, was mit der *Nautilus* los ist und wo sich dieses verdammte Ding jetzt befindet. So ein Zwischenfall läßt sich nicht unterdrücken. Haben die westlichen Rundfunkstationen oder Zeitungen irgend etwas gemeldet?«

»Bis jetzt nicht«, hieß es.

»Die haben eine verdammt wasserdichte Geheimhaltung«, fluchte Korpakow, »fast so wie bei uns zu Stalins Zeiten.«

Die Havarie der *Nautilus* bekam vom sowjetischen Oberkommando höchste Priorität. Aus solchen Vorgängen und den damit verbundenen Maßnahmen ließen sich stets wertvolle Schlüsse ziehen.

Die täglichen Luftpatrouillen wurden verdoppelt. Die MiGs flogen sehr hoch und wagten sich sogar in amerikanischen Luftraum. Sie fotografierten die Alaskaküste an der Beaufortsee, von Point Barrow herum nach Westen, sowie die an die Beringstraße grenzenden Buchten bis zum Norton Sound. Auch die Sankt-Lorenz-Insel und die Kodiak-Inseln ließen sie nicht aus.

Doch weder in der Bristol Bay noch im Golf von Alaska konnten sie das havarierte U-Boot entdecken.

Nicht, daß die Russen voreilig daraus schlossen, daß die *Nautilus* auf Grund gegangen sei, aber mit stiller Genugtuung hätte es sie schon erfüllt, wenn das erste amerikanische Atom-U-Boot total ausgefallen wäre. Dies um so mehr, als sie mit dem Bau ihrer eigenen Atom-U-Boot-Flotte den Amerikanern um zehn Jahre hinterherhinkten.

Zusätzlich wurden alle in den Küstenstädten Alaskas tätigen sowjetischen Agenten beauftragt, nach der *Nautilus* Ausschau zu halten.

7

Schwerbeschädigt, aber noch schwimmfähig trieb die *Nautilus* zunächst im sibirischen Eismeer. Binnen zwei Stunden liefen die Schadensmeldungen ein. Sie klangen furchterregend. Der Leitende Ingenieur trug Admiral Lützow, der die volle Verantwortung für die Havarie und auch die Befehlsgewalt für das Boot übernommen hatte, das wichtigste vor.

»Der Bug ist auf sechs Meter eingedrückt, ziehharmonikamäßig. Der vordere Torpedoraum befindet sich jetzt im Mannschaftslogis. Vordere Tiefenruder unbrauchbar, Bugsonar Totalschaden. Die Kugelschotts halten noch den Wasserdruck. Wie das aber sein wird, wenn wir Fahrt aufnehmen, ist ungewiß, Sir.« Die Liste der übrigen Defekte war ellenlang. Elektronik, Hydraulik, Mechanik.

»Verletzte?« fragte Lützow.

»Ein paar Prellungen, als die Mannschaft aus dem Vorschiff die Flucht nach achtern ergriff.«

»Steht das eindringende Wasser?«

»Wir haben die durchlaufenden Leitungen und Kabelkanäle abgeriegelt oder abgedichtet. Es treten aber noch überall Risse auf. Die Hauptlenzpumpe hält das Niveau in der Bilge auf verantwortbarer Höhe.«

Der Admiral ging ins Detail: »Und die Hauptsache. Wie steht es um den Reaktor?«

»Bis jetzt sind keine Schäden feststellbar, Herr Admiral. Das zeigt sich erst, wenn wir ihn hochfahren.«

Lützow besprach sich mit Hopkins. Sie kamen überein, sich vorerst auf den Notdiesel zu beschränken.

Erneut wandte er sich an den LI: »Was glauben Sie, welche Fahrtstufe wir riskieren können?«

Der Leitende, ein Fregattenkapitän Ing., nahm die Mütze ab und setzte sie nervös wieder auf.

»Vier bis fünf Knoten maximal, Herr Admiral.«

»Und wenn die Schotte nicht halten, der Staudruck wird enorm sein, wie lange könnten Sie notfalls Rückwärtsfahrt zulassen?«

»Kommt auf das Wellenlager an, Sir.«

Lützow kannte das Problem. Das letzte Wellenlager, bevor der Propeller kam, war als Druck- und Zuglager ausgeführt. Ein stark dimensioniertes Drucklager für Vorwärtsfahrt, ein schwächeres Zuglager für Rückwärtsfahrt.

»Äußerte Kraft zurück ist laut Betriebsvorschrift der *Nautilus* maximal neunzig Sekunden statthaft«, erinnerte er sich. »Dann überhitzt das Lager, wenn man nicht Pause einlegt, Sir.«

Die *Nautilus* in Rückwärtsfahrt bis an die Küste zu ziehen war mithin unmöglich.

Der Admiral ordnete an, die *Nautilus* achterlich zu trimmen, was sie vorn entlastete. Vorsichtig ließ er mit Fahrt angehen.

Commander Hopkins, dem immer noch das Entsetzen in den Augen stand, hielt eine Tasse Kaffee zwischen beiden Händen, ohne davon zu trinken. Lützow versuchte ihn aufzumuntern.

»Sorry, war mal ein schönes Schiff, die *Nautilus*. Aber keine Bange, ich hab' schon andere Schrotthaufen aus dem Nordatlantik in den U-Boot-Bunker nach Lorient zurückgebracht.«

»Wenn das einer kann, dann Sie, Herr Admiral.«

»Wir werden es schaffen, das verspreche ich Ihnen und der Mannschaft. Und wenn wir heil nach Hause kommen, werde ich vorläufig erst einmal standrechtlich erschossen.«

»Ja, sie bringen einen um, bis man tot ist. Aber nicht Sie, Herr Admiral.«

»Haben Sie 'ne Ahnung, Hopkins«, befürchtete Lützow.

Die *Nautilus* schleppte sich mit vier Knoten Fahrt Richtung Küste. Für die dreihundertfünfzig Meilen bis zum Navy-Stützpunkt an der Smith Bay brauchte sie drei Tage. Es war wie die Flucht in ein Versteck. Zugute kam ihnen das schlechte Wetter. Nebel und Schneeschauer tarnte sie im Treibeis.

In der Smith Bay wurde die Bugpartie der *Nautilus* notdürftig repariert. Taucher schweißten grobe Bleche über jene Stellen, wo der Stahlmantel gestaucht und aufgerissen war. Damit konnte Lützow riskieren, die *Nautilus* nach Süden zu bringen. Er schaffte es tatsächlich bis zur Werft von Seattle, die er Ende Oktober erreichte.

Nach oberflächlicher Kalkulation würden die Reparaturen Monate dauern und mindestens zwölf Millionen Dollar kosten. »Aber dann ist sie wieder wie neu«, versicherte ihm der oberste Werftingenieur.

»Hoffentlich«, bemerkte Lützow, »schön wär's.«

Die Havarie der *Nautilus* hatte sich trotz aller Bemühungen nicht geheimhalten lassen. Die Medien, Presse, Radio und Fernsehen ließen sich eine Woche darüber aus, sie suchten einen Schuldigen und stießen zwangsläufig auf Admiral Lützow. Obwohl die Seeamtsverhandlung noch gar nicht stattgefunden hatte, fielen sie regelrecht über ihn her.

Sie gruben die alten Geschichten aus, daß er ein erfolgreicher deutscher U-Boot-Kommandant gewesen und von Hitler mit dem Eichenlaub zum Ritterkreuz des Eisernen Kreuzes ausgezeichnet worden sei. Wie das Schicksal Lützows, seines Bootes *U-136* und der Besatzung weiter verlaufen war, nach dem Todeslager in Ostpolen, nach dem Bewährungseinsatz gegen den Kreuzer *Prince of Wales*, auf dem die Atlantikcharta-Konferenz zwischen Roosevelt und Churchill stattgefunden hatte, und von ihrer Flucht nach Südamerika – davon schrieb niemand. Auch umging man Lützows Verdienste im Kampf gegen die H-Bomben-Piraten in Malaysien. Dafür kritisierte man seine frühe Beförderung zum Konteradmiral und daß eine weitere Beförderung zum Viceadmiral demnächst anstünde. Des weiteren fragte man sich, ob dieser Mann in der Lage sei, die Interessen der USA beim NATO-Strategieausschuß in Brüssel erfolgreich zu vertreten.

Admiral Lützow nahm diese Vorwürfe und Schmähartikel zur Kenntnis, achtete aber darauf, daß sie ihm nicht unter die Haut gingen. Nur eine Sache ärgerte ihn maßlos. Die Leute, die von dem *Nautilus*-Zwischenfall berichteten und ihm vorschnell verurteilend die ganze Schuld anlasteten, waren meist selbsternannte Marinesachverständige, Experten von hohen Graden, die nie ein U-Boot von innen oder einen Eisberg von nahem gesehen hatten.

An dem Tag, als die Verhandlung vor dem Gremium hoher Seeoffiziere in Seattle begann, schien Lützow nicht in bester Form zu sein. Seine Haut war grau, die Augen lagen tief, die Wangen wirkten knochig. Der Mund, ein Strich, machte den Eindruck, als sei er gelähmt.

Trotzdem nahm Lützow mit aller Energie den Kampf auf.

Admiral Rickover, Lützows väterlicher Freund, begleitete ihn zum Gebäude des Marinedepartments Pazific.

Er sagte: »Wer wirklich etwas von der Sache versteht, ist auf deiner Seite, mein Junge. Da mußt du durch. Volle Kraft voraus. Aber du wirst sehen, hinterher ist alles besser.«

»Nicht besser«, antwortete Lützow, »nur anders.«

Der Matrose, der vor dem Sitzungssaal Wache ging, trug weißes Koppelzeug, weiße Gamaschen und ein weißes Käppi. Admiral Lützow musterte ihn mißbilligend von Kopf bis Fuß und fand schon wieder zu seinem trockenen Humor zurück.

»Bei Ihren Gamaschen kommt schon das Weiße durch. Die müssen Sie mal wieder teeren, Seemann«, rügte er.

Nach der ersten Einvernahme mit Befragung zur Person, nach Werdegang, Laufbahn et cetera entlastete Admiral Lützow zunächst Commander Hopkins. Dann lieferte er eine minutiöse Schilderung der letzten Minute vor dem Zusammenstoß der *Nautilus* mit dem Eisberg.

Warum er denn Hopkins das Kommando entzogen habe, wurde er im Verhör angegriffen.

»Weil Commander Hopkins einer solchen Situation noch nie gegenübergestanden hat und ich größere Erfahrung besitze, Gentlemen.«

»Sie sind also schon einmal mit einem Eisberg kollidiert«, höhnte einer der Sachverständigen.

»Dazu hatte ich Gelegenheit, als ich im Jahre 1941 als erster unter das Polareis tauchte«, antwortete Lützow.

Die Verhandlung vor dem obersten Marinegericht dauerte acht Stunden. Zeugen wurden gehört. Sie bestätigten im wesentlichen Lützows Bericht. In der Hauptsache aber mußte Lützow seine Handlungsweise, warum er dem Eisberg nicht ausgewichen sei, begründen. Er tat dies an einer quadratmetergroßen Schautafel. Mit Zeichnungen und Schiffsfiguren stellte er das Szenario dar. Das Resümee der ausführlichen Erklärung lautete: »Alarmtauchen verbot die zu geringe Wassertiefe. Bei einem Ausweichmanöver hätte uns der Eisberg die Flanke aufgeschlitzt. Sie ist der verwundbarste Teil des Bootes im Vergleich zum Bug. Dazu genügt ein Blick in die Statik der Baupläne.«

Lützow verwies auf ein ähnliches Ereignis vor fünfzig Jahren im Nordatlantik sowie auf die Erkenntnisse des britischen Oberseeamtes in London und des amerikanischen Seeamtes in New York im Jahr 1912.

»Damals ist man zu dem Schluß gekommen, daß die »*TITANIC*« nicht gesunken wäre, wenn sie den Eisberg frontal gerammt hätte. So aber wich sie aus und bot dem Eisberg ihre weiche Flanke an. Der Zusammenstoß riß sie unter der Wasserlinie auf und brachte ihr an Steuerbord das tödliche Leck bei.« Vom Hörensagen war dies einigen der Beisitzer bekannt. Aber der Hauptsachverständige, ein Mann, der Lützow nicht sonderlich schätzte, war anderer Meinung.

»Das sind nichts als Theorien«, behauptete er. »Liefern Sie uns die Beweise, Admiral Lützow.«

»Wie lange geben Sie mir Zeit, Gentlemen?« wollte er hören.

»Wieviel Zeit brauchen Sie?«

»Drei Monate«, erbat Lützow.

»Drei Wochen«, genehmigte ihm der Vorsitzende.

In der Schiffbauversuchsanstalt der US-Navy in San Diego ging Lützow ans Werk. Sie hatten dort einen neunzig Meter langen

Kanal für Strömungstests. Er befand sich in einer Halle, damit die nötigen Wetterzustände und Temperaturen künstlich hergestellt werden konnten.

Mit den Ingenieuren kam Lützow überein, daß der Versuch im Maßstab 1:100 durchgeführt werden müsse.

»Die *Nautilus* ist hundert Meter lang.«

Einer der Ingenieure betätigte seinen Rechenschieber.

»Dann wird das Modell also einen Meter groß.«

»Die Stärke der Stahlhülle beträgt zwanzig Millimeter.«

»In unserem Versuch also ein Hundertstel davon, nämlich null Komma zwo Millimeter. Aber selbst in Papier ausgeführt wäre das für ein Modell noch ungenau, was die Zähigkeit des Materials betrifft.«

»Und es müßte zweitausend durch hundert, also zwanzig Tonnen schwer sein. Das läßt sich bei einem Modell von einem Meter Länge nicht realisieren.«

Lützow glaubte eine Lösung gefunden zu haben: »Also muß man die fehlende Masse durch höhere Geschwindigkeit ausgleichen. Nach dem Gesetz: Geschwindigkeit mal Masse.«

In Tag- und Nachtarbeit wurde das Modell der *Nautilus* gebaut. Für den Versuch setzte man sogar einen Eisblock aus gefrorenem Seewasser in das Versuchsbecken. Trotzdem endete alles mit einer totalen Niederlage. Die Wand des Modells wurde beim Zusammenstoß kaum eingebeult.

»Der Test ist leider ein Fehlschlag«, erklärte der Strömungsphysiker. »Er ging wie erwartet voll in die Hose.«

»Und die Zeit, die man mir für die Beschaffung des Beweises gewährt hat, ist zur Hälfte um«, erklärte Lützow.

»Also alles Mist, Sir.«

»Ja, es läppert sich zusammen.«

»Aber ich hätte noch eine Idee, Herr Admiral«, bemerkte der Physiker, der sich bei der Versuchsanordnung voll engagiert hatte. »Im Pentagon haben sie den neuen geheimen Großcomputer, den RAY-I von IBM. Wie ich hörte, ist er in der Lage, sogar graphische Darstellungen auf dem Bildschirm sichtbar zu machen.«

»Aber er wird pausenlos für Kriegsspiele und die Berechnung von Krisensituationen eingesetzt«, befürchtete Lützow.

Der Physiker nickte verständnisvoll.

»Ich bin nur der Mathematiker, Sir. Sie sind der Admiral.«

Lützow lag ein Wort auf den Lippen. Das Wort leider. Doch er sprach es nicht aus.

Aufgrund seiner Verbindungen zum Marinedepartment im Verteidigungsministerium und mit Hilfe von Freunden gelang es Admiral Lützow, daß man ihm die Computerkapazität von RAY-I für achtundvierzig Stunden zur Verfügung stellte.

Ein Team von Programmierern und Operators machte sich an die Arbeit. Sämtliche Daten der *Nautilus*, auch unwichtig erscheinende, sowie die des Eisbergs wurden in den Graphikcomputer eingegeben. Nicht unbeachtet blieben dabei die Meeresströmung, Temperaturen, die das Material der Bootshülle beeinflussen konnten, sowie alle in Frage kommenden Parameter. Dies allein dauerte nahezu vierzig Stunden. In der verbleibenden Zeit fing der Computer endlich an zu arbeiten. Seine Lichtgirlanden blinkten. Letzte Fehler wurden ausgemerzt, die Berechnungen und graphischen Darstellungen immer wieder überprüft und wiederholt. Kurz vor Ablauf der Achtundvierzigstundenfrist stand das Ergebnis fest. Der Drucker warf es aus.

Die computermäßige Rekonstruktion des *Nautilus*-Zwischenfalles ergab die Richtigkeit von Lützows Entscheidung.

Der Testleiter, bei dem sich Lützow abschließend bedankte, wirkte erleichtert.

»Was passiert wäre, wenn die *Nautilus* gesunken wäre? Kaum vorzustellen, Sir. Das Unikat eines Atom-Unterwasserbootes, hundert Mann Besatzung, die radioaktive Verseuchung des Meerwassers durch den Reaktor, vielleicht sogar durch Austritt des Plutoniums aus den Brennstäben. Das hätte ein totes Meer zur Folge gehabt.«

»Ja, das ganze Atom-U-Boot-Programm hätte einen nicht einholbaren Rückschlag erlitten«, pflichtete ihm Lützow bei. »Kann ich das Ergebnis schriftlich haben?«

»Sämtliche Unterlagen unserer Erkenntnisse, die Beweise für die Richtigkeit Ihrer Entlastung gehen per Kurier an die Westküste.«

»Der Kurier möge sich den Koffer aber bitte nicht klauen lassen«, bat Lützow.

»Dann müßte man schon den ganzen Mann und das Flugzeug mit klauen«, beruhigte man ihn.

»Der Dank des Vaterlandes ist Ihnen gewiß, Gentlemen.«

»Ja, in Form eines feuchten Händedrucks«, lästerten sie.

In Seattle nahm die Verhandlung vor dem Marinegericht ihren Fortgang. Die Beweise des Pentagon wurden anerkannt und Admiral Lützow wegen seiner Entscheidung belobigt. Besonders wies man noch darauf hin, daß er diese Maßnahmen nur habe treffen können, weil er offenbar die Geschichte der Schiffsunfälle studiert hatte und darin große Erfahrung besaß.

In seinem Schlußwort wies der Admiral darauf hin, daß es immer von Vorteil sei, die Erkenntnisse anderer, die früher in schwierige nautische Situationen geraten waren, zu nützen. Und sei es vor hundert Jahren gewesen. Oder wie damals am 15. April 1912. Aber ein Teil der menschlichen Natur sei eben die Eitelkeit. Oft treibe sie zu eigensinniger Handlungsweise, was schon viel Unglück über die Menschheit gebracht habe.

Am Abend ließ Lützow einige Whiskys durchlaufen. Zur Feier des Tages.

Admiral Toni Lützow machte verdienten Urlaub auf seiner Ranch in Kalifornien.

Als er ankam, glänzte Doris, wie er die Baronesse vertraut nannte, mit Abwesenheit. Daß sie unterwegs war, kam vor. Aber diesmal weilte sie außergewöhnlich lange in Los Angeles. Lützow hoffte, daß sie nicht insgeheim an einer Krankheit litt, die sie ihm verschwieg, und eine Klinik oder einen Arzt aufgesucht hatte. Als sie zurückkam, wirkte sie erschöpft und müde. Sie ging kaum auf seine Fragen ein, was zu ersten Verstimmungen führte.

In der Zeit bis Weihnachten verfaßte Admiral Lützow einen umfassenden Bericht über die Eisberghavarie der *Nautilus*. Dies unter Berücksichtigung der Umstände, die einst zum Untergang der *TITANIC* geführt hatten und wie diese Katastrophe zu verhindern gewesen wäre.

Nur eines konnte Lützow zu diesem Zeitpunkt nicht wissen, nämlich die Wahrheit über den *TITANIC*-Untergang. Bis zur Stunde kannte sie wohl keiner. Würde man jemals die wahren Ursachen der *TITANIC*-Katastrophe erfahren?

Sie lag fünfzig Jahre zurück. Und wer etwas davon gewußt hatte, der war längst tot.

Begonnen hatte alles zu Anfang dieses Jahrhunderts.

II. TEIL

Die Waffe

8

Jeden Morgen, ob Frühling, Sommer, Herbst oder Winter, frühstückte der alte König in seinem Berliner Stadtschloß. Als junger Prinz durfte der spätere Kaiser Wilhelm II. seinem Großvater zuweilen Gesellschaft leisten.

Nach dem gebratenen Speck mit Eiern öffnete der König regelmäßig eine Flasche Champagner. Aufmerksam studierte der Prinz das feuchte Etikett der Flasche.

»Veuve Cliquot«, las er, »das ist ausländisch, Großvater.«

»Es ist französisch und bedeutet Witwe Cliquot.«

»Gibt es auch deutschen Champagner?« wollte der intelligente Prinz wissen.

»Nein, Wilhelm, es gibt keinen nicht.« Der alte König benutzte oft die doppelte Verneinung, um seine Argumente zu verstärken, wie er glaubte, obwohl er sie damit aufhob.

Der Prinz ließ ihm keine Ruhe.

»Warum nicht, Großvater? Warum gibt es keinen Champagner in Deutschland nicht, wenn sogar die Witwe des Herrn Cliquot das machen kann?«

»In Deutschland heißt das Sekt, Willi.«

Der König hatte mit Genuß das erste Glas geleert und goß sich das zweite ein.

»Warum trinkst du keinen deutschen Sekt, Großvater«, bohrte der Prinz. »Ist er zu teuer?«

Der König antwortete: »Nein, zu billig. Außerdem ist er mir zu süß.«

Jedesmal pflegte der Großvater die Flasche gegen das Fensterlicht zu halten. In Höhe des Inhalts nahm er mit dem Fingernagel am Etikett eine Markierung vor.

Der Prinz verfolgte das immer fasziniert.

»Warum, Großvater, ritzt du das Papier mit dem Nagel an?«

»Damit ich weiß, wieviel ich getrunken habe, Wilhelm.«

»Es waren zwei Gläser, Großvater.«

»Ich mache das, damit auch Fritz es weiß.«

Fritz war der Kammerdiener.

»Ist Champagner nicht gut für Diener?« gab der Prinz keine Ruhe.

»Das reinste Gift«, behauptete der alte König, »für Domestiken.«

Es gab noch Obst der Jahreszeit entsprechend. Heute Beeren. Eine Handvoll davon quetschte der alte König in den Champagnerrest. Dann trug der Kammerdiener das Frühstück ab.

»Faß die Flasche nicht an, Fritz!« rief der Prinz entsetzt hinter ihm her. »Sonst mußt du sterben.«

»Jawohl, Königliche Hoheit«, erwiderte der Kammerdiener heimlich grinsend.

Ein zweites Mal in seinem Leben hörte der spätere Kaiser Wilhelm II. von Sekt und Champagner. Diesmal anläßlich einer Unterhaltung, die König Friedrich III. mit dem Kanzler Bismarck führte. Das war im Jahr 1888. Wie immer ging es entweder um Außenpolitik oder um Geld.

Der jetzt schon erwachsene Prinz war oft als Zeuge zu solchen Kabinettsgesprächen geladen. Wie immer mäkelte der Kanzler, Fürst Bismarck, herum, daß kein Geld in die Staatskasse komme.

»Weil alles für die Armee ausgegeben wird«, jammerte er. »Die Umrüstung auf die schweren Kruppkanonen und den neuen Karabiner verschlingt Milliarden, die anderswo dringend benötigt werden.«

»Auch unsere Nachbarn rüsten auf«, erklärte dann der kranke König, »und sie könnten eines Tages unsere Feinde sein. Wir werden sogar eine Flotte bauen müssen, um die Seewege zu den Weltmeeren und unsere Kolonien zu verteidigen.«

»Eine Flotte bauen, Königliche Hoheit. Womit?« fragte der Kanzler entsetzt.

»Mit neuen Steuern, Bismarck.«

»Es wird schon alles besteuert, Majestät, was zu besteuern ist. Sogar die Zündhölzer.«

Der kranke König räusperte sich mehrmals und entgegnete unwirsch: »Dann mögen sich Ihre Herrn Minister gefälligst etwas einfallen lassen. Zum Beispiel Steuer auf Luxusartikel. In Preußen wird viel zu sehr gepraßt.«

»Ich lausche gern Ihren Vorschlägen, Majestät«, bemerkte Bismarck trocken.

Der König war offenbar gut vorbereitet worden.

»Wie ist es mit der Branntweinsteuer?«

»Die wurde erst verdoppelt.«

»Erheben wir Steuer auf dieses Schaumweingetränk, das überall in Mode kommt. Sie nennen es Sekt.«

Der Kanzler hatte da seine Bedenken.

»Sektkellereien gibt es seit dem Biedermeier, Majestät, seit dem Jahr 1826. Ein Jahr nach der achtundvierziger Revolution füllten schon ein halbes Hundert Sektkellereien weit über eine Millionen Flaschen ab. Unser deutscher Sekt ist leicht, elegant, frisch und trocken. Besser als dieser Franzmanns Champagner.«

»Zwanzig Pfennig Steuer pro Flasche würde uns Geld in die Kriegskasse bringen.«

»Aber das würde den Sektabsatz beeinträchtigen. Und die junge Branche der Sekthersteller würde Schaden nehmen«, gab Bismarck zu bedenken.

»Lassen Sie das trotzdem durchrechnen«, wünschte der König, »und legen Sie mir bald einen Gesetzentwurf vor.«

Noch kam es nicht zu der Sektsteuer. Der kranke König Friedrich III. starb 99 Tage, nachdem er die Regentschaft übernommen hatte, an Kehlkopfkrebs.

Wilhelm II. wurde deutscher Kaiser, und Bismarck dankte am 20. März 1890 ab.

Eine Steuer wie diese hatte es im Kaiserreich noch nie gegeben. Aber auch ein solches Bauvorhaben noch nicht.

Der Regent hatte sich durchgesetzt, den Luxuskonsum in

seinen Ländern ein wenig abzuschöpfen und der Marine dadurch die nötigen Millionen zufließen zu lassen.

Im Jahr 1902 unterschrieb der Kaiser das Sektsteuergesetz zur Finanzierung der Kriegsflotte mit ›Wilhelm Imperator Rex‹. Nun wurden Panzerschiffe gebaut, Kreuzer und Zerstörer auf Teufel komm raus.

Großadmiral Tirpitz, ein in die Zukunft denkender Offizier, ging aber noch einen Schritt weiter. Am 4. April 1904 befahl er den Marineingenieur Gustaf Berling nach Kiel zu einem Gespräch. Wie es seiner Wesensart entsprach, kam Tirpitz sofort zur Sache.

»Sie sind mir als erstklassiger Schiffbauer bekannt, Berling. Sie müssen mir U-Boote bauen.«

Berling war erst total verblüfft, machte seine Einwände, äußerte schwere Bedenken. Tirpitz erklärte jedoch, daß ihm der Vorsprung der Engländer und Franzosen auf diesem Gebiet schlaflose Nächte bereite. Schließlich setzte er Berling so unter Druck, daß dieser den Auftrag, ein hochseefähiges Unterseeboot zu konstruieren, nicht mehr ablehnen konnte.

Berling war von diesem Auftrag keineswegs entzückt. Zu den Mitarbeitern in seinem Konstruktionsbüro sagte er: »Ich bin ziemlich niedergeschlagen, denn ich halte das U-Boot-Wesen für groben Unsinn.«

Seine engsten Freunde, die er in das geheime Projekt einweihte, rieten ihm von diesem Auftrag ab.

»Geh besser in Pension, Gustaf. Daraus kann nie etwas Gescheites werden«, erklärten sie übereinstimmend.

So wagte Gustaf Berling tatsächlich, an Tirpitz einen Brief zu schreiben, in dem er den Auftrag, ein U-Boot zu bauen, zurückreichte.

Doch Admiral Tirpitz war der härtere Partner. Er nahm Berling an die Kandare, packte ihn bei seiner Ehre und erklärte ihm, daß er der einzige sei, der Deutschland diese Waffe liefern könne. »Oder sollen wir die U-Boote in England kaufen? Die würden uns was husten und uns kein einziges überlassen. Nicht in Gold aufgewogen.«

Schließlich konnte er Berling überzeugen. Die Argumente von Admiral Tirpitz waren zu schwerwiegend. Alle bedeutenden Seemächte besaßen bereits funktionierende U-Boot-Flotten, nur Deutschland, das Land des Erfinders, nicht.

»Diesen Vorsprung holen wir niemals ein«, befürchtete Berling.

Tirpitz wischte den Einwand beiseite: »Im Gegenteil, wir überholen sie. Unser Vorteil ist«, beharrte Tirpitz, »daß wir dadurch kostspielige Versuche und teure Fehlentwicklungen vermeiden können.«

So wurde *U-1* von Gustaf Berling konstruiert und bei der Krupp-Germania-Werft auf Kiel gelegt.

Im Herbst 1905 wurden junge Marineoffiziere, die vor kurzem das Leutnantspatent erhalten hatten, einzeln zum Kommandeur der Marineausbildungsakademie in Flensburg gerufen.

Mit anderen Kameraden mußte Leutnant von Müller im Vorzimmer warten, was ihm erst mißfiel, dann ärgerte. Täglich drillte man ihnen preußische Ordnung und Genauigkeit ein, nun mußten sie dasitzen wie beim Zahnarzt, wie bestellt und nicht abgeholt.

Endlich, nach Stunden, war von Müller an der Reihe.

In Vieraugengesprächen hatte der Fregattenkapitän die angehenden Seeoffiziere mit einer Weisung des kaiserlichen Marineamtes in Berlin bekannt zu machen.

Der Leutnant kam herein, stand stramm und salutierte.

»Mein Name ist Theo von Müller.«

»Nehmen Sie Platz, von Müller.« Der Kommandeur lehnte sich im Sessel zurück. »Was ich Ihnen jetzt eröffne, von Müller, hat höchste Geheimstufe. Sie dürfen also mit niemandem darüber sprechen, nicht einmal im Kameradenkreis.« Nach kurzer Pause fuhr der Fregattenkapitän fort: »Der Flottenchef, Admiral Tirpitz, plant eine neue Waffe, deren Bau demnächst beginnt. Schon heute sollen Mannschaften mit hoher Qualifikation angefordert werden. In diesem Falle sowohl Asse in Navigation als auch technische Spezialisten, besonders für moderne feuerungslose, also dampflose Antriebsmaschinen. Bei der Auswahl ist auf ruhigen Charakter und mittlere Größe zu achten. Natürlich alles auf der Basis von Freiwilligenmeldungen.«

»Was für eine Waffe, Herr Kapitän«, wagte von Müller zu fragen.

Der Kommandeur stand auf, ging hin und her, machte ruckartig halt.

»Nur soviel ist bekannt: Es handelt sich nicht um Marine-Aeroplane, nicht um Zeppeline, Fesselballone oder Kampfschwimmereinheiten. Mehr weiß ich auch nicht. Die Sache ist von neuartiger Zukunftstechnik und wird in jedem Fall der Karriere von Mannschaft und Offizieren förderlich sein. Wollen Sie da mitmachen, von Müller?«

Der Angesprochene zögerte erst, strich sich mit gespreizten Fingern der Rechten durch das blonde Haar, was bei ihm das Nachdenken förderte.

»Wie lange habe ich Bedenkzeit, Herr Kapitän?« wollte der Leutnant wissen.

Der Kommandeur hob erst die linke Schulter, dann die rechte.

»Bedaure, null Bedenkzeit. Nur solange Sie hier sind, von Müller. Wenn Sie zur Tür rausgehen, ist die Frist um.«

Das machte den Leutnant wütend, wie immer, wenn eine Sache nicht so lief, wie er wollte. Aber er beherrschte sich. Er ballte die Fäuste, daß die Knöchel spitz hervortraten, und preßte die Lippen schmal.

»Dann bin ich dabei, Herr Kapitän«, stieß er heraus.

So kam sein Name auf die Liste der ersten Todesmutigen.

Leutnant Theo von Müller, geb. 1879, hatte cholerisches Temperament. Schon von früher Jugend an entwickelten sich in Theo von Müller zwei besondere Eigenschaften. Eine gute und eine bedenkliche.

Er galt als stiller Knabe, der sich stundenlang mit seinen Basteleien beschäftigen konnte. Mit Spielsachen, die es damals gab, wie Dampfmaschine, Segelschiff, Uhrwerkeisenbahn,

Trix-Baukasten. Dann war es so still im Kinderzimmer, als sei er abwesend. Kaum, daß man ihn atmen hörte.

Theo hatte eine kleine, um drei Jahre jüngere Schwester. Wenn er sie bat, ihm eine Puppe als Passagier für Bahn oder Schiff zu leihen, und sie lehnte es ab, trat seine zweite Eigenschaft zutage. Unvermittelt geriet er in Wut, riß den Puppen die Köpfe ab und warf sie in die Ecke. Doch war das kein echter Jähzorn, der schnell kam und bald wieder verrauchte. Bei Theo hielt der Zorn lange an, ja er steigerte sich bis zu blindem Haß. Dann redete er oft wochenlang kein Wort. Im Laufe der Jahre verwuchs sich das zwar, aber nicht vollständig.

In der Schule himmelte Theo ein Mädchen an, Irene, die Tochter des Armeestiefelfabrikanten Knobel. Weil sie seine Schwärmereien nicht erwiderte, glaubte er, es liege daran, daß er vom verarmten niederen Adel abstammte. Fortan schenkte er ihr keinen Blick mehr. Heimlich in der Nacht zerstach er die Reifen am Automobil ihres Vaters und genoß das Zischen der entweichenden Luft. Die Polizei stellte Nachforschungen an, doch der Täter wurde nie entdeckt.

Bei allem, was Theo von Müller tat, ging er stets mit erheblichem Aufwand an Raffinesse ans Werk. Später, bei der Reichsmarine, unterdrückte er diese Anfälle, so wie er alles tat, um seiner Karriere nicht zu schaden.

U-1, das erste Unterseeboot der kaiserlichen Flotte, entstand auf der Krupp-Germania-Werft in Kiel-Garden.

Im Dezember 1906 stellte es Kapitänleutnant von Böhm-Benzing in Dienst.

Schon das erste Boot erwies sich als absolut brauchbar. Noch gab es keinerlei Erfahrungen, doch das einsatzfreudige Personal – hauptsächlich wurden dafür Torpedoboot-Leute ausgewählt, die sich schon mit der neuen U-Boot-Angriffswaffe, dem Torpedo, einigermaßen auskannten – stellte sich rasch auf die neue Technik ein.

Die Besatzungen wurden einer harten Schulung unterzogen. Sie mußten auf allen Stationen Dienst tun und selbst medizinische und Taucherlehrgänge absolvieren. Besonderes Augenmerk wurde auf die Ausbildung der Kommandanten gelegt. Bevorzugt wurden solche, denen auf dem Marinesegelschulschiff bei Auslandsreisen in Sturm und Wetter die nötige Leidensfähigkeit anerzogen worden war. Auch wurden die zukünftigen Kommandanten und Leitenden Ingenieure zu den einzelnen Werften delegiert, wo sie das Wachsen ihrer Boote miterlebten.

Dafür schuf die Marine das Wort: Baubelehrung.

Die Kommandanten kamen zu Krupp nach Essen, wo der Stahl gewalzt und die U-Boot-Kanonen gegossen wurden. Sie besuchten den Kompaß- und Sehrohroptikbauer, die Firma Zeiss in Jena. Sie wurden auch zu einer Fabrik in Halle eingeladen. Die dortige Hallische Maschinenfabrik und Eisengießerei stellte nach den Patenten eines Ingenieurs namens Spiel Petroleum-Kraftmaschinen her.

Einer der Konstrukteure führte die künftigen U-Boot-Leute in das System des Motors ein. Unter anderem sagte er: »In unserer Maschine wird die Explosionskraft des Petroleums dazu benutzt, einen Kolben zu bewegen, welcher über Pleuelstange mit der Kurbelwelle und somit dem Schwungrad gekoppelt ist. Der Zylinder ist gegenüber dem Explosionsraum geöffnet. Hier verlassen die Abgase den Motor. Die obere Wand, der Zylinderkopf, ist mit drei Ventilen versehen. Durch das mittlere wird ein feiner Petroleumstrahl eingeblasen, der vom Luftstrom, der durch das zweite Ventil kommt, zerstäubt, durchmischt und zur Explosionsfähigkeit verwirbelt wird. Nun tritt durch das dritte Ventil eine kleine Stichflamme ein, die das Gasgemisch zur Entzündung bringt. Die Kraft der Explosion drückt den Kolben nach unten. Diesen Vorgang nennen wir Takt. Die übrigen Zylinder überschneiden sich in ihrer Arbeit, wodurch man einen guten Rundlauf erreicht.«

Einer der jungen Offiziere fragte den Motorkonstrukteur: »Handelt es sich bei dem Treibstoff um handelsübliches Petroleum, wie man es in der Apotheke kaufen kann?«

»Nein«, wurde er korrigiert, »das verwendete Petroleum muß besonders raffineriert sein, da sonst Verschmutzungen eintreten, welche zu Betriebsstörungen führen können. Unsere Entwicklungsarbeit geht dahin, Betriebsstoffe von höherer Qualität zu finden, ebenso wie die Fremdzündung durch Eigenzündung zu ersetzen.«

»Und auf welche Weise soll das vor sich gehen?« wurde er gefragt.

»Das ist noch geheim, meine Herren«, erfuhren die Marineoffiziere.

Über Torpedos gab es in dieser Zeit eine Menge Neues. Diese vier Meter langen stählernen Rohre vom Brustkorbdurchmesser eines Mannes, versehen mit einem Preßluftmotor als Antrieb und Druckluftflaschen als Energiespeicher, waren erprobt. Steuergeräte hielten sie auf Kurs und Tiefe. Der abgerundete Kopf enthielt Sprengstoff und einen fingerförmigen Aufschlagzünder. Die Torpedos wurden auf den Gegner abgeschossen, um an seiner Bordwand zu explodieren, diese aufzureißen und ihn zu versenken.

Der Umgang mit diesen Torpedos war eine Frage der Übung und auch des Glücks.

Als besonders schwierig galt es, aus dem getauchten U-Boot allein mit Hilfe der Sehrohroptik den Gegner so anzuvisieren, daß ihn der abgeschossene Torpedo traf. Möglichst mittschiffs und zwei Meter unter der Wasserlinie.

9

Bei den neugebildeten U-Boot-Flottillen machte Leutnant von Müller rasch Karriere. Im Jahre 1908 wurde er zum Oberleutnant zur See befördert. Danach stieg er auf *U-3* als Erster Wachoffizier ein.

Beim Auslaufen aus Wilhelmshaven, während der ersten Brückenwache, sagte der Kommandant, Kapitänleutnant Weßling, zu ihm: »Unser Problem ist, daß wir immer noch Versuchskaninchen spielen. Alles, was mit U-Booten zusammenhängt, muß von Grund auf erarbeitet werden. Es gibt keine Betriebsanleitungen und keine Kommandantenvorschriften. Also, alles was Ihnen auffällt und noch nicht vorgekommen ist, gut merken und notieren. Jeden verzagten Furz.«

In der Deutschen Bucht zwischen Doggerbank und Helgoland machte *U-3* seine Pflichtübungen, um die Neuen der Besatzung einzudrillen. Das Boot tauchte bis auf sechzig Meter Tiefe. Es führte sowohl über als auch unter Wasser alle nötigen Manöver durch. Die Rudergänger mußten lernen, das Boot auf zwölf Meter Sehrohrtiefe zu halten. Sie fuhren getaucht vorwärts und rückwärts Drehkreise, veränderten rasch die Tiefe allein mit den Rudern, ohne zu fluten.

»Ein perfekt getrimmtes Boot kann das«, betonte Weßling.

Beim Alarmtauchen stand der I WO mit der Uhr dabei. Anfangs dauerte es zwei Minuten, bis das Boot unter Wasser war.

»Erst bei einer Minute können wir von Erfolg reden, Herrschaften«, trieb er die Männer der Besatzung, die sich im engen Inneren des Bootes mit seinen Hunderten von Rohrleitungen, Ventilen, Ecken, Kanten und Schotts blaue Flecken holten, an. »Also, bewegt eure Ärsche.«

Sie bekamen schwere See. Es stank nach Kotze, Salzwasser und Petroleum. Sie liefen getaucht in zwanzig Meter Tiefe, bis die Akkus leer waren. Für ihre Mägen bedeutete das ein wenig

Linderung, denn über Wasser war es, als schaukle man in einem verschlossenen Bierfaß.

Beim Abendessen, wie immer gab es entweder Erbsensuppe mit Wurst oder Wurst mit Bohnensuppe, sagte Kapitänleutnant Weßling zu seinem I WO: »Das Einsteigen der Turmbesatzung bei Alarm ist das Problem. Man dachte schon daran, Kletterstangen anzubringen wie bei der Feuerwehr. Abwärts ginge es ja flott, aber bei schwerem Wetter im nassen Ölzeug mit Seestiefeln kommt kaum einer hoch. Also ist man bei den eisernen Sprossenleitern geblieben. Man rutscht daran, Füße beiderseits der Holme, abwärts bis in die Zentrale.«

Sie sprachen den Ausbildungsplan für die nächsten Tage durch.

»Torpedoschießen auf Schleppscheiben«, erklärte der Kommandant. »Ein Hilfsschiff läuft heute nacht in Norderney aus. Das Marineartilleriebüro wartet schon dringend auf Schußergebnisse mit der neuen U-Boot-Kanone. Sie wollen auch wissen, wie lange das Fett an Verschluß-, Stell- und Visiereinrichtung bei Unterwasserfahrt hält und wie schnell sich das Rohr entwässern läßt.«

»Das Mannen von Munition aus der Last an Deck haben wir ja bis zur Vergasung geübt, Herr Kaleu.«

Der LI, ein Oberleutnant, saß meist griesgrämig dabei. »Immer das Problem mit den Motoren, wenn sie halb warm sind, springen sie nicht an, diese verdammten Hundeknochen.«

Deshalb machten sie auf der Dockerbank auch eine blamable Erfahrung. Bei Nacht wollte der Kommandant mitten unter den Ewern der Finkenwerder Heringsfischer auftauchen, um sie zu erschrecken.

»Die halten uns glatt für einen Walfisch«, sagte er voraus, »für Moby Dick.«

Sie tauchten also unter den Fischerbooten durch und erzeugten einigen Schrecken, wie sie wasserschäumend preßluftzischend hochkamen. Doch als der Kommandant die Weiterfahrt befahl, sprang die Maschine nicht an. Die Petroleummotoren machten einige Umdrehungen, fauchten und blieben wieder wie tot stehen. Rote Flammen und weißer Rauch verließen den Klappschornstein, der als Auspuff diente.

Die Fischer segelten heran, offenbar dachten sie, auf einem Boot sei Feuer ausgebrochen, und riefen herüber, ob sie Hilfe leisten könnten.

Mit dem letzten Saft in den Akkus machte *U-3*, daß es fortkam. Oberleutnant von Müller schrieb in sein Notizbuch: Krieg kann man mit solchen Motoren nicht führen.

Zurück in Wilhelmshaven ließ sich von Müller von Kameraden zu einem Bordellbesuch überreden. Alle trugen sie Zivilkleidung, denn es wurde nicht gerne gesehen, wenn stramme Marineoffiziere in den Puffs der Stadt aufkreuzten.

In dem Rotlichtetablissement roch es nach billigem Parfum, aber auch nach ungewaschener Liebe. Nun ja, Müller marschierte mit, in der Erwartung, daß hier etwas geboten wurde, womit man bei einer wohlerzogenen Frau nicht mit Sicherheit rechnen durfte. Er suchte ein Mädchen aus, von dem er glaubte, daß es nach seinem Geschmack sei. Ein Schneewittchentyp. Klein, zart, mit niedlichem Busen und abstehenden blonden Zöpfen. Sie gingen nach oben. Als sie in dem schwülsamtigen Zimmer ankamen, zeigte sich, daß Schneewittchen die gleiche abgefeimte Nutte war wie die alten Huren. Sie zog sich ungeniert aus, entblößte sich, bis sie nackt dastand, half ihm dann beim Entkleiden. Nachdem er die Marineunterhose hatte fallen lassen, musterte sie ihn. Dann rief sie belustigt: »Gott, wat für'n süßes Mäuseschwänzken!« Berufsmäßig fragte sie ihn nach seinen Wünschen. »Wie hastet denn jern, Junge?«

Im Augenblick wußte er nicht, wie es gemeint war. Da bückte sie sich und klatschte auf den Hintern.

»So«, fragte sie, »oder so?«

Sie legte sich rücklings auf das angeschwiemelte Bett, grätschte die Beine und spielte an ihrer Muschi herum.

Da er nicht reagierte, richtete sie sich auf und machte mit der langen Zunge Leck- und mit den Lippen Saugbewegungen. »Oder französisch?«

»Wie geht das?«

»Du hast wohl gar keene Ahnung, wa?«

Er entschied sich für Position Nummer zwei und war in weniger als einer Minute fertig.

»Dat war wohl nix«, sagte sie und rutschte unter ihm weg. Als er sich wieder angezogen hatte, gab sie ihm seine zehn Mark zurück.

»Nee, dat war wirklich nix. Bist noch 'n kleener Kann-Nixer, aber det wird schon noch werden, Junge.«

Vor Scham wäre er am liebsten in die Dielenritzen gekrochen. Eines schwor er sich. Er würde nur noch ein Mädchen lieben, das auch ihn liebte. Und das dann vorbehaltlos für immer und ewig.

Als Reue und Ekel verflogen waren, kam die Wut in ihm hoch, und er hätte die Nutte gerne geohrfeigt. Doch da war sie schon draußen auf der Suche nach dem nächsten Kunden.

Im Jahr 1910 befehligte Theo von Müller als Kapitänleutnant *U-8*. Es wurde schon großspurig als Hochseeboot bezeichnet. Mit 500 Tonnen bei 50 Meter Länge und 940 PS lief es 15 Knoten. Es führte 61 Tonnen Öl mit, hatte eine 3,5 cm Revolverkanone und 25 Mann Besatzung.

Er fuhr Boot und Besatzung ein, wie es für einen kriegsmäßigen Einsatz nötig war. Wie immer kam die Besatzung meist von Zerstörern. Alles gute, willige Leute. Wieder begann die Routine. Drill bis zur Vergasung. Einsteigen vom Turm ins Bootsinnere bei Alarm. Schnelltauchen. Feuern mit der Bordkanone. Das Schießen mit den verbesserten Übungstorpedos forderte besonders die Offiziere. Das Aussteigen aus dem gesunkenen Boot stand nicht auf dem Programm, das war bereits im Tauchtopf mit dem neuen Rettungsgerät von Draeger geübt worden. Also mit Preßluft, Schlauchmundstück und Nasenklemme. Jeder hoffte, daß es im Ernstfall nie dazu käme.

Einmal in Wilhelmshaven stieg der Flottilleningenieur an Bord und sprach mit von Müller über das Motorenproblem. »Sie springen immer noch schlecht an«, reklamierte von Müller, »ziehen tagsüber eine weiße Rauchfahne, nachtsüber sprühen sie Funken.«

»Die Engländer arbeiten mit Benzinmotoren«, erklärte der Ingenieur, »aber das Reichsmarineamt in Berlin sieht diese Maschinen nicht als genügend betriebssicher an.«

»Man hört davon«, steuerte von Müller bei, »daß in England und Frankreich Benzinmotoren durch häufige Explosionen Menschenleben kosteten. Das soll dort zeitweilig die ganze U-Boot-Waffe in Verruf gebracht haben. Nur glaube ich den Gerüchten nicht so ganz.«

»Na ja, uns bleibt es erspart«, meinte der Flottilleningenieur. »Dafür haben wir mit anderen Krankheiten zu kämpfen.«

Bevor er ging, äußerte der Flottilleningenieur eine Bitte: »Erstellen Sie weiterhin Ihre Erfahrungsberichte. Sie können das ausgezeichnet, von Müller.«

Die ständigen Meldungen des Kapitänleutnant von Müller nach Berlin blieben zunächst ohne Echo. Auf das von ihm verfaßte Kommandantenhandbuch erfolgte weder Reaktion noch Rücksprache. Indessen führte von Müller verschiedene Sondereinsätze durch. Er wollte beweisen, daß die Boote dieses Typs tatsächlich hochseefähig waren. So brachte er einmal *U-8* bei schwerstem Wetter von Wilhelmshaven um Dänemark herum durch das Skagerrak nach Kiel. *U-8* war in diesen Sturmtagen das einzige Schiff auf See. Damit wurde bewiesen, daß U-Boote jeden Orkan abreiten konnten und die seegängigsten Fahrzeuge überhaupt waren.

Einmal setzte von Müller beim Flottillenchef einen Vorstoß in den Nordatlantik bis Island durch. Das Unternehmen blieb streng geheim.

Sechzehn Tage lang hielt sich *U-8* unter kriegsmäßigen Bedingungen auf See und legte dreitausend Meilen zurück. Erarbeitet wurde bei dieser Unternehmung nicht nur, wie das Boot für längere Einsätze verproviantiert werden mußte, auch ein verträglicher Speisezettel wurde entwickelt sowie Methoden der Müllbeseitigung, die funktionierten, ohne die feindliche Küstenwache auf die Spur eines U-Bootes zu lokken.

Südlich von Island hatte *U-8* Begegnung mit einem britischen Unterseeboot. Man beschnüffelte, beschattete sich tagelang über und unter Wasser. Daraus waren hochinteressante Schlüsse über Wendekreise, Tauchzeiten, Tauchtiefen et cetera zu ziehen.

Einmal schien dem Engländer das Spiel zu dumm zu werden. Eine Meile von *U-8* entfernt tauchte er auf. Seine Benzinmotoren sprangen sofort an. Er raste auf *U-8* zu, offenbar um es zu rammen.

Auf *U-8* taten die Petroleummotoren wie immer keinen Mucks, und die Akkus waren nahezu leer.

Kommandant von Müller sah schon seine letzte Stunde gekommen, als plötzlich ein Donnerschlag über das Wasser heranrollte. In einem Feuerball explodierte das britische Unterseeboot. Flammen und Rauch wehten wie eine schwarzrote Fahne im Wind. Sie fuhren zu der Sinkstelle, um vielleicht den einen oder anderen Matrosen noch zu retten. Aber es gab keine Überlebenden.

Es stank nur nach Benzin.

Der Zwischenfall sorgte tagelang für gemessen schadenfrohe Stimmung auf *U-8*.

Als Ergebnis dieser Operation schrieb von Müller einen ausführlichen Bericht und eine Ergänzung der Dienstvorschriften zur Führung eines U-Bootes in allen nur denkbaren Situationen. Auch betonte er immer wieder seine schlechten Erfahrungen mit den Petroleummotoren, die einen eventuell nötigen Fronteinsatz von U-Booten zweifelhaft erscheinen ließen. Von Müllers Berichte erschienen zusammengefaßt als Kommandantenhandbuch.

Im Frühjahr 1910 wurde von Müller unverhofft nach Berlin befohlen.

10

Beim Kaiserlichen Marineamt in Berlin wurde Kapitänleutnant von Müller für seine Verdienste im Frieden mit dem Roten Adlerorden dritter Klasse ausgezeichnet. Dann wartete er tagelang in seinem Hotel, bis Rohrpost für ihn eintraf. SIE WERDEN IHRE ERFAHRUNGEN DEM RÜSTUNGSAUSSCHUSS KLARMACHEN – forderte Admiral Tirpitz schriftlich – UND IHN ÜBERZEUGEN.

Am Freitag hielt von Müller vor dem geheimen Gremium der kaiserlichen Seekriegsleitung sein Referat. Es hatte den Titel: ›Der Stand des deutschen U-Bootbaues im Vergleich zur französischen und britischen U-Boot-Waffe.‹

Unter anderem sagte von Müller: »Wie ich hoffe, kann ich Ihnen mit besonderen Einzelheiten dienen. Ich habe sie aus Beobachtungen auf See, aus Kasinogesprächen und aus dem, was Berichte oder Auslandspresse hergaben, zusammengestellt. Die U-Boote der Entente cordiale – dem Interessenbündnis Frankreichs und Englands, in territorialen und kolonialen Fragen also – sind durch neuartige genietete Druckkörper in der Lage, tiefer zu tauchen. Die Maschinen für Überwasserfahrt haben keine qualmenden Abgase mehr, die bei Petroleummotoren nachts mitunter sogar fluoreszieren. Die Batteriezellen befinden sich nicht mehr in Holzkästen, sondern in sogenannten Hartgummigehäusen, was sie elastischer und bruchfester macht als Glas. Auch ihre Kapazität ist höher. Die Reichweite britischer Torpedos ist durch neuartige vierkolbige Radial-Preßluftmotoren vergrößert worden. Die Sehrohre erlauben nicht nur den üblichen Rundblick, die Optik läßt sich zwecks Beobachtung des Himmels nach oben kippen. Die französischen Boote verfügen auch im Heck über Torpedoausstoßrohre. Die Funktelegrafie ist durch Einführung der Kurzwelle auf größere Distanzen möglich.«

Nach seinem Vortrag, mit dem Kapitänleutnant von Müller die anwesenden Offiziere, Politiker und Industriellen überzeugen und für seine Ideen gewinnen konnte, genoß er einige freie Tage in der Reichshauptstadt. Er besuchte Freunde, ging ins Café Kranzler und fuhr zum Wannsee hinaus. Eine Rundreise mit den Haveldampfern ersparte er sich. Diese Art von Binnenschiffahrt konnte ihn wenig begeistern.

Die Rückfahrt nach Wilhelmshaven durfte er noch nicht antreten, denn man wünschte ihn noch einmal zu sprechen. Aber erst Mitte der folgenden Woche lief im Hotel Kaiserhof ein Telefongespräch für ihn ein.

Konteradmiral Lans bestellte ihn in sein Büro.

Der Admiral war ein schwerbeschäftigter Mann, wendig und alert. Er sprach ziemlich schnell, aber in leisem, fast konspirativem Ton, als ginge es um eine Verschwörung.

»Der Kaiser hat Tirpitz beauftragt«, stieg der kettenrauchende Admiral sofort in medias res, »so viele U-Boote zu bauen, wie die Werften verkraften, damit wir mehrere Flottillen bilden können. Wir kennen die größten Schwierigkeiten bei U-Booten, aber was sind Ihrer Meinung nach die gravierendsten? Sie gelten uns als kompetenter Mann in Theorie und Praxis, also reden Sie mal offen von der Leber weg.«

»Das Problem sind die Antriebsmaschinen«, kam von Müller auf sein Spezialthema, »da liegt es im argen, Herr Admiral.«

Lans versperrte die Tür zum Vorzimmer und schloß das Fenster. Noch gedämpfter sprechend, machte er von Müller mit einer neuen Entwicklung bekannt. »In Augsburg, wo schon ein gewisser Herr Diesel tätig war, haben sie etwas Neues zur Reife entwickelt. Ab *U-12* kommen die MAN-Dieselmotoren zum Einsatz. Da gibt es keine Fremdzündung mehr und kaum sichtbaren Auspuffqualm. Angelassen werden sie mit Preßluft. Von hundert Anlaßvorgängen mußte bei den Probeläufen höchstens einer wiederholt werden. An dem System wird auch in Frankreich und England gearbeitet, und es soll vor der Serienreife stehen. Doch zögert man mit der Umstellung.«

»Sie hatten zu hohe Verluste mit ihren Benzinmotoren und scheuen jetzt Risiken. Aber die Franzosen und Engländer sind ohnehin einen Schritt weiter als wir«, wandte von Müller ein, »immer noch.«

Lans mußte ihm zustimmen.

»Aber wir holen verdammt schnell auf. Oder etwa nicht? Unser Zweihüllentyp mit dem U-Boot-Turm im vorderen Drittel ist so modern, daß ihn sogar die Russen bestellt haben.«

»Fest steht aber auch, Herr Admiral, daß die britische Konkurrenz bereits in der zweiten Entwicklungsphase des U-Boot-Baues steht«, hielt von Müller dagegen.

»Ja, sie arbeiten an neuen aerodynamischen Formen. Ihre Sehrohr- und Torpedotechnik gilt allgemein moderner als unsere.«

»Sie ist es in der Tat, Herr Admiral. Wenn man viel Geld hat, kann man viel wagen.«

Lans beugte sich vor. Sein Gesicht war ganz nahe dem des U-Boot-Kommandanten.

»Aber wie weit sind die Gegner wirklich?« flüsterte er. »Das müssen wir herausfinden. Sie haben gewiß genug Phantasie, von Müller, um sich vorzustellen, wie teuer uns Irrwege oder Konstruktionsfehler zu stehen kommen würden.«

»Was aber dagegen tun, Herr Admiral? Auch da drüben ist alles streng geheim. Top secret, wie sie es nennen.«

Lans steckte sich noch eine von seinen Zigaretten an, die zweimal so lang waren wie gewöhnliche. Dann machte er dem jungen U-Boot-Kommandanten eine vertrauliche Eröffnung. »Von Müller. Sie wurden ausgewählt, den Posten des Militärattachés an der deutschen Botschaft in London zu übernehmen.«

Von Müller wirkte überrascht. Es machte ihn fast sprachlos. Doch ohne lange nachzudenken, glaubte von Müller seinen neuen Aufgabenbereich zu kennen. Er ahnte, um was es ging, und definierte es auch.

»Das läuft auf Spionage hinaus, Herr Admiral.«

»Ungefähr«, räumte der Admiral unumwunden ein, »doch ein Spion ist man erst, wenn man erwischt wird.«

»Was voraussetzt, daß man sich erwischen läßt.«

»Mir liegen Geheimdienstinformationen vor«, erwähnte der Admiral noch, »daß sich britische U-Boote bereits in amerikanischen Gewässern, im Südatlantik und sogar im Indischen Ozean herumtreiben. Diesen Vorsprung einzuholen ist eine der allerwichtigsten Aufgaben der Reichsmarine. Ich würde sagen, der Weg vom Hochseeboot zum Fernkampfboot ist von vaterländischer Bedeutung.«

Am nächsten Tag wurde von Müller in seinen Spionageauftrag eingeweiht. Im Grunde ging es allein darum, den Stand des britischen U-Boot-Baues auszuforschen. Der Kapitänleutnant erhielt seine Bestallung zum Attaché, seinen Diplomatenpaß und die nötigen für England erforderlichen Papiere. Binnen einer Woche sollte er in London den Posten übernehmen. Zu diesem Zeitpunkt war Theo von Müller einunddreißig Jahre alt.

11

Die deutsche Botschaft lag am vornehmen Regents Park. Im dritten Stock hatte von Müller sein Dienstzimmer. An der Tür stand in schwarzen Buchstaben auf Glas handgemalt:

Kaptlt. von Müller, Attaché Marine

Der Schreibtisch war stets mustergültig aufgeräumt, denn von Müller war selten im Büro.

In den ersten Tagen seines Aufenthaltes in London ging er auf Quartiersuche. Er hatte verschiedene Adressen von Pensionen, wo Botschaftskollegen zur Zufriedenheit gewohnt hatten. Da er annahm, daß diese Adressen, wie alle Wohnungen internationaler Botschaftsangehöriger, von der Spionageabwehr des englischen Innenministers überwacht wurden, suchte er sich eine andere Bleibe.

Am Victoria Station gab es eine Tafel mit Zetteln, auf denen Zimmer angeboten wurden. Schon die zweite Adresse sagte von Müller zu. Das schmale helle Haus lag in Chelsea in der Rutherford Street. Es gehörte der Witwe des ehemaligen Leibkutschers des Königs.

Für ›bed and breakfast‹ verlangte sie ein Pfund die Woche, etwa zwanzig Mark. Das Zimmer war schlicht, aber proper, hatte sogar rosa Blümchentapeten. Von Müller ließ sein Gepäck vom Bahnhof kommen.

Die Wirtin, eine mollige Engländerin mit dünnem rötlichen Haar, sagte: »Damenbesuche nur bis zwanzig Uhr. Am besten gar nicht.« »Ich werde selten hier sein«, erwiderte er. »Meine Arbeit in der Botschaft beansprucht mich voll, und die Wochenenden nütze ich, um das Land kennenzulernen. Außerdem bin ich Liebhaber von Flora, Fauna und Mineralien. Das sind in meinem Falle Blumen, Käfer und Steine.«

»Ich weiß, was Fauna, Flora und Mineralien sind«, antwortete seine Wirtin pikiert. »Ich war nicht in der Dorfschule.«

Der neue Marineattaché der deutschen Botschaft setzte Prioritäten. Im Gymnasium hatte er sechs Jahre Englisch gelernt, aber seine Kenntnisse, speziell für Diskussionen, lagen im argen.

Draußen bei den Docks wohnte eine Sprachlehrerin, die perfekt Deutsch beherrschte. Sie war nicht zum Anbeißen schön. Als Ausgleich hatte man von ihrer Wohnung aus einen weiten Blick über die Themse bis hinauf zur Towerbridge.

Sie sprach von Anfang an nur Englisch mit ihrem Schüler. »Sie möchten doch sicher in diesem Land nicht als dummer Ausländer gelten. Wie machen Sie zum Beispiel zu Hause den Tee?« Er brauchte nur wenig Worte.

»Wir haben ein Tee-Ei aus Silberblech mit Löchern. Man kann es in der Mitte aufschrauben, am Ring oben hängt eine Kette mit Haken. Damit befestigt man das Tee-Ei, sobald es gefüllt ist, an den Kannenrand. Man läßt den Tee ziehen. Vier Minuten zur Anregung, zwei Minuten zur Aufregung.«

Darauf erklärte sie ihm, wie man in England Tee zubereitet. Man gab den Darjeeling in die Kanne, weichte ihn an, goß ihn mit heißem Wasser auf und schüttete ihn durch ein Teesieb in die Tasse.

»Dann Sahne drauf und Kandiszucker rein«, beendete sie ihre Ausführung.

Schon fing die Paukerei an. Wörter, Grammatik, Aussprache und auch Umgangsformen, eben wie man sich britisch benahm. Sei es im Restaurant, in der Bahn, im Theater, bei Gesellschaften.

»The same procedure as in Germany«, bemerkte von Müller nach der Lektion.

Als die Sonne rot hinter Saint Paul's Cathedral unterging, fragte die Lehrerin ihn, ob er das nicht very nice finde.

»Wahnsinnig nice«, sagte er.

In Berlin hatte man ihn zwar mit eleganter Konfektion ausgestattet, aber das war alles nicht Old englisch made. Ebenso wie seine Fotoausrüstung, eine riesige Plattenkamera mit Entwicklungskoffer. Die Ausrüstung war auffällig und einen halben Zentner schwer. Bei seinen Streifzügen durch die Stadt schlenderte er auch durch Harrods. Im größten Kaufhaus Englands boten sie alles an, was es auf der Welt gab.

In der neuen Abteilung für Fotografie fand er eine amerikanische Kodak-Box. Eine Kamera in Größe einer schwarzen Zigarrenkiste. Fotografiert wurde mit dem neuartigen Rollfilm, also lichtempfindlichem Zelluloid auf Spulen. Nur die Optik entsprach nicht seinen Bedürfnissen. Dem wollte er aber abhelfen.

Mit der Box erwarb er zehn Rollfilme und in der Reiseabteilung die neuesten Karten von England. Sein Spesenetat betrug zweihundert britische Pfund im Monat, was etwa viertausend Reichsmark entsprach. Er konnte sich also einiges leisten. Bei den Ausstattern in der Saville Row kleidete er sich landesüblich ein, um nicht als Tourist aufzufallen. Unter anderem kaufte er Knickerbocker aus Cord, Wollstrümpfe mit Schottenmuster, Hemden aus home-spun-Wolle, ein Tweedsakko mit Lederbesatz an den Ellbogen, eine Sixpence-Mütze und kräftiges Allwetterschuhwerk. Zum Schluß erwarb er noch einen jener neu aufkommenden Regenmäntel aus wasserdichtem Mischgewebe, die Trenchcoat genannt wurden.

Damit war er für seine Unternehmungen einigermaßen ausgerüstet.

Wochenlanges intensives Pauken verbesserte von Müllers Kenntnisse der Landessprache auf eine Weise, daß er sie bald so beherrschte wie etwa ein zehnjähriger Knabe aus gutem Hause. Allerdings mit Akzent, den man aber für Walisisch halten konnte.

Bei seinen deutschen Botschaftskollegen und auch bei den Engländern galt er als umgänglicher Bursche. Da er nicht an Bürostunden gebunden war und sehr viel Freiraum genoß, trieb er die in der Oberschicht üblichen Sportarten wie Reiten, Fechten, Segeln und Kricket.

Als Diplomat und Mitglied des diplomatischen Corps bekam er ständig Einladungen der besseren Londoner Gesellschaft, aber auch zu prominenten Deutschen, die in London lebten. Bei diesen Dinners und Partys lernte er Diplomaten anderer Nationen kennen. Meist Leute von niederem Adel wie er selbst, aber auch vom Hochadel. Allmählich erweiterten sich seine Verbindungen zu Wirtschaft und Politik.

Als gutaussehenden unverheirateten Junggesellen bat man ihn mitunter zum Weekend auf die Landsitze vermögender Familien. Dann nahm er an Jagden teil oder stapfte in Gummistiefeln durchs Gelände.

Durch diesen Umgang glaubte er sich einigermaßen sicher vor kritischen Blicken der Spionageabwehr. Allerdings mußte er seine Erkundungsreisen auf die Wochenmitte, vom Dienstag bis Freitag, verlegen. Sie führten ihn nach Schottland, Cornwall und an die Küste der Irischen See.

Stets und überall begründete er die Ausflüge mit seinem Interesse an der Natur. Als deren Liebhaber hatte er auch immer Fotoapparat und Zeichengerät dabei, um die Schönheiten festzuhalten. Niemand ahnte, um was es ihm dabei wirklich ging. Nämlich um die Ankerplätze der britischen Flotte, um Marinestützpunkte und Marinewerften. Vor allem interessierte ihn dabei, wo U-Boote lagen und gebaut wurden.

Aber in den ersten sechs Wochen bekam er kein einziges Unterseeboot zu Gesicht. Es war, als ob sie sich versteckt hätten.

In den Küstenorten und Fischerhäfen besuchte er abends Kneipen. Mühelos kam er mit Werftarbeitern ins Gespräch. Gelegentlich sprach man dort auch von Unterseebooten. Allgemein herrschte die Meinung, sie lägen im Norden im Schutz der Home-fleet im Firth of Forth.

Also fuhr von Müller nach Schottland, blieb einige Tage in Inverness, unternahm weite Wanderungen und sammelte zum Schein seltene Steine und Pflanzen.

Endlich sah er in einer verlassenen Bucht zwei Fahrzeuge, bei denen es sich zweifelsfrei um U-Boote handelte.

Gedeckt hinter Büschen fotografierte er sie, betrachtete sie genau im Fernglas und fertigte abends im Hotel Zeichnungen an. Zurück in London schickte er die unentwickelten Filmrollen an eine Deckadresse in Dänemark. Aber immer nur einen Film mit wechselndem Absender.

Auf seinem Schreibtisch in der Londoner Botschaft fand von Müller ein codiertes Telegramm aus Berlin vor. Er entschlüsselte es und entnahm ihm im wesentlichen nur ein einziges Wort. Es lautete *TITANIC*.

In den Londoner Zeitungen stand fast täglich etwas über den Bau des größten Passagierdampfers der Welt. Es war also selbstverständlich, daß man im kaiserlichen Reichsmarineamt Genaueres darüber wissen wollte. Schiffe dieser Art eigneten sich im Kriegsfall besonders zum Truppen- und Waffentransport.

Per Telefonanruf wurde von Müller in englischer Sprache zu einem Rendezvous gebeten. Er traf den Mann in einem Straßencafé am Picadilly. Als Erkennungszeichen hatte er einen Handschuh in die Reverstasche seines Sakkos gesteckt.

Der Mann mochte Ende Dreißig sein, sah nicht aus wie ein deutscher Agent, sondern eher wie ein Tiroler Schaukelbursche. Der Mantel, den er trug, war lang und tailliert wie bei österreichischen Gardeoffizieren. Sein perfektes Deutsch hatte leicht bayrischen Akzent. Er sprach vorgebeugt leise. Bei jedem Satz schaute er sich mit unruhigen Augen um.

»Ich bin ziemlich unbeliebt hier, müssen Sie wissen. Berlin ist mit Ihrer Arbeit zufrieden, von Müller. Ihr Hauptgebiet bleiben weiterhin die U-Boote. Aber kümmern Sie sich erst einmal um diesen Riesendampfer da. Über die *TITANIC* gibt es in der Kontinentalpresse leider zuwenig interessante Einzelheiten. Das Schiff wird für die White Star Line gebaut, Kostenpunkt zweikommafünf Millionen Pfund Sterling.«

»Das entspricht etwa fünfzig Millionen Goldmark«, rechnete von Müller nach.

»Aber diese Informationen sind Berlin zuwenig«, drängte der Fremde. »Wir brauchen Einzelheiten, nicht Kokolores.«

Von Müller steuerte im Gespräch bei, was er den britischen Zeitungen entnommen hatte: »Die *TITANIC* soll das schnellste Schiff zwischen Europa und Amerika im Liniendienst werden.«

»Wie schnell?« forschte der Mann aus Berlin. »Länge, Breite, Maschinenleistung, wieviel Knoten macht sie? Zahl der bewohnbaren Decks, der Passagiere, Laderäume et cetera. Man hört, sie könne mühelos acht- bis zehntausend Soldaten an Bord nehmen.«

»Plus Kanonen und Munition«, ergänzte der Marineattaché. »Nähere Einzelheiten binnen zwei Wochen.«

»Na schön, aber machen Sie sich gleich auf die Socken.«

Sie tranken ihren Tee und trennten sich. Das Gespräch hatte nur wenige Minuten gedauert.

Bevor er ging, sagte der Berliner Agent noch. »Vertrauen Sie keinen Ihrer Filme, Zeichnungen und Berichte über die *TITANIC* der Post an, sondern nur dem Kurier oder mir persönlich. Sie hören von uns.«

Wie ein Gehetzter war der Agent verschwunden.

Nach gewissen Vorarbeiten, es handelte sich vorwiegend um das Einholen von Informationen, reiste von Müller im Sommer 1911 einmal nach Irland. Von der grünen Insel interessierte ihn nur der nordöstliche Bereich, jener zur britischen Krone gehörende Teil, die Grafschaft Ulster.

Mit dem Zug fuhr er bis Glasgow, dann vom Hafen Ardrossan über die Irische See nach Belfast. Während der sechs Stunden Langeweile auf der Dampferfähre achtete von Müller darauf, ob er beobachtet oder verfolgt wurde. Diese Art Vorsicht ging ihm schon in Fleisch und Blut über. Er bemerkte nichts Auffälliges.

In Belfast mietete er sich touristenmäßig ein, und zwar in einer kleinen Pension am Rande der Stadt. Im Laufe der nächsten Tage durchstreifte er Belfast und näherte sich immer mehr dem Gelände der Belfaster Bucht.

Obwohl das Werftgebiet von Polizei abgesperrt wurde, ging er bei Schichtwechsel mit den Arbeitern hinein und bemühte sich um Unauffälligkeit.

Was er bei Harland & Wolf sah, raubte ihm den Atem. Auf Helling dieser Werft – sie war führend in der Welt – wuchs ein gigantisches Schiff heran. So lang wie eine Straße in Berlin, wie Unter den Linden, und hoch wie ein achtstöckiges Haus. An dem riesigen Ozeandampfer wurde seit nahezu zwei Jahren gebaut. Nun ging er seiner Vollendung entgegen. Zweifellos war das die *TITANIC*.

Als Marineexperte prägte sich von Müller alle erkennbaren Details ein. Vor allem entging ihm nicht, daß die Rumpfunterseite sowie der Bug des Schiffes besonders verstärkt wurden. Abends in seinem Pensionszimmer fertigte er im Schein der Petroleumlampe Zeichnungen an. Daß er aber Fotos haben mußte, war ihm klar.

Spät besuchte er dann noch Hafenkneipen, hörte, was sich Seeleute und die Werftarbeiter, die bei H & W tätig waren, zu erzählen hatten. Dabei erfuhr er manches, was nicht in den Zeitungen stand.

Zwei Tage später schlich er sich in einen alten Kornspeicher gegenüber dem Werftbecken, kletterte bis unter das Dach und hatte von der Luke aus freie Sicht zur *TITANIC*.

Da die Optik der Kodak-Box unzureichend war, setzte er sein Zeiss-Glas vor und hoffte, dadurch schärfere Aufnahmen zu erhalten.

Zurück in London fand er die Nachricht vor, daß sein Gesprächspartner mit dem bayrischen Akzent in Frankreich auf ihn wartete. Von Müller fuhr also nach Dover, setzte wieder mit dem Dampfboot nach Calais über und traf den Mitarbeiter des kaiserlichen Marineamtes in dem bezeichneten Bistro.

Bei Café avec Cognac erstattete er seinen Bericht.

»Tonnage der *TITANIC* 46329 Bruttoregistertonnen. Länge über 270 Meter, Maschinenleistung etwa 70000 PS. Die holt man aus 29 Dampfkesseln. Der Dampf wirkt auf zwei Kolbenmaschinen und, man höre und staune, auf eine Turbine.«

»Was, eine Turbine auch?« zeigte sich der Emissär überrascht. »Die Engländer sind darin verteufelt weit. Die wollen wohl das Blaue Band des Ozeans erobern. Wie viele Schrauben hat die *TITANIC*?«

»Drei Propeller.« Von Müller schob ihm eine Zeichnung hin. »Sie wirken auf ein riesiges Ruderblatt. An Backbord und Steuerbord sind es normale Standardpropeller. Die mittlere Schraube wird von der Turbine angetrieben und ist ein gewaltiges Ding. Fast doppelt so groß. Und jetzt kommt noch etwas Hochinteressantes, nämlich die Schornsteine.«

»Den unscharfen Zeitungsfotos ist zu entnehmen, daß sie vier Stück hat«, bemerkte der Mann aus Berlin.

»Aber der vierte, jetzt wird es mysteriös, mein Freund, ist nur eine Attrappe.«

Ungläubig fragte der Mann vom Marineamt: »Warum? Hat das technische oder Tarnungsgründe?«

»Könnte schon sein. Vielleicht läßt er sich sogar umkippen. Oder es handelt sich um eine Stilfrage. Ein Riesendampfer, der etwas gleichsieht, muß eben vier Schornsteine besitzen.«

»Es sei denn, er enthält noch irgendein technisches oder militärisches Geheimnis.«

»Etwa einen Startplatz für Fesselballone oder einen Aeroplan.«

»Und wozu das?«

»Für Fernbeobachtungen.«

Der Agent aus Berlin zweifelte daran und fragte die Punkte auf seiner Liste ab.

»Wie viele Passagiere kann die *TITANIC* aufnehmen?«

»Etwa zweitausend«, berichtete von Müller. »In drei Decks. Die dritte Klasse unten ist für Einwanderer. In der Mitte liegt die zweite, oben die Luxusklasse für die Prominenz. Das Unterdeck nennen sie schon heute abfällig ›das Armeleute-Verlies‹. Der Reeder heißt Bruce Ismay. Als Kapitän ist ein gewisser Smith vorgesehen. Angeblich erhält er ein Jahresgehalt von tausend Pfund.«

Der Mann aus Berlin erhielt sämtliche Notizen, Skizzen, Berechnungen von Müllers und zwei noch nicht entwickelte Filmrollen. Doch er hatte immer noch Fragen.

»Wie steht es mit Rettungseinrichtungen?«

Auch darüber wußte von Müller Bescheid.

»Den Vorschriften nach müßte die *TITANIC* zwanzig Rettungsboote haben. Ich konnte aber Davits für vierundzwanzig Rettungsboote zählen.

»Für zweitausend Passagiere immer noch zuwenig.«

Jetzt lächelte der Marineattaché.

»Wozu Rettungsboote? Angeblich ist die *TITANIC* unsinkbar. Dafür sorgt die Aufteilung in sechzehn stählerne Schottkammern. Das heißt, das Schiff ist vom Bug bis zum Heck in wasserdichte Abteilungen gegliedert. Rumpf und Bug sind extra verstärkt.«

»Gegen die Einwirkung von Minen«, vermutete der Mann vom Marineamt. »Wann soll die *TITANIC* in See gehen?«

»Nach Abschluß der Probefahrten«, schätzte von Müller. »Planmäßig wird sie ihre Jungfernreise von Southampton nach New York im April des nächsten Jahres antreten. Die erste Fahrt ist bereits völlig ausgebucht.«

Der Mann vom kaiserlichen Seeamt bestellte noch ein Glas Rouge. Während er trank, machte er stenografische Notizen des Gesprächs und erklärte dann: »Meine Anerkennung, von Müller. Das ist gute Arbeit. Ich werde das in Berlin zur Sprache bringen. Übrigens soll ich Ihnen vom Admiral übermitteln, daß er Sie bittet, sich von nun an wieder intensiv dem britischen U-Boot-Bau zu widmen. Und stets Augen auf, Ohren spitzen. In England grassiert immer stärker die Angst vor feindlichen Agenten. Ich kann mich dort schon nicht mehr blicken lassen.«

Als sie sich getrennt hatten, der Mann aus Berlin mit dem Express nach Paris fuhr und von Müller bereits wieder auf der Doverfähre saß, fiel ihm noch etwas ein. Er hatte vergessen zu erwähnen, wer der Großaktionär der White Star Line war, nämlich ein gewisser Lord Winslow, einer der reichsten Männer Englands. Winslow besaß Webereien in Manchester, Kohlegruben in Wales, Lokomotivfabriken, eine Bank und eine Zeitung. Aber das war geheimdienstlich wohl nicht so wichtig.

In London empfing ihn seine Wirtin mit unangenehmer Nachricht.

»Sie werden polizeilich gesucht, Mister von Müller.«

Er dachte nicht gleich an das Schlimmste, obwohl es klüger war, es anzunehmen. »Was wollte die Polizei?«

»Der Constable hatte ein Papier. Sah aus wie ein Haftbefehl. Was haben Sie denn verbrochen, Baron, Sir?«

Er unterdrückte Panikgefühle, versuchte kühl zu überlegen. Zweifellos mußte er das Quartier wechseln.

Er ging in sein Zimmer, um alle belastenden Unterlagen im Kamin zu verbrennen und seine Koffer zu packen. Da wurde unten geläutet. Durch das Fenster sah er einen dunkelblau gekleideten uniformierten Londoner Polizisten mit weißem Schlagstock an der Seite.

Zu spät. Schon öffnete die Wirtin. Sie sprach mit dem Constable und rief dann nach ihrem Mieter.

Von Müller atmete tief durch, bemühte sich um Fassung. Lächelnd fragte er den Constable nach seinen Wünschen. Der wischte über den Schnurrbart und schnarrte mit amtlicher Miene: »Sind Sie Mister von Müller?«

»Der bin ich.«

»Darf ich Ihre Personalpapiere sehen?«

Von Müller holte seinen Diplomatenpaß.

Der Constable studierte ihn sorgfältig, reichte ihn zurück, knöpfte seine Uniformjacke auf und entnahm ihr ein Dokument. Zunächst handelte es sich um einen Umschlag.

Von Müller dachte schon, jetzt bist du dran, jetzt haben sie dich. Doch der Polizist überreichte ihm das Kuvert nur, ließ sich den Empfang quittieren und zog grüßend ab. Das Papier des Umschlags war von gehobener Qualität. Als Adresse trug es von Müllers vollständigen Namen. Der Absender war in Stahlstich und eleganter Schrift ausgeführt. Offenbar handelte es sich um ein Büro des Königs, denn über dem Stahlstich prangte die Krone.

Nichtsdestoweniger sah das Ding verdammt nach Staatsanwalt aus.

III. TEIL

Intrigen

12

Bei dem amtlichen Brief mit der Krone handelte es sich um eine Einladung. König Edward bat zum Mittsommerfest in den Buckingham Palace.

Hocherfreut stattete sich von Müller mit neuen Lackschuhen aus. Es war ein milder Juniabend, als Adel, Diplomatie, Künstler und Prominente aus der Hochfinanz vorfuhren. Bei weitem gab es nicht so viele Kutschen wie vor drei Jahren. Viele kamen im Automobil mit Chauffeur. Meist Rolls Royce in Aluminiumsilber mit viel Messing, wie es Mode war. Tausend Gäste versammelten sich im großen Ballsaal und auf den Terrassen. In den Kristallkronleuchtern brannten noch Kerzen. Es gab aber auch schon elektrische Kandelaber mit Edison-Glühbirnen. Hinten im Park bei den Stallungen war extra ein Gebäude für die Dampfmaschine und den Generator errichtet worden. Mitunter, wenn der Maschinist nicht aufpaßte, zuckte oder verlosch sogar das Licht.

Die Kleider der Damen zierte nicht mehr der Cul de Paris, jenes Polster am Hintern mit Schleife, dafür wurde der Stoff oben weniger.

»Jetzt tragen sie die Schleifen züchtig am Busen. Man sieht kaum noch etwas davon«, bemerkte einer der Gäste zu seinem Freund, »das haben wir alles der keuschen Queen Victoria zu verdanken.«

»So keusch war die auch wieder nicht. Als Witwe soll sie es ja mit ihrem Haushofmeister getrieben haben. Ein kräftiger Bursche, wie Majestät es schätzte.«

Zu Anfang wurde noch brav Walzer getanzt, später aber die modernen Sachen, eine Art Schieber, der zu der amerikanischen Musik aus New Orleans paßte. Alles duftete nach Parfum. Auf erhitzter Haut glitzerte der Schmuck der Damen. Das Lachen wurde lauter, je mehr man Bowle und Champagner zusprach. Zum Mißfallen der jüngeren Gäste forderte der Tanzmeister zur Aufstellung für die Polonaise.

Der deutsche Militärattaché, Kapitänleutnant von Müller, in seiner blauen Marineuniform mit etwas Gold, stand seiner Zufallspartnerin gegenüber. Sie war ein rothaariges Mädchen, das herzförmige Gesicht voller Sommersprossen. Beileibe keine Schönheit, eher etwas ländlich drall. Man hatte sie so eng in ihre Korsage geschnürt, daß oben der Busen herausquoll. Aber auf dem Busen lag ein wunderhübsch glitzerndes Smaragdcollier mit Diamanten.

Mitten im Ringelpiez der Polonaise, als die Lady stolperte und er sie auffing, fand von Müller Gefallen an ihrem herzlichen Lachen. Wie es schien, fing auch sie Feuer für den gutaussehenden deutschen Diplomaten.

Im Gegensatz zu anderen zwanzigjährigen Mädchen vom Adel wirkte sie locker und nicht im geringsten hochnäsig. Zungenfertig ging sie auch auf seine Komplimente ein.

»Sie tanzen gut, Mylady.«

»Ja, wie ein Trampeltier.«

Als der Reigen beendet war und sie sich mit einem Kopfnikken bedankte, verlor sie beim Umdrehen ein Taschentuch. Besser konnte es für von Müller nicht kommen. Er hätte nicht gewagt, sie nach ihrem Namen zu fragen oder sie um ein Rendezvous zu bitten. Aber das Taschentuch trug er hinter ihr her. Er führte es an die Nase. Es duftete wunderbar nach Patschuli. Wortlos reichte er ihr das Stückchen rosa Tuch mit Spitzen.

»Das war Absicht«, gestand sie kichernd.

Sein Herz klopfte spürbar.

»Wirklich?«

»Wenn mein Monogramm darauf steht, gehört es mir.«

Jetzt merkte er, daß sie reizend mit der Zunge anstieß. Nicht nur beim th, sondern bei jedem s.«

»S und W«, sagte er. »S wie Sofie?«

»Nein, S-s wie S-Sarah.«

Sie errötete, wedelte sich mit dem Fächer Luft zu, aber nicht aus Verlegenheit.

»Holen S-Sie mir etwas zu trinken, Kapitän. S-Sie s-sind doch Kapitän?«

»Aber ja, Mylady. Ich fahre alles überall hin mit meinem Schiff, wenn Sie es wünschen und bezahlen.«

»Womit?«

»Das überlasse ich Ihnen.«

Sie lachte. »Und die S-Sache hat sich.«

Als sie zu Ende gelacht hatte, fragte er: »Bowle, Wein oder Champagner?«

»Wo denken S-Sie hin«, sagte sie. »S-Scotch. In meiner Familie trinken wir nur S-Scotch. Durch Whiskytrinken s-sanken wir von Stufe zu Stufe und wurden Lords-s und Ladys-s.« Sie wartete auf der Terrasse zwischen zwei Buchsbaumkübeln, bis er den Drink brachte.

»S-Sie haben einen s-so komischen Dialekt, Herr Kapitän. Wie ein Waliser. Oder s-sind S-Sie etwa von der reitenden schottischen Gebirgsmarine?«

»Nein«, antwortete er, »vom schwimmenden deutschen Unterwasserzirkus.«

Die Musik setzte ein. Sie tanzten wieder. Dann empfahl sich Lady Sarah kurz, um sich die Nase zu pudern, wie sie sagte.

Kaum war sie entschwebt, trat ein Kollege von der Botschaft auf von Müller zu. Er arbeitete schon seit Jahren in London und kannte so gut wie jeden.

»Weißt du, wer das ist, Theo«, fragte er, »wen du da aufgetan hast?«

»Ein Landei.«

»Ja, aber ein dickes.«

»Sie heißt Sarah.«

»Und weiter?«

»Keine Ahnung. Ich betreibe hier keine historischen Forschungen.«

Der Kollege zog die Augenbrauen hoch, als wundere er sich nur noch.

»Sie ist Sarah Lady Winslow, Mann.«

Von Müller fand nichts dabei. »Na und?«

»Winslow, wie Winslow. Soll ich buchstabieren?«

»Sie ist für mich nur Sarah, die Dame mit der gewissen Herzenswärme.«

Der Kollege boxte ihn gegen den Oberarm.

»Die hast du dir nicht schlecht herausgepickt, alter Schwede. Die Winslow sind eine hochadlige, ziemlich stinkreiche Familie. Ihr Vater ist nämlich der allseits bekannte, wenig beliebte Kotzbrocken Lord Kevin. Wo soll ich damit anfangen, was ihm alles gehört.«

»Sag einfach was ihm nicht gehört.«

Da fiel es von Müller ein.

»Die halbe *TITANIC*. Danke. Ich weiß Bescheid.«

»Die Dame ist natürlich schwer umschwärmt. Hat jede Menge Verehrer.«

»Dann verknallt sie sich nicht ausgerechnet in einen wie mich«, bemerkte von Müller ironisch und ging weiter.

Es war sehr heiß. Ein schwülwarmer Abend. Er suchte etwas Kühlung auf der Terrasse. Plötzlich stand Lady Sarah schweratmend vor ihm.

»Ich habe S-Sie ges-sucht. Können S-Sie mir helfen, Mis-ter ...?«

»... von Müller«, stellte er sich vor, »Theo von Müller.«

»Ich kriege keine Luft mehr. Können S-Sie mir die Verschnürung an meinem Mieder etwas lockern?« Sie drehte sich um, deutete zwischen die Schulterblätter.

Er faßte vorsichtig unter den Schal, zog das Schleifchen auf und verschaffte ihr Erleichterung.

Der Umstand, daß sie ihn ungeniert um einen nahezu erotischen Dienst gebeten hatte, gab ihm Mut.

»Darf ich Sie wiedersehen, Mylady?« stotterte er heraus.

Sie lächelte ihn an mit Grübchen und mit ihren grünen Augen und antwortete: »Nein, kommt überhaupt nicht in Frage.« Dann fügte sie aber rasch hinzu: »Das würde meine Familie sagen. Ich aber sage: Ja, gerne.«

Es war schwierig. Die einzige Möglichkeit, Sarah Winslow zu sehen, bot sich, wenn sie im Regents Park ausritt.

Dort war sie aber nie allein. Manchmal wurde sie von einer älteren Dame begleitet, manchmal auch von zwei Offizieren der königlichen Garde, die sich ähnlich sahen wie Zwillinge, und gleichermaßen steif saßen sie auch zu Pferd.

Doch immer, wenn Lady Sarah ausritt, fand sich Theo von Müller bei der Brücke an dem kleinen See ein. Sie grüßten sich verstohlen. Lady Sarah errötete dabei stets.

Als sich von Müller schon überlegte, was er tun könne, ob er im Winslow Palace vorsprechen solle, denn so ging es nicht weiter, verlor Lady Sarah beim Reiten abermals ihr Taschentuch. Diesmal war es jedoch verknotet. In dem Knoten befand sich ein Zettel. Sie bat um ein Rendezvous in einem versteckten Café drüben in Mayfair.

Er war lange vor sechzehn Uhr zur Stelle. Während er auf sie wartete, wurde ihm klar, daß er sich unaussprechlich in sie verknallt hatte.

Endlich kam sie, ein wenig abgehetzt, und wieder einmal verblüffte sie ihn. Ohne Scheu, völlig ungeniert, küßte sie ihn auf den Mund.

»Hallo S-Sio! Ich habe nur ein paar Minuten Zeit. Meine Hauslehrerin kauft in dem Antiquariat gegenüber Lateinbücher. Livius, Cäsar oder so. Am Wochenende bin ich bei meiner Tante. Sie hat ein Landgut in der Grafschaft Suffolk. Needham Castle. Es ist meine Lieblingstante. Sie wird nichts dagegen haben, daß ich dich einlade. Kannst du reiten?«

»Ich wurde nicht im Sattel geboren«, schränkte er ein.

»Bei der Fuchsjagd verdrücken wir uns.« Sie nahm seine Hand. »Ich muß Tag und Nacht an dich denken. Ich fürchte, ich liebe dich, S-Sio.«

Es klang absolut reizend, wie sie seinen Namen aussprach.

Sie küßte ihn noch einmal, dann ging sie.

Er trank seinen Tee, aß dazu den krümeligen Sandkuchen und war der glücklichste Mensch der Welt.

Das Weekend in Suffolk Needham Castle brachte alles andere als die Erfüllung.

Zunächst lief das Programm auf dem Schloß planmäßig ab. Unter den Gästen fiel Kapitänleutnant Theo von Müller in Reiterzivil nicht weiter auf. Doch während die Jagdgesellschaft hinter Fuchs und Meute über Wiesen und Felder galoppierte, ritt Lady Sarah neben ihn und griff seine Zügel. Sie zog ihn in eine andere Richtung, den Hügel hinauf zu dem Wacholder. Dort verschwanden sie hinter Büschen. Allerdings so, daß es aufgefallen sein mußte.

In einem Wäldchen stiegen sie ab, banden die Pferde zusammen und küßten sich stürmisch. Er spürte ihren festen kräftigen Körper an dem seinen, ihre Brüste, ihre Hüften, ihre geöffneten Schenkel.

»Hast du eine Wohnung in London?« keuchte sie.

»Ich wohne bei der Witwe eines königlichen Leibkutschers. Eine leider sehr strenge Dame.«

Da nannte sie ihm eine Adresse in einem Vorort. Die kleine Wohnung gehörte einer Angestellten, der sie vertraute. »Ich habe ihr geholfen, als sie krank war und man sie in die Karibik zurückschicken wollte.«

»Ist sie auch zuverlässig?« fragte er.

»Verschwiegen wie das Ungeheuer von Loch Ness. Wenn je etwas herauskäme, wäre das für mich die Hölle. Meine Familie hat offenbar Witterung von uns aufgenommen. Leider gehören die Winslows nicht zu den Deutschfreundlichen.«

Leicht verärgert reagierte er.

»Und meine Familie gehört nicht zu den Englandanbetern. So gleicht es sich wieder aus.«

»Mein Vater bildet sich ein, ich müsse den Mann nehmen, der ihm und nicht mir gefällt. Ich wehre mich, so gut ich kann. Könnte aber schon sein, daß es Krieg gibt.«

»Und ein Krieg ist immer ungerecht. Egal, welche Seite gewinnt.«

»Ich muß dich wiedersehen«, flüsterte sie. »Vielleicht kann ich heute nacht in dein Zimmer schleichen.«

Leider wurde nichts daraus, denn nach dem Halali und dem Ende der Fuchsjagd tauchte ein livrierter Diener auf und überreichte von Müller eine Nachricht auf einem silbernen Tablett. Nur ein paar Worte standen darauf, aber sie ließen tiefe Schlüsse zu: »Mr. von Müller, nähern Sie sich bitte nicht mehr meiner Nichte, sondern verlassen Sie umgehend Needham Castle.« Diese Familie hatte in der Tat ausgezeichnete Nachrichtenkanäle. Aber er würde Sarah ja wiedersehen. Er kannte den Tag und die Stunde.

Sie trafen sich regelmäßig in der einfachen Wohnung in Stratford-Eastend. Lady Sarah ließ keinen Zweifel darüber bestehen, daß sie von Müller haben wollte. Diesmal durfte er nicht nur ihr Mieder entschnüren, sondern auch den Büstenhalter aufknöpfen und alles, was sie darunter hatte. Sie liebten sich heftig und stürmisch in der Art von ausgehungerten jungen Menschen, die hofften, endlich den Partner fürs Leben gefunden zu haben. Sie liebte ihn so vorbehaltlos und hemmungslos, wie es ihre Art war. Und auch er liebte nur nach seinem Gefühl und nicht nach Gründen der Vernunft.

»Warum ausgerechnet ich?« fragte sie einmal. »Und warum ausgerechnet du?«

»Da muß Gottvater dran gedreht haben.«

»Ja, wenn der es war.«

»Wer denn sonst.«

»Dann erst recht.«

Sie legte sich auf ihn.

»Dies und alle anderen Male«, stöhnte sie, »mit besonderer Genehmigung des Himmels.«

Er erfuhr auch, daß sie zu Hause immer größere Schwierigkeiten bekam, ohne Begleitung auszugehen.

»Herrscht schon Krieg?« fragte er.

»Natürlich wissen sie, was mit mir los ist. Sie reden wie mit Knüppeln auf mich ein, nennen mich verstockt oder übergehen mich völlig. Die nächste Phase wird sein, daß sie mich einsperren oder wegschicken.«

»Das verstößt ja gegen die Menschenrechte, Darling.«

»Das wäre wie Vergewaltigung.«

»Was würdest du sagen«, schlug er vor, »wenn ich dich bitte, meine Frau zu werden?«

»Das ist noch zu früh«, bedauerte sie, »ich bin noch nicht einundzwanzig, also nicht volljährig. Aber es gibt eine andere Lösung, à la nature, ich möchte ein Kind von dir.«

Beinahe zu Tränen gerührt nahm er sie in die Arme.

Doch bald kam es soweit, daß sie ein Rendezvous versäumte oder ihn lange warten lassen mußte. Man hatte sie in ihr Zimmer gesperrt, und sie mußte aus dem Fenster über das Dach auf den Baum zu Boden klettern, um ihn zu treffen. Einmal kam sie um Stunden zu spät, erst gegen Abend.

Aber strahlend umarmte sie ihn und flüsterte ihm ins Ohr: »Jetzt wird es sich entscheiden. Ich glaube, ich bin schwanger.«

In diesen Wochen führte Kapitänleutnant von Müller sein Doppelleben weiter, das nun schon zu einem Dreifachleben wurde. Ein Leben als Marineattaché an der deutschen Botschaft, eines als Spion und eines als Liebhaber von Lady Sarah.

Da Sarah am Wochenende nie aus dem Haus durfte, unternahm er Fahrten nach Cornwall. Dort entdeckte er in einer verschwiegenen Bucht eine geheime Basis der Royal Navy und drei Unterseeboote. Zwei ältere kleine und ein hochmodernes neues. Es war ohne Reling, dafür hatte es vorne am Bug einen sägeartigen Aufbau, offenbar einen neuartigen Netzabweiser. Von Müller fotografierte und fertigte Zeichnungen an.

Je besser seine Berichte wurden, desto mehr trieb ihn Berlin zu waghalsigen Unternehmungen an. Der deutsche U-Boot-Fachmann wurde so zu einem der gefährlichsten Spione in England.

Von Müller wußte, daß nicht alles, was er tat, unbeobachtet bleiben würde, und er rechnete damit, daß man ihn eines Tages enttarnte. Dies peinigte in um so mehr, als er nicht wußte, wie es mit Lady Sarah weiterging.

Einfach mit ihr England verlassen, das konnte er nicht. Für

einen Offizier hätte das soviel wie Desertation bedeutet. Und daß man ihn freiwillig gehen ließ, hielt er für ausgeschlossen. Die Gefahr, die von Müller ahnte, begann sich zu konkretisieren. Noch konnte er aber nicht wissen, was sich auf der Gegenseite ereignete und von welcher Ecke der Blitzschlag ausging.

Der Familie Winslow war die Beziehung ihrer Tochter zu dem deutschen Diplomaten zu Ohren gekommen. Sie tat alles, um diese Verbindung zu hintertreiben. Nicht nur Lady Sarah, sondern auch Kapitänleutnant von Müller wurden von Privatdetektiven beobachtet.

Durch Gespräche konnte die eigenwillige Sarah jedoch nicht gefügig gemacht werden. Auch ihre Mutter war hilflos.

»Es mangelt dir an jeder Einsicht«, schrie Lord Kevin wütend, »wir müssen wohl unsere Aufsichtspflicht etwas verschärfen.«

Tagelang wechselte die Familie kein Wort mit ihr. Sarah sollte auf den Besitz eines Familienangehörigen in Indien gebracht werden, beschloß man.

Ihr Bruder, einer der Zwillinge, flehte sie an: »Vergiß nicht, Darling, wir sind Offiziere im königlichen Garderegiment. Unsere Beförderung zum Captain steht bevor. Wenn deine Beziehung zu dem deutschen Militärattaché bekannt wird, schadet das unserer Reputation.«

»Ich werde ihn zum Duell fordern«, meinte der andere der Brüder, »diesen Hunnen.«

»Dieser Krautfresser ist ja nicht einmal satisfaktionsfähig.«

»Wir müssen mit ihm reden.«

»Ja, aber mit dem Revolver.«

Je mehr man auf Sarah eindrang, desto verstockter zeigte sie sich.

»Ihr denkt nur an euer Leben«, schrie sie, »aber das ist mein Leben. Oder sind wir noch im Mittelalter unter Barbaren.«

Doch sie blieben unerbittlich.

Die Familie Winslow sah jetzt zwei Möglichkeiten, die Affäre ihrer Tochter zu beenden. Entweder man schickte Sarah nach Übersee, oder man sorgte dafür, daß der Baron von Müller das Land verlassen mußte.

Dabei kamen ihnen die privaten Nachforschungen über den Marineattaché entgegen. Sie übergaben die Ermittlungen der Detektive jener Stelle der Regierung, die sich mit Gegenspionage befaßte. Dort wertete man das Material aus und setzte ein Mosaik zusammen. Nicht zu Unrecht und sehr zum Schaden von Müllers.

Auf Ersuchen eines Richters wurde der Diplomat von Scotland Yard verhaftet und verhört. Man legte ihm Fotos vor, wonach er sich in Cornwall herumgetrieben habe. Listen von Orten, in denen er sich aufgehalten und übernachtet hatte, kamen dazu. Seine Fotoausrüstung und sein Zeichenmaterial war beschlagnahmt worden. Ebenso die Landkarten von England. Darauf hatte er zwar die Marinestützpunkte nicht mit Bleistift angekreuzt, aber doch mit dem Fingernagel markiert. Und das hatten sie entdeckt.

Er wehrte sich nach Kräften.

»Sie haben auch meine Präparate, Blumen, Schmetterlinge, Mineralien konfisziert. Das beweist Ihnen doch den wirklichen Grund meiner Reisen.«

»All right«, höhnte der Constable, »Sie schwärmen also nur für die Natur.« Er spottete weiter: »Aber genau anhand dieser Sammlungen haben wir Ihre Erkundungsfahrten rekonstruiert. Sie gingen über die ganze Insel, von Süd nach Nord, von Ost nach West bis an die Küsten mit den Flottenbasen. Erfinden Sie doch Grimms Märchen nicht noch einmal, bitte.«

Dagegen klangen alle Einwände nur noch schwach.

Was sie als Beweise ansahen, brachte sie zu der Überzeugung, daß Spionagetätigkeit vorlag.

Da von Müller als Diplomat Immunität besaß, konnte er nicht gerichtlich belangt werden. Zwar verteidigte er sich geschickt, lieferte für alle Vorwürfe eine Erklärung, kam aber mit seinen Argumenten nicht durch.

Sie wollten ihn eindeutig an der Wand haben. Mit Sicherheit zeigte an höchster Stelle längst ein Daumen nach unten.

Und gewiß war es Lord Winslow zu verdanken, daß man so schnell hinter seine Machenschaften gekommen war.

Der Innenminister fällte die Entscheidung. Der deutsche Botschafter wurde zum Regierungschef bestellt. Der Premier forderte ihn auf, zu veranlassen, daß der Marineattaché Kapitänleutnant von Müller innerhalb von achtundvierzig Stunden aus England verschwand.

Der deutsche Botschafter bat um eine Begründung und protestierte der Form halber, denn die Tätigkeit seines Marineattachés in England war ihm nicht völlig unbekannt.

In den wenigen Stunden, die von Müller bis zur Ausweisungsfrist verblieben, tat er alles, um Sarah noch einmal zu sehen. In dem Palace am Regents Park wurde er gar nicht vorgelassen. Es hieß, Lady Sarah sei verreist.

Also fuhr er zu der kleinen schäbigen Wohnung, wo er mit Sarah glückliche Stunden verbracht hatte. Spätabends kam Lady Winslows Zofe nach Hause. Die Mulattin beantwortete seine drängenden Fragen zunächst nicht. Gewiß hatte sie Angst um ihre Stellung. Doch dann erfuhr er, daß Lady Sarah plötzlich erkrankt sei.

»Man hat sie in eine Klinik gebracht, Sir.«

»In welche Klinik?« drängte er.

»Sie liegt irgendwo in einer westlichen Grafschaft.«

»Wie heißt die Klinik? Wer leitet sie?«

Die Mulattin zögerte, dachte nach, bis es ihr einfiel.

»Die frommen Schwestern von Saint Ponkraz. Es tut mir sehr leid, Sir. Es macht mich traurig. Aber es ist eine Klinik, die nur von Damen der Oberschicht aufgesucht wird. Sie gilt als äußerst diskret. Ich glaube, man befreit dort die feinen Ladys der Gesellschaft von den Folgen ihrer Liebschaften.«

Von Müller war nicht nur niedergeschlagen, sondern erschüttert. Einmal darüber, daß seine Tätigkeit für das deutsche Reich ein solches Ende genommen hatte, und zum anderen, weil er wußte, daß seine Geliebte ein Kind von ihm erwartete.

Diese verdammten Winslows hatten es also herausgefunden.

Daß sie Sarah zwangen abzutreiben, war ihnen zuzutrauen. Und dies gewiß unter wüsten Drohungen gegen Sarahs Willen, die sich das Kind gewünscht hatte.

Kaum vorzustellen, welche Qualen sie litt. Das war mehr als Folterung, das war Menschenverachtung. Ohnmächtig vor Wut verließ der Militärattaché Kapitänleutnant Theo von Müller eine Stunde vor Ablauf der Frist die britische Insel.

13

Zurück in Wilhelmshaven, saß Kapitänleutnant von Müller zunächst tatenlos auf dem Wohnschiff *Forelle* herum. Endlich kam der Befehl, sich beim kaiserlichen Marineamt zu melden. Mit gemischten Gefühlen fuhr er nach Berlin.

Admiral Lans begrüßte ihn so freundlich, daß er schon nicht mehr mit dem allerschlimmsten rechnete.

»Von Müller, Sie waren der beste Marineattaché, den wir je in England hatten«, schickte Lans dem Gespräch voraus.

»Bis zur Ausweisung, Herr Admiral«, schränkte der Kapitänleutnant ein.

»Als Zeichen Ihres Erfolges. Ein guter Agent geht Risiken ein. Wer Risiken eingeht, wird eines Tages erwischt, wer viel riskiert, wird früher erwischt. War es wenigstens schön in London?«

Was ist da durchgesickert, überlegte von Müller sofort. Klar wußten sie in Berlin auch über gesellschaftlichen Tratsch in England Bescheid.

»Ziemlich mittelprächtig, Herr Admiral«, antwortete er. Dann stand er stundenlang über alles Rede und Antwort, was er durch Augenschein von der britischen Flotte, insbesondere von den U-Booten, wußte.

»Die neuen Boote haben schon Netzabweiser und Unterwasserauspuff. Sie operieren bis weit hinauf in den nördlichen Atlantik. Einige sollen sogar zwischen Grönland und Spitzbergen manövriert haben.«

»Wir müssen das im Auge behalten«, forderte Lans, »wenn Sie Ideen dazu entwickeln, finden Sie immer meine Unterstützung.«

Auch über die *TITANIC* wurde gesprochen, bei deren Fertigstellung es angeblich zu neuen Verzögerungen gekommen sei.

Für seine Verdienste wurde von Müller volles Lob ausgesprochen. Als Anerkennung erhielt er ein nagelneues Boot. *U-11*. Ähnlich wie *U-8*, nur schneller, konnte es neunzig Meter tief tauchen.

»Wir haben es versuchsweise mit dem neuentwickelten MAN-Diesel ausgerüstet. Sammeln Sie damit Ihre Erfahrungen, von Müller«, gab man ihm mit auf den Weg.

In Wilhelmshaven machte von Müller noch einen weiteren Karriereschritt. Er wurde zum Chef der II.U-Halbflottille ernannt. Dies alles vermochte seinen inneren Zustand aber nur halbwegs auszugleichen.

Von Müllers Haß auf die britische Adelsfamilie Winslow steigerte sich ins Unermeßliche. Ausgelöst wurde dies durch ein Gespräch im Casino des U-Boot-Wohnschiffes *Forelle*.

Ein Kamerad, der vor wenigen Tagen von einer Privatreise nach England zurückgekommen war, brachte Neuigkeiten mit. Von ihm erfuhr von Müller, daß seine Geliebte, Lady Sarah Winslow, auf einem schottischen Schloß wie ein wildes Tier gefangengehalten wurde. Deshalb hatten seine Briefe über die Adresse der Mulattin Sarah auch nie erreicht.

»Sie wird sogar von schottischen Highlanders bewacht.«

»Woher wissen Sie das?« erkundigte sich von Müller.

»Erstens aus den Gesellschaftsspalten der Presse und von meiner Freundin.«

»Wie kommt Ihre Freundin zu diesen Informationen?« wollte von Müller, in der Hoffnung, es sei nur Klatsch, genau wissen. Doch er wurde enttäuscht.

»Meine Freundin ist Operettensängerin, gastiert in London mit Linkes ›Berliner Luft‹. Sie führen das in Deutsch auf. Na ja, Theaterleute wissen doch immer alles.«

»In welchem Schloß in Schottland«, erkundigte sich von Müller genervt, »sperrt man Lady Sarah ein?«

Der Kamerad, ebenfalls U-Boot-Kommandant, hatte die Geschichten, die man sich über von Müllers Rolle in London erzählte, gehört.

»Schottland ist groß und gebirgig. Eine rauhe Gegend. Wenn Sie Ihre Sarah dort herausholen wollen, dann vergessen Sie das. Am besten, Sie sparen sich die Mühe, daran zu denken. Das dürfte so gut wie unmöglich sein. Vielleicht hat man sie sicherheitshalber schon wieder woanders hingebracht. Der Winslow-Clan besitzt Verbindungen in die Kolonien bis Indien.«

Von Müller war so erschüttert, daß er zuviel Cognac trank und mehr sagte, als er eigentlich wollte.

»Das sieht beinahe so aus, als würde man sie da oben verkommen lassen. Als hätte man sie ausgestoßen.«

Der Kamerad pflichtete ihm bei: »Das geht schon daraus hervor, daß die Winslows bei der groß angekündigten Jungfernreise der *TITANIC* ohne Lady Sarah mit an Bord sein wollen.«

»Wer von den Winslows?«

»Nun, soviel ich hörte Lord Kevin, Lady Jasmin und diese Offizierszwillinge Roger und Edward. Aber mehr weiß ich über diese Affäre wirklich nicht, Theo. Am besten, Sie vergessen das. Da hilft nicht einmal Arschkriechen bei Hofe.«

»Aber vielleicht in den Arsch treten«, erwiderte von Müller bitter.

In dieser Nacht, als er keinen Schlaf fand, keimte in Theo von Müller eine ungeheure Idee. Lange trug er sie mit sich herum, dachte immer mehr darüber nach, bis sich aus Einzelheiten ein Plan entwickelte. Diesen Plan arbeitete er, soweit ihm das Einfahren des neuen Bootes und die Ausbildung der Besatzung Zeit dazu ließen, präzise aus.

In der Rekordzeit von zwei Monaten brachte er Boot und Besatzung zur Einsatzreife. Inzwischen war sein Plan soweit gediehen, daß er ihn beim kaiserlichen Marineamt in Berlin vorlegen konnte.

Da das Unternehmen mit Risiken behaftet war, legte er sich ausreichende Begründungen zurecht. Das gab ihm die Zuversicht, daß sein Vorschlag akzeptiert werden würde. Fest stand, daß er mit diesem militärischen Projekt die Möglichkeiten des

U-Boot-Einsatzes bis zur äußersten Grenze der Leistungsfähigkeit der neuen Waffe abstecken wollte.

Der Plan sah vor, mit *U-11* eine große Manöverfahrt in den nördlichen Atlantik bis nahe Neufundland vorzunehmen. Von Müller baute dabei auf das Interesse der U-Boot-Strategen und die Unterstützung von Admiral Lans.

Von Müller mußte in Berlin nicht nur Rede und Antwort stehen und sein Vorhaben im Detail begründen. Er wurde auch verhört, nahezu geprüft und mit Hunderten von Fragen konfrontiert. Schlauerweise hatte er alle auftauchenden Probleme schon im voraus bedacht.

Zunächst begründete er seine Absicht damit, daß auch britische U-Boote bis ins nördliche Eismeer hinauf vorstießen. »Wir haben kaum Wintererfahrung mit Ausnahme einiger Januarmanöver in der Ostsee«, erklärte er. »Aber da draußen im Nordatlantik herrschen Tiefsttemperaturen, Schneestürme und Eisgang. Das ist eine andere Welt.«

»Ja, eine andere Art von Kälte. Aber werden die neuen Dieselmotoren das durchhalten?«

»Wir haben beste Erfahrungen mit den MANs«, versicherte von Müller.

»Werden bei dreißig Grad minus und noch tiefer nicht die Treibstoffvorräte in den Tanks versulzen und Paraffin ausscheiden?«

»Bei den Engländern gelieren sie auch nicht. Wie ich hörte, halten sie Dieselöl bei niedrigen Temperaturen dadurch flüssig, daß sie etwa acht bis zwölf Prozent Benzin beimischen und Motorkühlwasser in Rohrschlingen durch die Tanks führen. Außerdem ist es im Boot ja warm, auch wenn das umgebende Wasser in seiner Temperatur bei null Grad liegt. Wenn es nördlich Spitzbergen total zufriert, muß man die Unternehmung ohnehin abbrechen.«

Der Meteorologe wandte ein, daß im Frühjahr erschwerte Wetterbedingungen herrschen würden: »Äquinoctialstürme, Treibeis und Eisberggefahr«, zählte er auf.

»Daß es schweres Wetter gibt, darauf hoffe ich«, erwiderte von Müller, »so läßt sich herausfinden, was die Boote im Extremfall aushalten.«

Selbst Admiral Lans machte Einwände: »Sie führen auf, daß Sie mit Torpedos scharf schießen wollen. Wie haben Sie sich diese Versuche vorgestellt?«

Auch mit dieser Frage hatte von Müller gerechnet und die Antwort vorbereitet.

»Die neuen 45-cm-Torpedos sind noch viel zuwenig erprobt, Herr Admiral.«

»Und worauf würden Sie schießen?«

»Auf einen kompakten Gegner, der sich als Feind darstellt, einen Torpedoschuß aber nicht übel nimmt.«

Die Männer des Gremiums blickten sich erstaunt an, bis einer fragte: »Und woran dachten Sie dabei?«

»An Eisberge«, gab von Müller seine Idee preis. »Die drehen sich bestenfalls einmal um und schwimmen dann ruhig weiter.«

Sein Plan war derart brillant, professionell und genau in den Berechnungen, daß ihn die verantwortlichen Strategen nicht ablehnen konnten.

»Im Falle eines Krieges ist der ganze Atlantik von Nord bis Süd Operationsgebiet«, erklärte Lans abschließend. »Ich stimme für diesen Operationsplan.«

So erhielt von Müller mit seinem *U-11* Ende Dezember die Genehmigung von höchster Stelle.

In den darauffolgenden Monaten wurde sein Boot entsprechend mit Lederpäckchen, Pelzen und Korksohlenstiefeln ausgerüstet.

In den ersten Apriltagen 1912 ging das deutsche U-Boot in See.

Nach Verlassen der Deutschen Bucht nahm *U-11* Westkurs.

IV. TEIL

Rache

14

Die *TITANIC* war Ende des Jahres 1911 fertiggestellt worden. Nach mehreren Verzögerungen. Sie rührten daher, daß die Reederei immer wieder neue Wünsche anmeldete, um den Ozeandampfer zum größten, luxuriösesten und schnellsten Passagierschiff aller Zeiten werden zu lassen.

Im Erste-Klasse-Salon wurden sogar die Tapeten noch einmal entfernt und durch Seidentapeten ersetzt. Ebenso die Brokatvorhänge. Nun waren sie cremefarben statt rot.

Neues Meißener Porzellan mit Goldrand, Kristallüster aus Böhmen kamen an Bord. Die vorher hölzerne Freitreppe wurde in Carraramarmor ausgeführt.

Nach den üblichen Probeläufen – die Ingenieure und Schiffbauer waren endlich zufrieden – legte die Reederei die Jungfernfahrt auf den 8. April 1912 fest. Kolonnen von Lieferantenfahrzeugen verproviantierten das Schiff tonnenweise mit Delikatessen. Hummer, Lachs und Kaviar. Ganze Waggonladungen Wein und Champagner wanderten in die Kühlräume der *TITANIC*.

Zwei Tage vor der Abreise traf die Prominenz ein. Britischer Adel, amerikanische Geldleute reisten in Eisenbahnsalonwagen, in ihren Autos oder mit Privatyachten an und gingen in Southampton an Bord. Für die Crème de la Crème der Gesellschaft galt es als Selbstverständlichkeit, die erste Reise der *TITANIC* mitzumachen. Mehr als tausend Personen belegten die Luxuskabinen. Zweitausend Auswanderer die Zwischendecks.

Das Ablegen wurde ein Volksfest mit Feuerwerk, Musik, Konfetti und bunten Papierschlangen.

Nach dem Verlassen des Hafens befahl Commodore Smith, volle Geschwindigkeit zu laufen.

»Ich habe dem Reedereidirektor versprochen, das Blaue Band zu holen«, erklärte er, »eine Auszeichnung, die ab sofort jenem Schiff zugesprochen wird, das in kürzester Zeit von England nach New York läuft.«

Zu diesem Zweck nahm die *TITANIC* ab dem schottischen Cape Wrath den kürzesten Weg. Sie fuhr die sogenannte Großkreisroute, also in nördlichem Bogen. Da die Erde eine Kugel ist, lag der kürzeste Weg, sie zu umrunden, soweit wie möglich in Polnähe. Wie bei einem Apfel, wo man um den Stiel herum schneller von einer Hälfte zur anderen gelangte.

Trotz Eiswarnung der Station Reykjavik auf Island ließ der Commodore die Geschwindigkeit nicht verringern. Lediglich der Ausguck wurde verstärkt.

In der Nacht des 14. April wurde auf dem Kurs der *TITANIC* ein riesiger Eisberg zu spät erkannt. Zwar versuchte der Erste Offizier mit Hartruderlage dem weißen Koloß zu entkommen, trotzdem wurde die *TITANIC* gestreift und aufgeschlitzt.

Durch das Vorbeischrammen regnete Eisschnee auf Steuerbordseite an Deck. Doch der Kapitän hielt die Berührung für nicht allzu tragisch.

»Der Eisberg hat einige tausend Seemeilen im Golfstrom hinter sich«, äußerte er, »das Eis an seiner Oberfläche ist sulzig wie Schwamm und weich.«

Was die Schiffsoffiziere viel mehr beunruhigte, waren zwei kurze, sehr harte Stöße im Vorschiff, die möglicherweise zeitgleich mit der Berührung des Eisbergs erfolgten, aber wohl nicht von ihm herrührten.

Unerwartet machte das für unsinkbar geltende Luxusschiff Wasser. Die vorderen vier Abteilungen liefen voll. Die *TITANIC* sank so tief ein, daß das Wasser auch in die weiter hinten liegenden Abteilungen spülte. So trat das Unfaßbare ein. Das Schiff ging binnen einiger Stunden unter. Von den Passagieren, die oben ein ausgelassenes Fest feierten, sowie von den im Zwischendeck zusammengepferchten Auswanderern konnten insgesamt nur siebenhundertzwölf Personen gerettet werden. Eintausendsechshundert Menschen riß der Strudel in die Tiefe. Oder sie ertranken im eiskalten Wasser des Nordatlantik.

Ein Reporter der Daily Mail, der im Auftrag seiner Zeitung die Jungfernreise mitmachte und möglichst viel Gesellschaftsklatsch liefern sollte, gehörte zu den Überlebenden. Nach seiner Rettung schrieb Jim Hartford in New York einen ergreifenden Artikel.

»... Es war Mitternacht am fünften Reisetag. In der Ersten Klasse ein Fest mit Zehngängemenue. Es gab Delikatessen aus aller Welt. Chinesische Schwalbennestersuppe, Haifischflossen, Salat von feinsten Palmensprößlingen. Die Speisekarte verzeichnete unter anderem: Canapées à l'Admiral und Austern à la Russe. Zweiter Gang: Consommé Olga und Gerstenrahmsuppe. Dritter Gang: Pochierter Lachs mit Weinschaumsauce. Als Entrées konnte man wählen zwischen Filets Mignon Lili, Hühnchen Lyonnaise oder gefülltem Eierkürbis.

Doch das war nicht genug für die feine Gesellschaft. Noch weitere sieben Gänge kamen. In Calvados glacierter Entenbraten mit Apfelsauce, anschließend Punch Romaine, ein Champagnersorbet. Dem gebratenen Täubchen folgte Spargelsalat, nach der Leberpastete wurden süße Nachspeisen wie Eclairs mit Schokoladenüberzug und französischer Vanillecreme gereicht. Zum Abschluß gab es Obst und exquisiten Käse.

Da kaum Seegang herrschte, entwickelten die Passagiere herzhaften Appetit, den die achtzig Köche gerade noch zu befriedigen verstanden. Kaum einer der Passagiere erfuhr, daß den ganzen Tag über Warnungen anderer Schiffe vor Eisbergen und treibenden Eisfeldern eingegangen waren. Auch die Schiffsführung schlug die FTs in den Wind. Schließlich wollte man das Blaue Band holen.

Es gab noch mehr Schlampereien. Im Krähennest fehlten sogar die Ferngläser für den Ausguck. Am 14. April 1912, zwanzig Minuten vor Mitternacht, erfolgte aus dem Krähennest ein Telefonanruf.

›Iceberg right ahead!‹

Der I. Offizier erteilte für ihn zwar logische, aber falsche Befehle: ›Hart Backbord und Maschinen stop – Maschinen volle Kraft zurück.‹

Dann ein Stoß, oben kaum wahrnehmbar, unter der Wasserlinie jedoch vernichtend. Was im Luxusdeck nur leise die Gläser klirren ließ, erzeugte im Maschinenraum ohrenbetäubendes Krachen. Durch ein Leck der Schiffswand trat schäumend grünes Wasser ein. Kapitän Smith und der *TITANIC*-Chefkonstrukteur Thomas Andrews stiegen nach unten und musterten den Schaden. Mehrere Schottkammern waren aufgerissen.

›Trotzdem kann sie nicht sinken‹, beharrte der Kapitän stur. Gegen 02 Uhr morgens war jedoch das Ende nahe. Die Schotten reichten nicht bis obenhin, das Vorschiff stand unter Wasser. Die Rettungsboote faßten kaum ein Drittel der Passagiere. Die See war zwar spiegelglatt, aber tödlich kalt. Viel zu spät ließ der Kapitän über den neuen Marconi-Sender SOS funken. Jetzt aber hieß es: Rette sich wer kann! Wie ein Lauffeuer verbreitete es sich durch das Schiff.

Die letzten Worte von Kapitän Smith lauteten: ›Männer, ihr habt eure Pflicht getan.‹

Oben spielte die achtköpfige Bordkapelle noch flotten Ragtime, unten rissen sich die Dampfkessel, die Kolbenmaschinen und die Turbine infolge der Schräglage schon aus ihren Verankerungen und donnerten durch den Rumpf nach achtern. Orgelnd und brüllend bliesen die Kessel ihren Überdruck in die Schornsteine ab. Notraketen stiegen hoch, daß man es für ein Feuerwerk halten konnte.

Die Kollision mit dem Eisberg, die nicht unbedingt zum Untergang der *TITANIC* geführt haben muß, hatte ein schauerliches Geräusch erzeugt, wie wenn Stahl über Eis schrammt, wie klirrende Ketten. Aber woher rührten gleichzeitig die Stöße im Vorschiff? Das weiß nur Gott ...

Zwei Stunden und vierzig Minuten nach der Kollision, um 02.2 Uhr am Morgen des 15. April 1912, am sechsten Tag der geplant achttägigen Reise von Southampton nach New York, sank die *TITANIC*.

Von 2207 Menschen wurden nur 712 gerettet. Der Nordatlantik ist hier nahezu viertausend Meter tief. – Die Erbauer der *TITANIC*, auch das Millionärspack genannt, der Amerikaner

I. Morgan, Bruce Ismay und Lord Winslow, Chefs der White Star Linie, und Lord Pirrie, Inhaber von Schiffbauwerften, zählen leider zu den Vermißten …«

Am Ende fügte der Reporter noch sarkastisch hinzu: »… zwar fuhr die *TITANIC* unter britischer Flagge, aber eigentlich war sie wohl mit Dollars finanziert worden und gehörte mehr oder weniger einem amerikanischen Konzern …«

Sowohl in der London- wie der New York Times erschien eine ganzseitige Todesanzeige.

»Zutiefst betrauern wir unsere lieben Freunde und Verwandten, Lord Kevin und Lady Yasmin Winslow, sowie die beiden Gardeoffiziere Captain Roger und Captain Edward Winslow. Das Schicksal hat sie auf tragische Weise von uns genommen.

Die Hinterbliebenen«

15

Über den Untergang der *TITANIC* gab es zu viele widersprüchliche Aussagen. Deshalb waren die meisten davon schwer zu beurteilen und einzuordnen.

Passagiere, die sich an Deck aufgehalten hatten, beschworen, einen riesigen Eisberg gesehen zu haben, der zum Greifen nahe an der Steuerbordseite der *TITANIC* entlangschrammte. Die Decksplanken seien so von abgeschliffenem Eis bedeckt gewesen, daß man darauf schlittern konnte.

Andere Augenzeugen wiederum bestritten den heftigen Zusammenstoß mit dem Eisberg. Schon vorher hätten eine oder zwei Detonationen im vorderen Teil der *TITANIC* stattgefunden. Manche der Passagiere wollten eine merkwürdige Beobachtung gemacht haben, nämlich den flachen Buckel eines mächtigen Walfisches. Er sei in etwa vierhundert Yard Entfernung an der *TITANIC* vorbeigeschwommen. Dabei habe er schaumiges Wasser ausgestoßen.

Fisch oder Schiff, das war die Frage. Jedenfalls war das Ding urplötzlich verschwunden, als sei es weggetaucht.

Die Aussagen erwiesen sich als irritierend. Mehrere Zeugen beharrten sogar darauf, daß von einer Kollision oder Berührung mit dem Eisberg überhaupt nichts zu bemerken gewesen sei.

Daraufhin fragten sich die Experten, wie es dann zum Sinken des Schiffes habe kommen können.

Unsicherheit verbreiteten auch die Fotos eines Geretteten, die dieser geistesgegenwärtig geschossen hatte. Auf diesen Fotos glaubte man, wenn auch unscharf, erkennen zu können, daß das Schiff keinesfalls bis zur Mitte, also bis zum fünften oder sechsten Hauptspant, aufgeschlitzt worden sei, hingegen aber ein Loch von etwa vier Quadratmeter Größe aufwies. Dieses Leck lag unter der Wasserlinie. Viele der Geretteten erinnerten sich plötzlich daran, es ebenfalls gesehen zu haben, als das Schiff noch einmal nach Backbord krängte, ehe es Bug voraus beinah senkrecht eintauchte.

Kopfschüttelnd bemerkte einer der Fachleute: »Wie zum Teufel soll dieses Loch entstanden sein?«

»Materialfehler können wohl ausgeschlossen werden«, erklärte die Bauwerft.

War die *TITANIC* etwa auf eine Treibmine geraten, die bei einem Marinewaffentest außer Kontrolle geraten war?

Nach Auswertung der Protokolle behaupteten Sachverständige des Seeamtes gar, es wäre der *TITANIC* möglich gewesen, in letzter Sekunde durch entsprechendes Ruder- und Maschinenmanöver einem Zusammenstoß zu entgehen.

Reporter und Fachjournalisten, die sich mit Schiffahrt befaßten, entwickelten fantastische Theorien. Sie wurden aber alle unterdrückt, denn die Eisberg-Version war die griffigste und entsprach auch den Wünschen der Versicherungen, höhere Gewalt als Auslöser des Unglücks anzunehmen.

Zur endgültigen Klärung der Schuldfrage an der *TITANIC*-Katastrophe traten mehrere Gremien zusammen.

Bei einem Hearing des US-Seeamtes in New York und der britischen Navy-Investigation in London kam es zu wochenlangen Untersuchungen und Verhören. Die Brückenoffiziere der Mitternachtswache der *TITANIC* konnten nicht einvernommen werden. Sie lebten nicht mehr. Aber es gab genug andere Personen und Augenzeugen.

Ungläubiges Staunen rief bei den Kapitänen der Untersuchungskommissionen hervor, mit welcher Nachlässigkeit die Schiffsführung der *TITANIC* die Eisbergwarnungen mißachtet hatte. Ein Rudergänger sagte aus: »Wir liefen mit vollem Dampf. Noch sechshundert Yards trennten das Schiff von dem Eisberg, als William Murdoch, unser Erster Offizier, die letzte Entscheidung traf. Vor die folgenschwere Wahl gestellt, welchen Kurs er steuern, welche Maschinenkommandos er anordnen sollte, befahl er ...«, der Rudergänger zögerte.

»Nun, was befahl er denn?« drängte einer der Richter.

»... Ruder hart backbord. Maschinen äußerste Kraft zurück.«

»Wieviel später erfolgte der Zusammenstoß?«

»Etwa neunzig Sekunden, Sir, eine und eine halbe Minute also.«

»Dann hatte angeblich das Eis den Stahl des Schiffsrumpfes seitlich aufgeschlitzt.«

»Ob angeblich oder wirklich weiß ich nicht, Sir. Jedenfalls gingen wir koppheister.«

Einige der Beisitzer sprachen von fehlerhafter Seemannschaft. Auch der Vorsitzende vertrat diese Ansicht.

»Murdoch hätte die Backbordschraube stoppen, den Steuerbordantrieb unter AK laufen lassen sollen. Bei Kolbenmaschinen ist das durchaus möglich.«

»So schnell kann ein Fünfzigtausendtonner nicht drehen, Gentlemen«, meinte ein erfahrener Dampferkapitän, »auf diese Weise hatte er doch gar keine Chance, das Unglück abzuwenden.«

»Welche andere Alternative blieb ihm denn?«

Bis der Dampferkapitän, ein stimmberechtigter Beisitzer, in Gedanken die Antwort formulierte, entstand eine längere Pause.

Immer wieder blätterten die Experten in ihren Unterlagen. Inzwischen waren vom britischen Seeamt die letzten Sekunden der *TITANIC* vor der Kollision an Modellen im Wasserkanal simuliert worden. Die Tests ergaben, daß der Zusammenstoß von sechzigtausend Tonnen Stahl und einer Milliarde Tonnen Eis unvermeidlich war. Auch der Vorwurf, daß die *TITANIC* mit minderwertigem Material und unzureichender Plankenstärke gebaut worden sei, konnte nicht aufrechterhalten werden. Die Ermittlungsergebnisse bei den Walzwerken lagen den Sachverständigen vor. Jeder hatte sich ausgiebig darüber informiert.

»Befassen wir uns nun mit den Schotten im Rumpf«, fuhr einer der Ankläger fort. »Sie waren unzureichend konstruiert.«

Daraufhin äußerte der amerikanische Schiffbauexperte William Irvingstone: »Die *TITANIC* wurde Opfer dieser Nacht. Alles ging schief, was schief gehen konnte. Durch die Lecks schoß eiskaltes Wasser wie aus Hochdruckrohren ins Innere. Binnen einer Stunde liefen vier von insgesamt sechzehn wasserdichten Abteilungen voll. Nach etwa neunzig Minuten hatte das Schiff im vorderen Drittel etwa einunddreißigtausend Tonnen Wasser aufgenommen.«

»Die wasserdichten Trennwände der *TITANIC* reichten aber nur vom Kiel bis zu Zweidritteln der Rumpfhöhe«, wurde eingewendet, »so konnte das Wasser von einer Abteilung in die andere überschwappen. Das war mehr als höchst fahrlässig. Letzten Endes hat es den Untergang des Schiffes herbeigeführt.«

Ein Schiffbauexperte aus Nordirland widerlegte diese Theorie. »In den Bug des Schiffes wurden so gigantische Wassermassen gepreßt, daß das Vorschiff unter die Wasseroberfläche tauchte. Damit hätten auch Vollschotten ihre Schutzfunktion eingebüßt. Denn nun gelangte das Wasser über Decksöffnungen ins Schiff. Vollschotten hätten den Untergang wahrscheinlich nur verzögert.«

Eine neue Theorie kam zur Sprache.

»Oder lag Sabotage vor?« bemerkte ein Zivilist, der jedem als Angehöriger der Abteilung für Spionageabwehr bekannt war. Allerdings besaß er mehr Kenntnisse über Agententechniken als über Seefahrt.

»Ein so großes Schiff kann man doch durch Sabotage gar nicht versenken«, wurde er belehrt, »dazu müßte man schon eine tonnenschwere Bombe mit TNT oder Dynamit an Bord schmuggeln.«

Der Punkt Sabotage wurde deshalb auch nicht weiter verfolgt.

Jetzt endlich hörte man sich die Erklärung des alten Dampferkapitäns an. Ihm war Ähnliches wie der *TITANIC*, allerdings in Form einer Kollision mit Unterwasserfelsen, zugestoßen.

Mit einfachen Worten der Seemannssprache formulierte er seine Meinung: »Der Erste Offizier Murdoch handelte konventionell, als ihm bei Gott von vielen Möglichkeiten doch nur eine einzige blieb. Aber wie sollte er so schnell alle aussortieren und erkennen, daß es nur diese eine zur Rettung gab? Er hätte den Eisberg frontal rammen müssen. Die Wucht des Aufpralls hätte zwar ungeheure Energien freigesetzt, aber bei der *TITANIC* wären höchstenfalls drei Abteilungen im Vorschiff havariert. Das Schiff wäre also schwimmfähig geblieben.«

Hier stellte der Schiffbausachverständige William Irvingstone eine Gegenfrage: »Mal angenommen, wenn Murdoch den Eisberg wirklich vierkant gerammt hätte, wie würden seine Richter, in diesem Falle wir, heute über ihn urteilen? Selbst wenn Murdoch die *TITANIC* dadurch vor dem Untergang bewahrt hätte, so wäre es zu Hunderten von Verletzten und einem Millionenschaden gekommen. All das und noch viele andere Dinge würde man diesem armen Mann jetzt vorwerfen, wenn er nicht das klassische Ausweichmanöver versucht hätte, das wir immer noch als eine, gemäß allen seemännischen Erfahrungen, zwingende Notwendigkeit betrachten. Jeder hätte ihm vorgeworfen: Warum sind Sie vierkant gegen das Eis gefahren, Murdoch, obwohl es doch eine Möglichkeit gab, ihm auszuweichen? Nun, es gab diese Möglichkeit nicht, aber hinterher ist man eben klüger.«

Daraufhin äußerte der Vorsitzende: »Man hätte Murdoch wohl als Schuldigen verurteilt und ihm sein Patent auf Lebenszeit weggenommen.«

Die Theorie, daß die *TITANIC* auf eine Treibmine gelaufen sei, wurde völlig außer acht gelassen.

Auch die Behauptung von Zeugen, noch vor der Berührung mit dem Eisberg hätte man im Rumpf mehrere starke Detonationen vernommen, wurde nicht ernsthaft diskutiert. Warum auch? Eine Kesselexplosion kam nicht in Frage. Die Kessel waren zunächst alle intakt geblieben und bliesen ihren Dampfüberdruck durch die Schornsteine ab.

So konnte der Untergang der *TITANIC* niemals voll aufgeklärt werden. Über den wirklichen Ursachen schwebte weiterhin der Nebel des Geheimnisses.

Gerüchte, aber auch gewisse Fakten, wie es zu der Katastrophe gekommen sein könnte, wurden weiterhin unterdrückt. Sie waren teilweise zu phantastisch.

Seegericht und Versicherungen einigten sich also auf Eisbergkollision.

16

Ende Mai 1912 lief von Müller in seinem Heimatstützpunkt Wilhelmshaven ein. Der Empfang war eher kühl. Es gab keine Blumen, keine Ehrenjungfrauen und keine Musik.

Am Pier stand Feldgendarmerie unter Stahlhelm und Gewehr und riegelte den Liegeplatz hermetisch ab. Der Versuch eines Besatzungsmitglieds, von Bord an Land zu springen, um die Leinen am Poller festzumachen, wurde sofort unterbunden. Die Feldgendarmerie schritt ein.

Ihr Führer, ein Leutnant, erklärte: »Niemand darf von Bord. Befehl des Standortkommandeurs.«

Eine Begründung lieferte er nicht.

Kapitänleutnant von Müller konnte sich die Gründe denken. Vorsichtshalber hatte er für seine Mutter einen Abschiedsbrief hinterlassen. Durch das lange Ausbleiben von *U-11* hatte der Nachrichtendienst der kaiserlichen Marine den letzten Gruß, den von Müller für den Fall seines Todes geschrieben hatte, in die Hände bekommen und geöffnet.

Auf mehreren Seiten hatte er seiner Mutter darin mitgeteilt, was er vorhatte, und zwar nicht nur vage, sondern ziemlich eindeutig. Dem Brief war alles zu entnehmen. Von seiner Liebesaffäre mit Sarah Winslow in London bis zu den Torpedoschüssen auf die *TITANIC*.

Vom Marinegeheimdienst war zwangsläufig weiter kombiniert worden. Man hatte entsprechende Maßnahmen eingeleitet. Sofort begannen die Nachforschungen.

Die Bestandsaufnahme ergab, daß zwei scharfe Kampftorpedos fehlten, daß die Treibstoffbunker nahezu leer waren, und daß das Logbuch von *U-11*, was Kurse und Standorte betraf, Fälschungen aufwies. Keinesfalls stimmte der Treibstoffverbrauch mit der aufgeführten Seemeilenzahl überein.

Daraufhin wurde die gesamte Besatzung von *U-11* festgenommen. Man isolierte Offiziere, Unteroffiziere und Mannschaften voneinander. Pausenlos unterzog man sie strengen Verhören. Bald stellte sich die volle Wahrheit über die von Kapitänleutnant von Müller so geschickt eingefädelte Atlantikoperation heraus.

Zwar hatte der Kommandant alle nötigen Erklärungen bereit, man glaubte ihm aber nicht. Man hielt alles für Erfindung und Lügen und legte ihm nahe, ein Geständnis abzulegen.

In diesen schweren Tagen blieb von Müller überraschend gelassen. So, als habe sich jeglicher innerer Überdruck für immer bei ihm abgebaut. Er wurde auch von Marinepsychologen befragt. Sie beobachteten ihn sogar nachts in seiner Einzelzelle.

Einer der Psychologen berichtete dem für den Fall *U-11* zuständigen Stabskapitän: »Es ist schon höchst merkwürdig. Dieser Mann empfindet keine Reue. Er schläft wie ein Murmeltier, hat zweifellos keine Alpträume. Jeder andere würde von den Schreien der Ertrinkenden der *TITANIC* verfolgt und gepeinigt. Echt pathologisch. Ein krankhafter Verbrecher.«

Wochenlang blieb die Besatzung von *U-11* in Haft, bis zu Beginn einer Marinegerichtsverhandlung, kündigte man an. Diese fand jedoch nie statt. Zweifellos aus Gründen der Geheimhaltung. Die heiße Angelegenheit *U-11 / TITANIC* wurde verschwiegen, um diplomatische Verwicklungen zu vermeiden.

Jeder, der darüber Bescheid wußte, wurde zu absolutem Stillschweigen vergattert. Er mußte einen Eid schwören, niemals darüber zu sprechen oder schriftliche Aufzeichnungen anzufertigen. Die Affäre wurde als höchstes Staatsgeheimnis eingestuft.

Auf persönlichen Befehl des Kaisers sollten Kommandant, Offiziere und Besatzung an einen geheimen Ort gebracht werden. Eines Nachts verlegten drei Gefangenentransporter, Grüne Minnas, die fünfundzwanzig Mann zum Güterbahnhof von Wilhelmshaven. Dort kamen sie in einen Personenwaggon der Reichsbahn, dessen Fenster von außen mit Farbe zugestrichen waren. Und auf dem Perron, vorne und hinten, fuhren schwerbewaffnete Posten mit.

Die Fragen der U-Boot-Leute, wohin die Reise gehe, konnte keiner der Wachen beantworten. Dem Stand der aufgehenden Sonne nach zu urteilen, rollte der Zug mit dem angehängten Gefangenenwaggon nach Osten. Es ging durch flaches, norddeutsches Land und über mehrere Flüsse, zu erkennen am Dröhnen der Räder, wenn der Waggon über eiserne Brücken rollte.

Manchmal wurde der Waggon umgekoppelt. Bei einem Halt faßten die Gefangenen Verpflegung. Erbsensuppe und Kommißbrot. Eines der Brote war in Papier eingewickelt. Es trug die Aufschrift der Bäckerei. Sie lautete: Ludwig Wotischek, Merseburg.

Doch das besagte wenig.

Nach insgesamt elf Stunden Fahrt wurde der Waggon abgehängt und blieb stehen. Erst bei Dunkelheit ließ man die Gefangenen heraus. Der Offizier des neuen Wachkommandos, ein höflicher Mann, sprach den Kommandanten Theo von Müller mit ›Herr Kamerad‹ an, obwohl von Müller keine Dienstgradabzeichen mehr trug. Er war wie alle anderen von *U-11* degradiert worden.

»Sie sind hier in Torgau, Herr Kamerad«, sagte er. »Sie kommen auf die Festung, wo schon Trenk, der Pandur, einsaß.«

»Na fabelhaft«, erwiderte von Müller sarkastisch, »ist uns eine Ehre.«

Mehr wußte der Wachoffizier offenbar nicht über das Schicksal der fünfundzwanzig Männer.

In diesem Monat wurde Theo von Müller dreiunddreißig Jahre alt.

Torgau war eine napoleonische Festung im Regierungsbezirk Merseburg, Provinz Sachsen. Seit 1840 gehörte sie zu Preußen.

Die Zellen waren in den Fels geschlagen und komfortabel wie Lochgefängnisse im Mittelalter. Es gab weder Waschlavoirs noch kloähnliche Vorrichtungen. Nach monatelangem Dahingammeln in modrig feuchten Kellern und Kasematten gelang es den Männern von *U-11*, untereinander per Klopfzeichen Kontakt aufzunehmen. U-Boot-Leute konnten schließlich morsen. So brachten sie eine gewisse Organisation zustande.

Selbst beim Rundgang im Festungshof mußten sie ihre Fußfesseln anbehalten wie Schwerverbrecher und durften kein Wort sprechen. Immerhin ergab das tägliche Durchzählen, daß sie alle noch lebten.

Inzwischen hatte ein Begabter unter ihnen, gelernter Feinmechaniker, Dietriche für die Kettenschlösser angefertigt und heimlich verteilt.

Kapitänleutnant Theo von Müller, dem man als Offizier etwas mehr Bewegungsfreiheit zubilligte, gelangte dabei an wichtige Informationen. Anhand dieser arbeitete er einen Fluchtplan aus. Es gab eine Möglichkeit, durch den Regenwassertunnel die Festung zu verlassen.

In perfekter Heimlichkeit wurde der Ausbruch vorbereitet. Aus Stoffetzen, Lumpen und aufgedröselten Sisalsäcken fertigten die Männer Seile an. Die stumpfen Löffel des Eßbestecks wurden zu Messern und Sägen verarbeitet, indem man in die Bleche durch Reiben an kantigen Steinen Zähne einschliff. Das weiche Material wurde glühend gemacht oder in Margarineöl gehärtet.

Noch bevor der Winter kam, bestimmte von Müller als Zeitpunkt der Flucht eine mondlose Nacht im Oktober.

Nicht jedes Besatzungsmitglied nahm am Ausbruch teil. Es gab einige Kranke unter ihnen. Theo von Müller, der das Unternehmen gerne angeführt hätte, bekam drei Tage verschärften Arrest, weil er beobachtet worden war, als er mit dem IWO von *U-11* Sprechkontakt aufnahm.

So versuchten einundzwanzig Mann der Besatzung nach vereinbarten Klopfzeichen, zur gleichen Stunde ihre Zellen zu verlassen und durch den Abwasserkanal zu entkommen. Es war vor Wachwechsel. Um 23 Uhr wurden die Posten müde.

Zunächst schien es so, als würden die Aufseher nichts von dem Massenausbruch bemerken. Doch selbst wenn etwas schiefging, wenn sie abgefangen und zum Tode verurteilt wurden, war das den meisten der Gefangenen gleichgültig. Sie sahen ohnehin keine Zukunft mehr.

Bis auf einen, der sich beim Sprung von der Mauer des Festungsgrabens eine Knöchelverletzung zuzog, kamen alle heil durch den Wald bis hinunter ins Tal und ans Ufer der Elbe. Mit Schwierigkeiten überquerten sie den Fluß. Das Wasser war schon sehr kalt, die Strömung wegen anhaltender Regenfälle stark. Auf der anderen Seite des Flusses waren sie noch vollzählig. Der Plan sah vor, daß sie sich jetzt trennten und daß jeder, nun allein für sich verantwortlich, zusah, wie er weiterkam. Doch plötzlich klirrte und stampfte etwas. Aus dem Dunkel tauchten Reiter auf. Kaiserliche Kavallerie. Ein ganzes Regiment Ulanen hatte auf sie gewartet und fing sie ein. Mann für Mann.

Aufgeschreckt von diesem Massenausbruch, beschloß man in Berlin vergleichsweise harte Maßnahmen.

»Sie werden es immer wieder versuchen«, erklärte der Ministerialdirektor, dem alle preußischen Haftanstalten unterstanden. »Ein Gefangener denkt immer nur an zwei Dinge: ans Essen und an seine Freiheit.«

»Das Geheimnis um *U-11* muß auf jeden Fall gewahrt bleiben«, entschied ein Armeegeneral, »koste es, was es wolle.«

»Was für ein Geheimnis?« begehrte einer der Anwesenden zu wissen.

Er wurde rauh abgefertigt.

»Wir kennen es auch nicht«, bedauerte man.

Ihrem Eid gemäß schwiegen die Eingeweihten über die Torpedoschüsse, die zum Untergang der *TITANIC* geführt hatten.

Rasch kam man überein, den Männern von *U-11* eine Sonderbehandlung angedeihen zu lassen. Gefesselt an Händen und Füßen wurden die Gefangenen von Torgau in zwei verschlossene Eisenbahnwaggons verladen. Es handelte sich um Wagen für Schweinetransport. Zur Sicherheit begleiteten jeden der Waggons Wachtposten, ausgerüstet mit Handgranaten und Maschinengewehr.

So beförderte man die fünfundzwanzig Männer von *U-11* quer durch Norddeutschland nach Bremen, wo man sie nachts auf einen Frachter brachte. Das Schiff, ein Kohledampfer, gehörte der deutschen Afrika-Linie an.

Bald verbreitete sich unter den Gefangenen das Gerücht, man würde sie in die Kolonien deportieren. Das war ausnahmsweise keine Latrinenparole, sondern entsprach den Tatsachen.

Von Bremen durch den Ärmelkanal in den Atlantik erfroren sie beinahe. Dann, südlich der Kanarischen Inseln, brachte sie die Hitze fast um. Wie Negersklaven lagen sie auf fauligem Stroh in einer Ecke des hinteren Laderaums. Der Kontakt zur Besatzung des Schiffes bestand in Kübeln, die man zu ihnen an Leinen herunterließ. Eimer mit Wasser, Erbsensuppe und Brot. In denselben Kübeln wurden Abfall und Exkremente nach oben befördert.

In diesen Wochen fragten sich viele der Männer, warum sie hier so erbärmlich litten. Alle Schuld gaben sie dem Kommandanten. Die Solidarität mit ihm geriet ins Wanken und machte Vorwürfen Platz. Aber zu spät.

In Deutsch-Südwestafrika hatte man bei Windhuk ein schwerbewachtes Fort erbaut. Es diente einigen Kompanien von Letlow-Vorbecks Askaritruppe als Unterkunft.

Dort, auf eintausendsiebenhundert Meter Höhe über dem Meer, mit einem Blick auf die unerreichbare Bahnlinie, vegetierten die Gefangenen von *U-11* sechs Jahre lang dahin, bis sie vergessen, vermodert, verkommen waren.

Auch während des Ersten Weltkriegs zwischen 1914 und 1918 blieben sie dort. Erst als im Versailler Vertrag Deutschland seine afrikanischen Kolonien aberkannt wurden und Deutsch-Südwest unter britisches Mandat kam, holte man die Gefangenen heraus und beförderte sie weit nach Norden übers Meer auf eine Insel. Nach Helgoland.

Auf dieser nahezu zehntausend Kilometer langen Fahrt starben einige der ohnehin schon von Krankheit Gezeichneten.

Als Helgolands rote Felsenküste in der Nordsee in Sicht kam, lebten von dem Viertelhundert der *U-11*-Besatzung noch neun Männer.

In den nächsten fünfzehn Jahren starb einer nach dem anderen an Tuberkulose oder Krebs dahin. Nur wenige überlebten die bald fünfundzwanzigjährige Gefangenschaft.

Draußen in der Welt hatte sich viel ereignet. Kaiser Wilhelm II., König von Preußen, hatte auf den Thron verzichtet. Deutschland wurde Republik. In Rußland siegte die kommunistische Revolution. Französische Truppen besetzten das Ruhrgebiet, weil Deutschland seine Reparationsschulden nicht bezahlen konnte. Zwar durfte Deutschland dem Völkerbund beitreten, aber es gab sechs Millionen Arbeitslose. Das Land war total verarmt und ausgeblutet. Die Parteien im Reichstag waren zerstritten, die Weimarer Republik ging ihrem Ende entgegen. Nur in diesem Chaos konnte ein Drittel aller Reichstagssitze an eine Partei fallen, die sich NSDAP nannte. Ihr Führer, ein gewisser Adolf Hitler aus Österreich, wurde deutscher Reichskanzler.

Das war das Ende der parlamentarischen Republik. Mit Hindenburgs Tod starb der letzte Wächter über Freiheit und Demokratie.

Der politische Wechsel in Deutschland besserte am Schicksal der Gefangenen von Helgoland zunächst nichts. Erst 1935, als sich im Reich vieles änderte, stieß ein Geheimer Marinegerichtsrat auf die alte *U-11*-Akte.

Er legte das Material noch einmal vor, versehen mit einer Notiz, daß es sich bei den Gefangenen um Männer handle, die ohne Urteil nun schon ein halbes Menschenleben lang willkürlich festgehalten wurden. Männer, die eigentlich Helden seien.

Durch höchsten Erlaß wurden die Gefangenen in Freiheit gesetzt.

Im Jahr 1936 war der ehemalige Kommandant von *U-11*, Kapitänleutnant von Müller, der letzte Überlebende seines Bootes und mit sechzig Jahren ein nahezu Vergessener, ohne Freunde, Familie oder Verwandte.

Wie ein Mann aus einer anderen Welt kehrte er in ein nahezu fremdartiges Dasein zurück. Unter Androhung der Todesstrafe zum Schweigen verpflichtet, lebte von Müller fortan anonym in Süddeutschland. Da er nie von einem Gericht verurteilt worden war, wurde er auch nicht rehabilitiert. Allerdings teilte man ihm eine kleine Rente zu. Eisern hielt sich von Müller an seine Schweigepflicht. Dies auch über den Zweiten Weltkrieg und das Ende des Dritten Reiches hinaus. Bis zum Jahr 1961.

IV. TEIL

Der Verrat

17

Das neueste Kampf-U-Boot der US-Navy, die atomgetriebene *Triton-SSN-586*, durchquerte in Höchstfahrt den Atlantik. Dabei entwickelte sie mit 35 Knoten nahezu die Abschußgeschwindigkeit eines Torpedos.

Vor drei Tagen erst war das 6000-Tonnen-Boot vom Marinestützpunkt Norfolk/Virginia ausgelaufen und befand sich bereits östlich der Azoren. Während der Fahrt war die Erprobung hochentwickelter Ortungsgeräte für die Unterwasserjagd vorgesehen. Deshalb befand sich auch einer der höchsten Offiziere der U-Boot-Waffe, Admiral Lützow, an Bord.

Er und Commander George Mittler kannten sich gut.

»Wie war der Urlaub in den Rocky Mountains?« fragte Lützow den Korvettenkapitän. »Gut erholt?«

»So prächtig, daß ich nie mehr dorthin fahren werde. Ich stürzte auf einem Schneefeld mehrere hundert Meter zu Tal, meine Frau brach sich den Knöchel. Eine solche Anhäufung von Steinen wird mich nie mehr wiedersehn.«

»Wollten Sie nicht sogar ein Haus dort kaufen?«

»Für die Zukunft habe ich nur noch eine Adresse«, erwiderte Mittler grinsend, »George Mittler, Fregattenkapitän, wohnhaft auf einem U-Boot. Ich bin der geborene U-Boot-Typ. Ich könnte wie Diogenes in einem Faß hausen. Da fühl' ich mich am wohlsten. Und außer Wellenbergen bitte bloß keine Berge mehr. Was macht übrigens Ihr Protegé Hopkins?«

Das Wort Protegé wollte Lützow nicht hören.

»Hopkins braucht keine Protektion. Er ist ein erstklassiger Mann, redet nicht viel, beherrscht seinen Job. Er weiß, was er sich merken und was er vergessen soll. Ich glaube, er sitzt noch in Seattle, bis die *Nautilus* wieder seeklar ist.«

Während der Durchquerung des Nordatlantiks wurde wenig Privates gesprochen. Die Einsatzerprobung des neuen Hochleistungssonars und des Unterwasserradars nahm sie ständig in Anspruch.

»Damit hört man sogar Ölsardinen flüstern«, bemerkte einer der Elektroniker.

»Es soll hundertmal so wirksam sein wie ein menschliches Ohr, ja fast schon wie das Gehör eines Hundes«, erklärte der Admiral.

Mit voller Absicht näherten sie sich einem französischen Unterseeboot, das ebenfalls nach Europa unterwegs war, bis auf eine halbe Meile Entfernung.

Der Ortungsoffizier brach in Begeisterung aus: »Man kann verstehen, was die an Bord sprechen.«

»Natürlich französisch«, meinte einer spöttisch.

»Achten Sie auf bestimmte Geräusche«, befahl Lützow dem Sonarmaat vom Dienst.

»Welcher Art, Sir? Ich nehme ab und zu etwas auf, das sich wie die Absatzgeräusche hoher Damenschuhe anhört. Meinen Sie das, Sir?«

»Wenn es Klack macht, sind es die Serienschalter für die E-Maschinen bei Fahrstufenänderung«, erläuterte Lützow, um was es ging. »Macht es aber Klick, sind es die Druckknöpfe für Tiefenruder und Hauptrudersteuerung. Sie müßten auch das ölige Zischen beim Ausfahren des Sehrohrs hören – und wenn Sie gar nichts hören, haben wir den Kontakt verloren.«

Die einhundertsechsundfünfzig Meter lange *Triton* verfügte neben Verfolgungsradar auch über ein System für Blitzanalysen des Wassers. Binnen Sekunden konnte damit festgestellt werden, ob es radioaktive Spuren enthielt oder Kohlendioxydteile. Dann waren also fremde Atom-U-Boote oder konventionelle U-Boote in der Nähe.

Mit der ihm eigenen Gewissenhaftigkeit ließ es sich Konteradmiral Toni Lützow nicht nehmen, die Tests der neuen Systeme persönlich zu überwachen. Als Chef der amerikanischen Atom-U-Flotte plus seiner großen Erfahrung als U-Boot-Kommandant wollte er zum Erfolg der neuen Jagdboote beitragen.

Einen Tag später, schon in Radarsichtweite der schottischen Festlandberge, wandte sich Commander Mittler an den Admiral: »Bleibt es bei dem Plan, Sir, oder wollen wir noch einen Unterwasseranlauf durchführen? Soeben verläßt ein britisches U-Boot Scapa Flow.«

»Nein, laufen Sie Hull an«, wünschte Lützow. »Ich habe dringende Termine in Brüssel.«

»Wäre da ein Flugzeug nicht schneller gewesen, Sir?«

»Ein Flugzeug ist etwas für Arme«, erwiderte Lützow, »die überhaupt keine Zeit haben. Und gibt es denn eine exquisitere Möglichkeit nach Europa zu gelangen, als den Atlantik unter Wasser zu durchqueren? Wer kann das schon? Wem wird so etwas je geboten?«

Während der Navigationsoffizier den direkten Kurs zum Flottenstützpunkt Hull berechnete, wandte sich Commander Mittler in einer ruhigen Minute an seinen Admiral.

»Gestatten Sie mir eine Frage, Sir. Waren diese Tests wirklich der einzige Grund, daß Sie an Bord kamen?«

»Gehen wir in Ihre Kammer, Mittler«, schlug Lützow vor.

Als sie allein waren, erfuhr der *Triton*-Kommandant, was der NATO schwere Sorgen bereitete.

»Russische Techniker«, weihte ihn Admiral Lützow in streng geheime Erkenntnisse ein, »haben eine neue Anti-Schiffsrakete von bisher nicht gekannter Stärke entwickelt. Sie kann ebenso von Land wie von Schiffen oder U-Booten aus eingesetzt werden. Es ist ein knapp neun Meter langes Geschoß, und es fliegt mit Schallgeschwindigkeit. Gebaut wird es vom Rüstungskonzern NPO-Maschino-Strojenija. Angeblich kann die Rakete Ziele auf eine Entfernung bis zu zweihundert Meilen erreichen. Damit ist sie unseren eigenen Waffensystemen deutlich überlegen. Die Harpoon, die wir in der Entwicklung haben, bleibt im Unterschallbereich und kommt nicht weiter als siebzig Meilen.«

Mittler hatte verstanden.

»Sie hofften wohl, einem Übungsschießen der Rotbanner-Flotte beiwohnen zu können.«

»Nach Erkenntnissen unseres Geheimdienstes NSA sollten in dieser Woche Manöver in einem der Azorenquadrate stattfinden. Offenbar hat man sie zeitlich verschoben oder ins Eismeer verlegt, wo sich die Russen ungestörter fühlen.«

»Die haben mehr Schiß vor fremden Augen als gesund ist, Sir.«

»Reine Charaktersache«, nannte es Lützow.

Am frühen Nachmittag lief das Atom-U-Boot mit dem neuen, nahezu schwarzen Farbanstrich in den nordschottischen Sund ein und machte an der Pier des US-Navy-Stützpunktes fest. Die Bootsmaatspfeife trillerte, als der Admiral die *Triton* verließ. Zwei Matrosen trugen Lützows Koffer und Reisetasche zu dem wartenden Hubschrauber.

Der Sikorsky-Helikopter beförderte den Admiral auf schnellstem Weg zur britischen Luftbasis Inverness, von wo ihn die US-Kuriermaschine direkt zum Kontinent nach Brüssel flog.

Gegen Abend setzte ein NATO-Dienstwagen den Admiral vor dem Hotel Bristol ab, wo er seine gewohnte Suite bezog. Noch vor dem Abendessen sprach Lützow mit dem Marinedepartment im NATO-Hauptquartier. Der dortige Sachbearbeiter, ein Fregattenkapitän, setzte ihn über die anstehenden Probleme ins Bild.

»Bekanntlich, Sir, geht es um die Koordinierung der Maritimen Verteidigungsbereiche römisch II und III, in den Sektoren Deutsche Bucht, Ärmelkanal, Irische See bis westlich der Hebriden und Schottlands.«

Lützow hatte sich ausgiebig damit befaßt und kannte das Hauptproblem nur zu gut.

»Schwierigkeiten, schätze ich, werden wieder die Franzosen damit machen, ihre Vorposten-U-Boote dem NATO-Kommando unterzuordnen.«

»Man hört, Paris will ohnehin ausscheren, Herr Admiral.«

»Sie meinen also, die Franzosen verlassen das Bündnis.«

»Es sieht so aus und was man alles so hört, Herr Admiral.«

»Okay, mehr darüber morgen früh in der Strategie-Sitzung.«

Als Lützow aus der Dusche kam und gerade ein frisches Hemd entnadelte, summte das Telefon.

Am Apparat war Maxwell, der Sicherheitschef der NIA, der Navy Intelligency Agency.

»Habe gehört, daß Sie glatt gelandet sind, Sir.«

»Euch Geheimdienstburschen entgeht aber schon gar nichts«, erwiderte Lützow scherzhaft. »Ist ja beinah zum Fürchten.« Sie kannten sich gut, hielten sich deshalb nicht lange mit Begrüßungsreden auf.

»Wir wollten uns treffen, Herr Admiral«, erinnerte der Geheimdienstmensch, »schon vor Monaten.«

»Well, bei meinem letzten Aufenthalt in Brüssel hat es nicht geklappt«, erwiderte Lützow. »Ist es so wichtig?«

»Jetzt wird die Sache allerdings akut, Sir«, deutete Maxwell an.

Lützow fragte nicht, worum es ging. Es gab viele Möglichkeiten.

»Okay, wann sehen wir uns?«

»Sobald es Ihnen konveniert, Herr Admiral.«

Lützow wollte es hinter sich bringen.

»Morgen mittag elf Uhr dreißig.«

»Paßt mir ausgezeichnet, Sir.«

»Schön, Maxwell, dann in Ihrem Büro im Hauptquartier.«

Kaum hatte Lützow aufgelegt, versuchte er, seine Ranch in Kalifornien zu erreichen. Doch der Anschluß war dauernd belegt. Er nahm einen Schluck Scotch. Das Gespräch mit dem Sicherheitschef der NIA beunruhigte ihn keineswegs und nahm ihm auch nicht den Appetit. Solche Gespräche waren üblich. Auch Admirale der US-Navy wurden ständig sicherheitsmäßig abgeschirmt und überwacht. Sein Gewissen war rein, die alten Geschichten seiner U-Boot-Kommandantenzeit im Zweiten Weltkrieg waren nicht mehr relevant. Die hingen ihm nicht mehr an. Auch sein letzter großer U-Boot-Einsatz in der Malakkastraße, als er das Schiff mit den amerikanischen Wasserstoffbomben aus den Händen malaysischer Piraten zurückholte, war abgehakt. Akte geschlossen. Der Mann, der ihn damals vernichten wollte, Senator Mortimer Harvey, lebte nicht mehr und hatte wohl auch keine Zeitbombe hinterlassen.

Und was die *Nautilus*-Havarie betraf, die hatte seinem Ruf mehr genützt als geschadet.

Die Presse hatte sich sogar offiziell entschuldigt mit: »We are sorry, Mister Admiral, we were wrong.«

Trotzdem war Lützow neugierig auf das morgige Gespräch. Zunächst aber widmete er sich mit gutem Appetit dem Abendessen. Das Bristol war für seinen Zweisternekoch berühmt.

Er bestellte Handfestes. Tatarsteak in flämischer Biersoße und gemischten Salat à la flandraise. Als Dessert Ziegenkäse in Kapernöl.

Wieder oben, meldete er beim Fernamt noch einmal die Nummer in Kalifornien an. Diesmal war sein Ziehsohn Sigurd Brandenburg am Apparat.

Auf die Frage, wie es ihm gehe, antwortete der junge Mann überraschend schnell und ausführlich. So, als wolle er das Gespräch rasch beenden oder gewisse Ereignisse verschweigen.

»Die Tiere sind alle okay bis hinunter zu den Mäusen im Stall. Die Blüte ist prächtig, die Weinernte bei Pinot und Chardonnay wird gut. Die Preise steigen.«

»Okay, mein Junge«, sagte Lützow. »Und jetzt gib mir deine Mutter.«

Sigurd zögerte so deutlich, als schlucke er mehrmals.

»Sie ist nicht auf der Ranch, Toni, Sir.«

»Und wo bitte ist sie?«

»In Los Angeles, glaube ich.«

»Wie lange schon?« wollte Lützow wissen.

Wieder ein leichtes Stottern.

»Mehrere Tage.«

»Was gibt es in der Stadt Besonderes zu erledigen? Kann ich sie irgendwo erreichen?«

»Darüber weiß ich nichts, Toni, Sir. Ihre Adresse hat sie mir auch nicht genannt.«

Das mißfiel Lützow.

»Sag Doris Bescheid, daß ich angerufen habe. Ich melde mich wieder.«

Abrupt beendete er das Transatlantikgespräch.

Nicht, daß er eifersüchtig gewesen wäre. Das war keine große Liebe zwischen ihnen, zumindest nicht von seiner Seite. Trotzdem machte er sich Gedanken über ihre immer häufigere tagelange Abwesenheit.

Er blickte in den Spiegel und fand, daß er allmählich alt aussah.

»So haben wir es gern, Admiral«, murmelte er, »Aussehen ist reine Charaktersache«, und bestellte beim Room-Service noch einen doppelten Scotch. »Nein, bringen Sie gleich eine Flasche.«

»Mit Eis, Monsieur?«

»Nein, ohne Eis«, sagte er weniger freundlich als sonst.

18

Das Office von Fregattenkapitän Maxwell lag im Hauptgebäude ziemlich versteckt hinten oben. Man konnte es ohne Übertreibung als mickrig bezeichnen mit seiner Second-hand-Möbeleinrichtung. Aktenschrank, Schreibtisch, zwei Sessel, Stehlampe mit schiefhängendem Schirm, das war alles. In der Ecke am Boden kauerte noch ein Tresorwürfel aus der Vorkriegszeit.

Geheimdienstleute waren überall unbeliebt und hatten meist Fenster auf die Hof- oder die Nordseite. Nur eines war angenehm. Jeden Besucher empfing eine Duftmischung aus Whisky und Tabak.

Der rothaarige Ire mit den abstehenden Ohren saß massig hinter dem Schreibtisch und reinigte gerade seine Shagpfeifen. Als Lützow eintrat, lächelte er beim Aufstehen kumpelhaft. »Gott zum Gruß, Admiral.«

Man konnte davon ausgehen, daß der Rangunterschied zwischen dem Iren und dem Amerikaner nicht sonderlich beachtet wurde. Erst wechselten sie Privates über Golf, das Lützow nicht spielte, und über Hochseesegeln, das Maxwell nicht ausübte. Dann sprachen sie über Pferde, die sie beide nicht sonderlich schätzten.

»Wie läuft es in der Strategiekommission?« fragte Maxwell ziemlich desinteressiert nur der Höflichkeit halber.

»Holprig«, bedauerte Lützow.

»Na ja, die NATO ist schon ein merkwürdig komplizierter Verein.«

»An Amerika liegt es nicht. Mehr an den Europäern«, wandte Lützow ein, »speziell an den Franzmännern.«

Sie nahmen Platz.

»Sie selbst haben ja die North Atlantic Creaty Organisation mitbegründet, Admiral.«

»Nur angeregt«, schränkte Lützow seine Verdienste ein. »Es war neunundvierzig in Washington. Damals hatte ich verdammt wenig zu sagen.«

Der NATO-Abwehroffizier holte ein wenig aus, um zum Kern des Gespräches zu kommen.

»Der Nordatlantikpakt ist ja ein Vertrag, geschlossen zwecks gemeinsamer Verteidigung der Mitgliedstaaten. Auch zur internationalen Sicherheit und Abwehrbereitschaft gegen bewaffnete Angriffe. Die NATO ist demzufolge Hauptansatzpunkt für internationale Spionage.«

»Darüber jammern alle. In acht verschiedenen Sprachen.« Lützow zählte auf: »Die Briten, die Griechen, die Italiener, die Franzosen, Kanada, Norwegen, Portugal, Türkei, die Bundesrepublik Deutschland, ja sogar kleine Staaten wie Luxemburg und die Niederlande.«

Weniger umständlich als betont langsam stopfte Maxwell eine Bruyère mit Rumblended Tobacco. Als sie brannte, kam er endlich zur Sache. »Unser Gespräch war schon lange vorgesehen, Admiral. Nun, es ergab sich nicht früher. Einmal war ich in Anatolien und Sie unter Wasser …«

»Sie nannten den Grund akut, Maxwell. Sie machen mich neugierig.«

Der Ire nickte und öffnete eine Aktenmappe mit violetten Geheimdienstquerstreifen. Offensichtlich war ihm die Sache ein wenig unangenehm, denn man kannte und schätzte sich seit langem.

Mit zwei Fingern, als sei es giftig, nahm er ein Foto in die Hand, schickte jedoch eine Erklärung voraus, ehe er es übergab.

»Nicht Sie wurden vom FBI überwacht, Admiral, sondern ein Mann, den wir für einen Sowjetagenten halten. Das Foto wurde letzten Sommer in Los Angeles geschossen.«

Jetzt endlich bekam es Lützow in die Hand. Es zeigte eine palmenbestandene Strandpromenade an einem wolkenlosen Tag. Im Schatten unter den Markisen einer Strandbar auf elegantem weißem Gestühl saßen ein Mann und eine Frau.

Maxwell reichte eine grobgerasterte Vergrößerung nach. Sie zeigte, daß der Mann eine Augenklappe trug und offenbar rechts eine Armprothese hatte. Außerdem lehnte noch ein Gehstock am Tisch.

Den Mann erkannte Lützow auf Anhieb nicht. Anders bei der edel gekleideten schönen Blondine im Chanel-Kostüm. Es war zweifellos Dorothea, die Baronesse von Königsau, die als verwitwete Brandenburg galt.

Lützow fand zunächst keine Worte.

»Was soll das?« fragte er endlich.

Maxwell lieferte die Erklärung: »Baronesse von Königsau traf diesen Russen des öfteren. Vermutlich immer, wenn sie nach Los Angeles zum Einkaufen fuhr.«

Fürs erste war Lützow nur verblüfft. Er spürte aber, wie sich die Verblüffung allmählich zu einem Schock verkrampfte. Unsinn, war seine erste Reaktion. Dann dachte er: Wie kann das möglich sein, falls es noch einmal dieser Brandenburg ist? Seit wann standen Tote wieder auf, auch wenn sie einst germanische Walhallahelden waren.

Lützow hatte den U-Kreuzer dieses Mannes torpediert. Der Torpedo hatte getroffen und ihn vernichtet. Sie hatten die Sinkstelle abgesucht. Trümmer und Tote hatten im öligen Salzwasser getrieben …

Um den Schock zu beherrschen und Zeit zu gewinnen, fragte Lützow: »Woraus schließen Sie, Maxwell, daß dieser Mann Russe ist?«

»Die Mechanik seiner Prothese läßt auf sowjetische Herkunft schließen.«

»Werden die nicht auch in Ungarn, in der CSSR und der DDR hergestellt?«

»Sogar in Polen. Man kann sagen, man baut sie überall in der Welt, Sir.«

Obwohl die oberen Schichten seines Gehirns ganz andere Dinge bewegten, klammerte sich Lützow an Nebensächlichkeiten.

»Bei der Prothese könnte es sich ebensogut um ein altes Sauerbruchmodell handeln. Im Krieg habe ich das an amputierten Soldaten gesehen.«

Lützow war so sehr von dem beansprucht, was ihm Maxwell eröffnete, daß er beinahe automatisch das Gespräch weiterführte: »Gingen die beiden auch zusammen ins Hotel? Ich meine, nächtigten sie irgendwo?«

Sein Informant wußte das nicht so genau: »Schon möglich. Der Mann kam übrigens stets mit einem Winnebago.«

»Einem Campinganhänger also.«

»Diese Art der Fortbewegung«, äußerte Maxwell, »ist bei Agenten sehr beliebt. So bleiben sie von Hotels oder Motels unabhängig.«

»Und Kosten spielen meist keine Rolle bei Spionen.«

»Übrigens«, ergänzte Maxwell noch, »wurde der Cadillac, der den Wohnwagen zieht, schon in der Nähe Ihrer Ranch gesichtet.«

»Unmöglich.«

»Irrtum ausgeschlossen, Sir. Es gibt Fotodokumentationen.«

»Wann fing das alles an?« fragte Lützow kehlig.

Die Antwort darauf bestand aus Schulterzucken.

»Wer ist dieser Mann?« wollte der Abwehrchef nun wissen. »Gewiß kennen Sie den Umgang der Baronin. Laut Paß ist er ein gewisser Burncastle.«

»Papier ist geduldig«, erwiderte Lützow. »Wenn schon ein Russe, dann sollte er sich korrekterweise Sigurdow Brandinski nennen.«

Bei genauem Hinsehen erkannte Lützow am Handgelenk des angeblichen Russen eine Uhr, ähnlich der, die er schon einmal vor Jahren auf einem Foto in Singapur gesehen hatte. Eine Uhr, von der sich der Einäugige offenbar nicht trennen wollte. Es war ein deutsches U-Boot-Modell. Wasserdicht und schlagfest, wie es um 1940/41 zur Dienstausstattung gehörte. Doch das verschwieg Lützow zunächst.

»Was halten Sie davon, Herr Admiral«, schreckte ihn Maxwell auf.

Lützow war zutiefst erschüttert und mußte erst damit fertig

werden, daß ihn die Baronesse, der er absolut vertraut hatte, auf diese Weise hinterging.

»Ich werde die Sache aufklären«, entschied er.

In einer warnenden Geste hob Maxwell die Pfeife.

»Aber nicht spontan, Sir, sondern bitte peu à peu. Wir möchten die Affäre zunächst weiter beobachten und uns so verhalten, daß bei den Beteiligten kein Verdacht aufkommt.«

»Ich mache das schon nicht mit dem Hammer«, versicherte Lützow. »Sie hören von mir, Maxwell.«

Das Foto durfte Lützow behalten.

19

Auf der Ranch in dem kalifornischen Flußtal beiderseits des Salinas River, mit den weißgestrichenen Zäunen und dem goldenen Buchstaben L im Tor, herrschte das ganze Jahr über Betrieb. Nach den Orangen kamen die Erdbeeren, nach den Erdbeeren die Äpfel und Birnen, dann im Spätsommer reifte der Wein. Stöcke voll Pinot- und Chardonnay-Reben zogen sich die sanften Hügel hinauf. Und immer wieder wurden die Fohlen aus den Bäuchen der Stuten geerntet.

Die Orangen wurden zu Saft gepreßt oder verkauft. Ebenso die Erdbeeren. Aus dem, was übrig blieb, stellte man Edelkonfitüre her.

Bei dem Wein, nach einem besonderen Verfahren gekeltert, kam ein schmackhaft heller Rosé heraus. Mit ihm gab sich Sigurd Brandenburg junior besondere Mühe.

Wenn Lützow zu Hause war, was selten vorkam, das letztemal war das vor der NATO-Strategiekonferenz gewesen, ritten oder fuhren sie täglich die Ranch ab. Zum Reiten sattelten sie die Quarterhorses, zum Fahren benutzten sie den Jeep. Sie kontrollierten die mexikanischen Pflücker in den Feldern oder die Männer, die die Erntemaschinen bedienten.

Einmal fragte der Junge den Admiral: »Wie groß ist deine Ranch eigentlich?«

»Ungefähr dreitausend Hektar.«

»Das ist ja zehnmal so groß wie der Hof meines Onkels in Niederbayern. Er hat zweihundertdreißig Hektar. Da drüben in Bayern wird in Morgen oder in Tagwerk gerechnet. Dann wären das hier also, dreitausend mal drei Morgen. Whow! Deine Ranch hat mithin neuntausend Morgen, Toni, Sir.«

»Unsere Ranch«, verbesserte ihn Lützow.

Der Junge rechnete weiter: »Das sind eben mal dreißig Millionen Quadratmeter oder dreißig Quadratkilometer.«

»Oder round-about zwanzig Quadratmeilen«, überschlug Lützow, »deshalb habe ich mir dieses Paradies gekauft. In der Tiefe meines Herzens bin ich ein verhinderter Bauernrüpel.«

Wieder zurück bei Lagerhäusern und Kellerei kümmerte sich der Junge um die Safterei und Lützow um die Flaschenabfüllanlage. Überall duftete es nach der Konfitüre, die in den Convertern unter Zusatz von Zucker, würzigen Kräutern und Beeren gekocht wurde.

Während Lützow einen Defekt an der Flaschenabfüllanlage entdeckte – sie verkorkte nicht einwandfrei –, kam der Junge hinzu und fragte: »Wann kriegen wir die neue Maschine? Bin mir nicht sicher, ob sie noch eine Ernte schaffen wird. Es ist ja bald soweit. Die Rebstöcke hängen total voll. Schätze, wir keltern hunderttausend Gallons. Das ergibt maximal fünfhunderttausend Flaschen.«

»Die Anlage ist schon bestellt«, sagte Lützow, »aber möglicherweise bin ich nicht da, wenn sie geliefert und installiert wird.«

»Du kannst dich auf mich verlassen, Toni, Sir«, versprach der vielseitig begabte Sigurd Brandenburg.

Seine blonden Locken kräuselten sich im Wind, wenn er scharf ritt. Wie beim biblischen Absalon.

Dann war der Admiral wieder für Wochen oder Monate abwesend.

Zwar kümmerte sich die Baronesse um die Verwaltung der Ranch, sie schloß auch die Kontrakte mit den Großkunden ab, fuhr aber in ihrer Corvette immer öfter nach Los Angeles.

Hin und zurück brauchte sie etwa vier Stunden. Hinauf nach Norden, nach San Franzisco hingegen, kostete das einen Tag. In letzter Zeit kam es jedoch häufig vor, daß sie nachmittags nicht aus L. A. zurückkehrte.

Wenn sie über Nacht weggeblieben war, sagte ihr Sohn oft vorwurfsvoll: »Du hast im Hotel übernachtet, Mam?«

»Nein, bei Mary.«

Mary war ihre Freundin, eine deutsche Schauspielerin mit

Namen Mary Mannstein. Zufällig hatte Sigurd aber in der Gesellschaftsspalte des Hollywood Reporter gelesen, daß Mary Mannstein einen Film in Mexiko drehte.

Also fragte er nicht weiter, erlaubte sich aber eine spitze Bemerkung: »Dein Haar ist so schön, Mam. Ich mag dieses glatte Blond mit dunklen Streifen. Mußt du denn sooft zum Friseur?«

»Außer Friseuren gibt es auch noch Boutiquen«, erwiderte sie verlegen.

»In letzter Zeit bist du sehr häufig im Friseursalon und bei der Schneiderin.«

Sie blickte betreten zur Seite und nickte nur.

»Nun, man muß im Trim bleiben.«

»Eigentlich brauchtest du gar nicht zur Schönheitspflege. Und hier auf der Ranch läufst du ohnehin in Jeans und T-Shirt herum.«

Sie ging nicht darauf ein.

In letzter Zeit wirkte sie oft abwesend, und was Sigurd an seiner Mutter gar nicht kannte, war eine auffällige Nervosität. Auch überschminkte sie ihre Blässe stärker als gewöhnlich. Vielleicht lag es daran, daß sie sich Sorgen machte, weil sich der Admiral seit längerer Zeit nicht gemeldet hatte.

Einmal kam sie verschwitzt und ganz aufgelöst aus L. A. zurück. Sie wirkte verstört, erzählte nichts, gab auf Fragen kaum Antwort.

Besorgt erkundigte sich Sigurd mehrmals: »Bist du krank, Mam?«

»Nein«, antwortete sie barsch.

»Warst du beim Arzt?«

»Warum, wenn mir nichts fehlt.«

»Du kommst mir verändert vor, Mam.«

»Ich bin nicht krank und basta.«

»Schwörst du?«

»Ich schwöre es.« Und verschwand in ihr Schlafzimmer.

Nicht locker, nicht sportlich wie sonst, ging sie hinauf. So, als bedrücke sie etwas, zog sie sich am Treppengeländer hoch.

Da sie nicht zum Abendessen erschien, suchte Sigurd seine Mutter später auf und fand sie schlafend. Es war ihm aber, als hätte sie geweint. Ihr Lidstrich war verschmiert, das Taschentuch feucht.

Lange saß er neben ihr, bis sie erwachte.

In beruhigendem Ton flüsterte er: »Mam, wenn es Probleme gibt, dann sag es uns, Mam.«

Sie richtete sich auf. Erst schien sie verwirrt zu sein, wie in fremder Umgebung, dann ein plötzliches Erwachen.

»Hat Toni angerufen?«

»Nein«, bedauerte Sigurd.

»Auch keine Post von ihm?«

»Geht es dir deshalb nicht gut, Mam?«

»Seit Wochen höre ich keinen Ton von ihm«, wich sie aus.

»Ruf doch in seinem Hotel in Brüssel an.«

»Das hab' ich ein paarmal versucht. Immer wieder heißt es, er sei unterwegs auf Dienstreise.«

»So lange?«

»Vielleicht hat er irgendeine andere«, bemerkte sie in einem bitteren Ton, den Sigurd von seiner Mutter nicht gewöhnt war.

»Andere was?«

»Ein Weib.«

»Unser Toni«, tröstete Sigurd seine Mutter, »eine andere Frau? Niemals! Der ist dir treu ergeben. Außerdem bist du nicht irgendeine.«

Ihr Seufzer war nicht zu überhören.

»Geliebt hat er nur Judith, seine Frau«, brach es aus ihr heraus.

»Diese Jüdin«, bemerkte Sigurd abfällig.

»Sprich nicht so von Judith«, rügte sie ihn. »Sie war eine ganz besondere Dame.«

»Eine Lady, das bist du auch, Mutter.«

»Wohl nur in deinen Augen«, bemerkte sie traurig.

Nachdem seine Dienstgeschäfte in Brüssel der Erledigung entgegengingen und zu überblicken war, bis wann er sie abschloß, ließ sich Admiral Lützow für zehn Tage beurlauben. Vorher rief er in Kalifornien an.

Dort hatte die Weinlese eben begonnen, als spät nachts das Telefon im Schlafzimmer der Baronesse schrillte. Schon am längeren Klingelton erkannte sie, daß es sich um ein Transatlantikgespräch handeln müsse. Auch war es die Zeit, in der der Admiral meistens anrief. Wenn er morgens im Bristol beim Frühstück saß, war es in Kalifornien bald Mitternacht.

Auf merkwürdige Weise klang seine Stimme anders, fremdartig, wie kommandohaft gepreßt. Keinesfalls ließ sich dem Tonfall entnehmen, daß er guter Dinge war. Sein langes Schweigen erklärte er mit keinem Wort. Er fragte auch nicht, wie es ihr ginge, sondern nannte sofort den Grund seines Anrufes.

»Ich muß dich sprechen, Doris.«

»Das tust du soeben.«

In der Pause, die jetzt eintrat, glaubte sie heftige Atemzüge zu hören.

»Komm so schnell wie möglich nach Europa«, drängte er die Baronesse.

»Was ist los mit dir?« erkundigte sie sich besorgt.

Pause. Dann wieder in gequältem Tonfall: »Schon lange habe ich dir eine Italienreise versprochen. Jetzt ist Gelegenheit dazu«, wich er aus.

»Das war nur so dahinversprochen, Toni. Du mußt es nicht einhalten, wenn es dir Mühe macht.«

»Ich tu es gern.«

Beinahe klang es wie eine Lüge.

Wie alle Frauen, die unerwarteten Dingen gerne auf den Grund gingen, wollte sie es genauer wissen.

»Warum so plötzlich Italien? Etwa aus Liebe? So venedigheiß geliebt hast du mich doch nie.«

Daraufhin erwiderte er mit einer merkwürdigen Formulierung: »Ich habe dich aber auch nie belogen, Doris.«

Ein wenig irritiert äußerte sie, daß sie sich sehr darüber freue, fragte aber, ob sie nicht das Schiff nehmen dürfe. Reisen in Flugzeugen schätzte sie nicht allzusehr. Sie haßte Flugzeuge wie viele deutsche Frauen, die Brandnächte unter alliierten Bomberströmen erlebt hatten.

»So lange habe ich nicht Zeit«, erklärte der Admiral. »Allein die Schiffsreise dauert eine Woche. Nimm möglichst morgen schon die nächste Transatlantikmaschine.«

Daraufhin benutzte sie seine Standardausrede: »Fliegen ist eben etwas für arme Leute, die keine Zeit haben.«

»Andernfalls mußt du auf die Italienreise verzichten«, entgegnete er wenig freundlich, fast schroff.

»Ich komme«, erklärte sie daraufhin und bemühte sich um eine lockere Schlußbemerkung. »Ich bin schon da.«

Über sein Büro im NATO-Hauptquartier ließ Konteradmiral Lützow ein Mercedes-Cabrio mieten und Hotelzimmer in Gardone und Florenz bestellen.

20

Während der Fahrt nach Süden lief der Scheibenwischer. Zu Regen und Kälte fiel am Brenner noch Graupelschnee. Doch in Brixen war es wie immer. Jenseits des Passes riß der Himmel auf. Die Sonne kroch aus Wolkenlöchern. Bald war alles über ihnen leuchtend blau.

»Molto azurro!« schwärmte die Baronesse, »Italien, das ist eine andere Welt. Und dieser Duft ...«

»Na, was schon«, ergänzte Lützow profan, »Wein, Salami, Parmesan und Mandolinen.«

In angenehmer Frühlingswärme öffnete er das Verdeck des 220er Cabrios. Das Haar der Baronesse flatterte im Wind. Sie befestigte es mit einem Hermès-Tuch, das gut zu ihrem Reisekostüm paßte. Neueste Mode in Kalifornien war wieder einmal der Kolonialstil-Look. Der Rock mit Quetschfalte vorn, die Jacke kurzärmelig mit Schulterklappen. Alles in Khakifarbe. Für ihre gebräunten Beine brauchte sie keine Strümpfe. Sie schlug sie hoch übereinander, das machte sie sexy und begehrenswert wie immer. Aber heute schien zwischen ihnen eine unsichtbare Wand wie aus Glas zu stehen. Noch nahm sie nicht wahr, daß irgend etwas nicht mehr stimmte. Oder sie wollte es nicht merken.

Doch einmal sagte sie überraschend: »Du hast dich wenig um uns gekümmert, Toni.« Dabei bemühte sie sich, ihrer Stimme keinen vorwurfsvollen Klang zu geben, schaffte es aber nicht ganz.

»Immer wenn ich anrufe, ist belegt«, erklärte er.

Lützow trug Zivil. Helle Drellhose, Leinenhemd, bordeauxrote Armeeslipper, Safianlederjacke.

»Immer? Du übertreibst.«

Er zog die Baseballmütze fester und setzte die Sonnenbrille auf.

»Meistens.«

»Auf der Ranch ist also Tag und Nacht das Telefon belegt. Aber doch wohl nicht wochenlang«, erwiderte sie spitz.

»Und da du auffallend oft verreist bist, kann ich dich überhaupt nicht erreichen.«

»Nun, ich war einige Male in der Stadt«, glaubte sie erklären zu müssen, »in Los Angeles kauft man besser ein als in der County.«

»Sehr häufig bist du neuerdings dort«, bemerkte er herausfordernd.

»Ja nun … Sir …«, sie zögerte.

»Ja, nun was, Gnädigste?«

»Es gab viel zu erledigen. Auf der Bank, bei der Landwirtschaftlichen Genossenschaft.«

»In Boutiquen und beim Friseur«, ergänzte er.

»Ich habe neue Kunden gewonnen, eine Supermarktkette für unsere Konfitüren«, redete sie sich heraus, »und für die Dreifruchtsäfte.«

»Und gewiß neue Freunde.«

»Nur die alten.«

»Du hast also keine neuen Freundschaften geschlossen?«

Sie ging nicht darauf ein. Doch als er im Tunnel das Licht nicht einschaltete, machte sie ihn, dankbar für die Ablenkung, darauf aufmerksam.

»Ich habe Seemannsaugen«, äußerte er schroff.

Lützow hütete sich, direkt zu fragen, was sie immer in Los Angeles trieb, andererseits würde sie von sich aus gewiß nichts von den Treffs mit dem Russenagenten erwähnen. Dazu war ein gewisser Anstoß nötig. Er wartete also die passende Gelegenheit ab.

Um jede weitere Unterhaltung zu vermeiden, offensichtlich war ihr das Thema unangenehm, schaltete sie das Radio ein. Sie stellte es so laut, daß die zwei Boxen des Becker-Mexiko sogar Motorengeräusch und Fahrtwind übertönten.

In Bozen unternahmen sie einen Spaziergang durch die Lauben und tranken einen Cappuccino. Um bloß keine Romantik aufkommen zu lassen, drängte Lützow zur Weiterfahrt.

Bei ihrer ersten Übernachtung am Gardasee glaubte er, die Situation sei gekommen. Es war kurz nach ihrer Ankunft, als Dorothea geduscht hatte und nackt aus dem Badezimmer trat. Noch immer hatte sie die straff-sportliche Figur ihrer BDM-Mädchen-Zeit. Lützow brauchte die Erregung darüber nicht zu unterdrücken, sie kam gar nicht erst auf. Ihr Körper wirkte auf ihn wie der Schlag mit einem nassen Handtuch.

Vor seinen Augen schlüpfte sie in den Slip.

»Keine Nylonhöschen mehr«, stellte er fest.

»Baumwolle trägt sich besser.«

»Und Seide?«

»Die kann man nicht kochen.«

Erst hatte sie ihn dabei angesehen, doch jetzt wandte sie ihm den Rücken zu. Nun sah er die roten Striemen auf ihrer Haut. Sie verliefen schräg von der Schulter links nach unten zur Hüfte.

»Hast du dich verletzt?« fragte er so teilnahmsvoll wie möglich.

»Ja, beim Reiten.«

»Du bist also gestürzt?«

Es klang, als sei sie um eine Ausrede nicht verlegen, als sei die Antwort vorbereitet: »Das Pferd scheute und warf mich ab. Ich fiel mit dem Rücken in einen der Weidezäune.«

»In den Stacheldraht?«

»Die armen Kühe sind mächtig erschrocken«, scherzte sie mühsam.

»Laß mich sehen.«

Er lag angezogen auf dem Bett. Sie setzte sich neben ihn und wandte ihm den Rücken zu. Vorsichtig tastete er die noch roten grindigen Striemen ab, behutsam, zentimeterweise. Dabei stellte er fest: »Sieht eher aus wie Kratzspuren. Bist du auch sicher, daß es vom Sturz in den Stacheldraht kam, oder verschweigst du mir etwas Schlimmeres?«

Plötzlich aufschluchzend, wiederholte sie, daß es genauso gewesen sei.

»... und äußerst schmerzhaft. Aber ich wollte dich nicht beunruhigen.«

Lützow überlegte, ob er ihr jetzt das FBI-Foto zeigen müsse. Die Gelegenheit war günstig. Da klopfte der Zimmerkellner und brachte die bestellte Flasche Frizzato, den nicht schäumenden Perlwein.

Nach einem erfrischenden Bad im Gardasee, das Wasser hatte zwanzig Grad, brachen sie früh auf.

Als Lützow vor Verona geradeaus weiter nach Süden durch die Emilia Romagna fahren wollte, fragte die Baronesse: »Warum nicht nach Osten?«

»In der Emilia Romagna speist man anerkanntermaßen am besten von ganz Italien.«

»Was? Spaghetti?«

»Con vongole.«

»Und Venedig ist die schönste Stadt Italiens.«

»Nichts anderes als eine touristische Destination. Aber Judith hat sie sehr gemocht«, erwähnte er unbewußt.

»Es ist eben die Stadt der Verliebten, laß sie uns destinieren, Darling.«

Er kannte Venedig nicht, war nie dort gewesen. Er hoffte aber, der Aufruhr in seinem Inneren würde sich dort etwas besänftigen, die geronnene Härte sich lockern, damit er mit dem Problem, das zwischen ihm und der Baronesse stand, umgehen könnte wie ein erwachsener Mensch. Also fuhr er nach Venedig.

Nach 110 Kilometern parkte er in der Fiat-Garage an der Piazzale Roma. Am liebsten wäre er mit dem Vaporetto durch den Canal Grande gefahren, aber das Wassertaxi war voll bis auf den letzten Platz. So nahm er doch die Gondel. Doris drängte sich eng neben ihn. Er aber dachte an Judith, mit der er gerne hier gewesen wäre ...

Und beim Einbiegen vom Rio novo in den großen Kanal fing

der Gondoliere auch noch zu singen an. Das war ihm zuviel. Warum noch mehr Quälerei.

Er drehte sich um und herrschte den Ruderer an: »Machen Sie kehrt, Signore, zurück zur Anlegestelle, presto, presto!«

Das war besser so. Eine Erleichterung. Nun war er nicht real in dieser Stadt gewesen, die es in Wirklichkeit wohl auch gar nicht gab.

Seine Reaktion hatte die Baronesse so verblüfft, daß sie nicht nach dem Grund fragte. Aber ihr Schweigen drückte mehr aus als Worte.

Von Venedig fuhren sie weiter nach Modena auf die Berge zu. Vor dem Lupo-Paß nahmen sie einen Espresso.

In Florenz hatten sie Quartier in dem alten Grand Hotel Leonardo am Ufer des Arno bestellt. Man hörte den Fluß durch die Pfeilerbögen der berühmten Brücke rauschen. In den späten Nachmittagsstunden gingen sie spazieren. Dorothea von Königsau begeisterten die Auslagen der Juweliere. Doch Lützow kaufte kein Schmuckstück für sie. Immer hatte er ihr eine Kleinigkeit geschenkt, und sei es ein goldener Armreif. Heute nicht.

Sie entdeckte ein Altstadtlokal, wo man unter Weinlauben essen konnte. Dort gingen sie am Abend hin. Die Kerzen auf dem Tisch flackerten. Ein schwarzlockiger Bursche wanderte mit der Mandoline durchs Lokal und sang dazu. Alles war italienisch pur. Nur Stimmung kam zwischen Toni Lützow und der Baronesse nicht auf. Dabei hatte sie sich extra schön gemacht. Sie trug die antike Perlenkette, die er ihr an Weihnachten unter den Baum gelegt hatte, auf dem Dekolleté.

Lützow, der nie ein großer Redner war, blieb heute noch schweigsamer.

»Du bist so still«, stellte sie fest, als der Cameriere den zweiten Fiasco Rotwein hinstellte.

»Das bin ich doch immer. Reine Charaktersache.«

»Sag mir was Nettes.«

Er gab sich keine Mühe.

»Am besten speist man italienisch in Italien.«

»Aber die feinste Pizza gibt es in Los Angeles«, schnappte sie zurück. Sie trank rasch, aß aber von dem Bistecca in Marsalla nur die Hälfte.

»Heute bist du besonders still. Was hast du, Toni? Heraus damit. Bitte.« Ihre Fingerspitzen berührten die seinen. Er zog die Hand zurück.

»Ich lausche dem Sänger«, wich er aus. »Am schönsten Italienisch singen sie in Italien.«

»O sole mio kennt doch jedes Kind.« Sie lachte etwas künstlich und wurde plötzlich ernst. »Oder denkst du an Judith?«

Er wiegte den Kopf, doch es war keine Verneinung.

»Wir waren nie hier. Im Krieg ist es nicht möglich gewesen. Als Jüdin hatte sie zu tun, daß man sie nicht aufgriff und in ein Lager deportierte. Aus Europa herauszukommen war schwer genug für sie. Florenz blieb da nur ein Traum.«

Wieder tastete sie über den Tisch nach seiner Hand. Seine Fingerspitzen waren kalt.

Hastig leerte sie ein Glas und noch ein halbes. Das schien sie aufzulockern. Ihre Haut nahm die Farbe von hellem Rosé an.

»Wäre es dir lieber, Toni, wenn Judith jetzt an meiner Stelle säße?«

»Ja«, gestand er in schmerzhafter Offenheit.

Das machte sie sichtlich bestürzt.

»So offen warst du nie. So brutal offen. Was ist los mit dir?«

»Nichts«, log er.

Sie drängte weiter: »Sei ehrlich.«

»Warum ich. Bist du etwa ehrlich?«

»Immer.«

»Stimmt nicht, Dorothea«, antwortete er langsam und sehr nachdrücklich, »du belügst mich.«

Völlig unerwartet fuhr sie ihn an: »Ich habe dich nie belogen. E basta!«

»Vielleicht nicht mit Worten, dann eben durch Verschweigen, durch Weglassen.«

»Durch Weglassen wovon?« wollte sie wissen. Sie war wütend.

»Denk nach!«

Die Nachspeise, Zuppa romana, schmeckte ihr nicht mehr. Sie legte die Kuchengabel beiseite, schob den Teller weg, daß er zu Boden fiel, knüllte die Serviette zusammen und starrte ihm in die Augen.

»Treib bitte keine Spielchen mit mir, Toni. Wir sind erwachsene Leute.«

»Und ich habe dir vertraut«, antwortete er zweideutig.

»Was bedeutet … habe …?«

Da glaubte er zu fühlen, daß die Gelegenheit da war. Rasch bezahlte er mit einem Fünftausendlireschein, packte sie beim Handgelenk und zog sie mit sich.

Schweigend erreichten sie das Hotel. Im Zimmer zeigte er ihr dann das FBI-Foto und ließ ihr Zeit, es zu betrachten.

»Wer ist das?« brach es endlich aus ihm heraus.

»Er«, sagte sie tonlos vor Betroffenheit.

»Wer er?«

»Verdammt, das weißt du doch, Toni.«

»Wie ist das möglich, daß er noch einmal überlebt hat?«

»Schwerverletzt. Es zerstach ihm das Auge und riß ihm einen Arm ab.«

»Der Ärmste. – Wie fand er dich?«

»Ich glaube mit Hilfe des KGB, des sowjetischen Geheimdienstes.«

»Und was wollte er von dir?« Da sie schwieg, schrie er: »Was er von dir wollte, zum Teufel.«

»Antworten«, sagte sie, »daß ich dich aushorche.«

»Und du hast sie ihm gegeben.«

»Ja, er zwang mich dazu. Er hat mich unter Druck gesetzt. Sonst würde er die Kriegsverbrechen der Familie an die große Glocke hängen. Aus Rücksicht auf dich und meinen Sohn ging ich darauf ein.«

»Das ist das Aristokratische, was ich so sehr an dir mochte«, bemerkte er mit bitterem Zynismus und immer noch fassungslos. »Du hast ihm also erzählt, was du über meine Arbeit weißt.«

Sie lachte gequält: »Es ist wenig genug. Wann hast du uns je daran teilhaben lassen.«

Wie in einer verschärften Befragung forschte er sie aus.

»Was weißt du sonst noch über ihn?«

Unter Schluchzen erzählte sie alles, was ihr bekannt war: »Nach Brandenburgs Rettung, einem wahren Wunder, kam er irgendwie nach Rußland und arbeitete dort für die Sowjetunion.«

Lützow konnte es nicht glauben und war wie betäubt. Weniger ging es ihm darum, daß Brandenburg Dorothea angezapft und sie benutzt hatte, sondern daß sie darauf eingegangen war.

»Er tat mir Gewalt an«, versuchte sie zu erklären.

»Die Stacheldrahtspuren an deinem Rücken stammen von ihm, von seinen Fingernägeln. Hat er dir im Liebesrausch den Rücken zerkratzt? Nun, wie es auch sei, du wirst dich jedenfalls einem Verhör unterziehen und dich rechtfertigen müssen.«

Sie hatte Tränen in den Augen, weinte aber nicht.

»Und du«, fragte sie tonlos, »sind wir jetzt geschiedene Leute?«

Seine Worte nahmen einen langen Weg: »Was denn sonst.«

»Vergessen kannst du wohl nie, Toni?«

»Nicht einmal verzeihen.«

»Dann also arrivederci, auf Wiedersehn!«

»Nein, good bye«, verbesserte er sie, »addio for ever.«

Nach der Aussprache mit Toni Lützow, wobei ihm Dorothea intime Kontakte zu ihrem Nochehemann Brandenburg gestanden hatte und auch, daß Brandenburg die Ehe mit ihr wieder aufzunehmen gedenke, trennten sie sich beinah wortlos.

Die Baronesse hatte nicht die Absicht, in die USA zurückzukehren, zumindest nicht sofort. Ihr Sohn Sigurd war auf der Lützow-Ranch in guten Händen. Vielleicht konnte sie ihn eines Tages nach Europa holen, wo er den Hof seines Onkels übernehmen sollte.

Sie beschloß, sich vornehmlich in Italien aufzuhalten. Zunächst in Florenz. Aber im Grunde war es beinahe so wie damals vor acht Jahren in San Diego, als sie Lützow besucht hatte und nicht wußte, wohin sie gehen sollte.

21

Die Nacht der langen Messer war vorbei, und die Sonne ging strahlend über der Malakka-See auf.

An diesem Morgen vor acht Jahren, als Admiral Lützow mit seinem *U-136* Brandenburgs U-Kreuzer versenkt hatte, trieb der Piratenadmiral halbtot in seiner Schwimmweste. Die Strömung driftete ihn von der Sinkstelle ab, weg von den Trümmern und Leichen in dem riesigen Ölfleck.

Am Nachmittag wurde er von einer malaysischen Fischerpiroge gefunden und an Land gebracht. Die Fischer hatten die Schießerei gehört und auch die große Explosion. In der Hoffnung auf Beute waren sie hinausgefahren, ohne großen Erfolg allerdings. Immerhin hatten sie einen Mann aufgefischt, von dem sie hofften, für die Rettung entlohnt zu werden.

Zunächst lag Brandenburg mehr tot als lebend in einer Hütte, bis die Fischer den nächsten Arzt zu dem Fiebernden riefen. Der entschied sofort, daß ein Krankenwagen den Schwerverletzten – Brandenburg hatte einen Arm und ein Auge eingebüßt – in die Klinik nach Kuala Lumpur brachte.

Im besten Krankenhaus des Landes wurde er zusammengeflickt und einigermaßen wiederhergestellt. Brandenburg nahm an, daß seine Freunde vom Piratenclan die immensen Kosten trugen.

Nach acht Wochen rückte endlich der Termin der Entlassung näher. Eines Abends stand plötzlich ein Malaysier, ein europäisch gekleideter untersetzter Mann mit gelblich brauner Haut und schmalen Augen, vor seinem Bett.

»Wie geht es dir, Bruder?« fragte er besorgt.

»Das siehst du ja, Piralli.« Brandenburg hob den Armstummel mit dem Metallhaken vornedran. »Aber ich bin unkaputtbar.«

Sie kannten sich gut und sprachen sich mit Vornamen an.

»Was können wir für dich tun, Segurdo?«

»Ihr habt mich zusammenflicken lassen, was gewiß nicht billig war. So wie ich aussehe, werde ich euch künftig wohl nicht mehr nützlich sein.«

»Ein halbes Leben liegt noch vor dir. Was planst du für die Zukunft, mein Freund?«

»Ein halbes Leben mit nur einem Auge und einem Arm ist ein armseliges viertel Dasein.«

Der ehemalige Piratenadmiral Sigurd Brandenburg verschwieg, daß er zunächst einmal sein Geld und was er noch an Beute versteckt hatte, ins Ausland, möglichst in die Schweiz, bringen wollte. Er antwortete resigniert: »Mein Boot liegt als Schrott auf dem Meeresgrund, mein Gönner, Senator Harvey, wurde entthront und hat sich, wie ich mit einem Auge lesen konnte, in der Zelle erhängt.«

»Du hast ja noch uns«, erklärte Piralli, »wir sind deine Familie. Was hältst du davon, wenn du nach China gehst?«

Brandenburg hob die Schultern. Links, wo ihm der Arm fehlte, schmerzte es noch.

»Unter einer Milliarde Chinesen kenne ich keinen einzigen.«

Das schien der Besucher einzusehen. Also machte er einen anderen Vorschlag: »Wie wärs mit Rußland?«

»Die werden mich, einen ehemaligen Gegner, einen Nazi-Germanski, gewiß mit offenen Armen empfangen.«

»Die Russen suchen immer U-Boot-Fachleute. Die Nationalität ist ihnen egal. Hauptsache, der Mann hat was drauf. Außerdem hätten wir gern einen Maulwurf in der Sowjetunion, wenn du weißt, was das ist.«

»Einen Schläfer«, verstand Brandenburg, »einen Agenten auf Abruf.«

»Was hältst du davon?«

»Ist zu überlegen, Piralli-amigo.«

»Wir werden das in die Wege leiten. Es gibt genug Leute in der UdSSR, die mit uns zusammenarbeiten.«

»Meinetwegen«, entschied Brandenburg müde und erschöpft.

»Eines Tages brauchen wir dich gewiß wieder, Admiral.«

»Aber was zum Teufel hältst du dauernd hinter deinem Rükken versteckt?« fragte Brandenburg den Besucher.

»Keine Blumen.« Piralli übergab Brandenburg ein etwa siebzig Zentimeter langes Paket, rund wie eine Schnapsflasche.

»Nichts zu trinken«, bedauerte der Malaysier, »aber eine Universalprothese. Sie wird dir erst einmal weiterhelfen. Dann kannst du endlich diesen scheußlichen Seeräuberhaken abnehmen.«

Brandenburg hob den Haken, der mit einer Ledermanschette am Armstummel befestigt war, hoch.

»Paßt doch zu mir, oder?« bemerkte er sarkastisch.

Brandenburg war ein Glasauge eingepaßt worden, über dem er meist eine Augenbinde trug, weil es starr und unbeweglich war und das Lid sich oft entzündete. Mit der Prothese lernte er umzugehen, sogar rauchen und ein Schnapsglas heben. Auch sonst begann er mit leichtem Training und machte seinen Körper wieder einigermaßen beweglich. So vergingen noch einmal drei Monate.

Versehen mit einem malaysischen Paß flog er über Kairo, Rom, Zürich und Warschau nach Moskau. Das Einreisevisum hatte er ohne weiteres erhalten, aber in dem alten Hotel in Moskau ließ man ihn erst eine Weile schmoren. So verging wieder ein halbes Jahr.

Eines Tages meldete sich bei ihm ein Offizier des Verteidigungsministeriums und fragte ihn pro forma, ob er bereit sei, als U-Boot-Experte für die Rote Flotte tätig zu werden. Daß er einverstanden war, setzte man voraus.

Geschickterweise bat Brandenburg darum, vorher vom Geheimdienst KGB überprüft zu werden.

»Damit es später keinen Ärger gibt, wenn Sie herausfinden, wer ich wirklich bin.«

»Durchleuchtet haben wir Sie längst«, erwiderte der Mann vom Ministerium grinsend.

Zunächst fungierte Brandenburg als taktischer Berater beim

baltischen Oberkommando der Marine in Leningrad. Immerhin war er als U-Boot-Fachmann eine Kapazität, die man ohne weiteres anerkannte. Für einige Monate kam er zum U-Boot-Stützpunkt Kalinin an der Ostsee, wo die neuen Boote gebaut wurden. Man zog ihn beim Drill des U-Boot-Fahrernachwuchses zu Rate, ebenso bei der Ausbildung der Mannschaften für Navigation, Funk und Unterwasserortung.

Mit den meisten der neuen Genossen kam er klar. Lediglich Korvettenkapitän I. Klasse Korpakow, Held der Sowjetunion, verbat sich Vorschläge zur Verbesserung der Ausbildung seiner Flottille von diesem zwielichtigen einäugigen Germanski, wie er Brandenburg nannte.

Auf seinen Streifzügen durch die Bordelle und Nachtlokale des nahen Leningrad geriet Brandenburg einmal mit Matrosen der Ostseeflotte in Streitereien. Er war betrunken, und die Matrosen waren sturzbesoffen. Es kam zu einer Schlägerei, in der er beinahe den kürzeren zog. Aber dank seiner Bärenkräfte hielt er die Angreifer mit einer Hand in Schach, und mit der Prothese säbelte er sie um.

Als draußen jedoch die Sirenen der Feldpolizei aufheulten, sah es so aus, daß es jetzt Schwierigkeiten gebe. Unvermittelt packte ihn ein Russe von hinten, zog ihn durch die Tür zu den Toiletten und einen Gang entlang in die Hinterhöfe.

»Ich bin Fedorowitsch«, sagte er, »wir haben mächtig Ärger, wenn sie uns erwischen.«

»Warum tust du das? Allein kommst du hier besser weg«, fragte Brandenburg auf englisch, denn auch der andere hatte englisch gesprochen. Doch er erhielt keine direkte Antwort darauf.

»Ich bin Torpedoflieger«, sagte Fedorowitsch nur, »laß uns abhauen.«

Brandenburg nahm an, daß dieser Fedorowitsch ungefähr derselbe schräge Vogel war wie er selbst.

»Keine Freundlichkeit ist umsonst, Mann.«

»Meine schon.«

»Okay, umsonst also – und was noch?«

»Wie wär's mit tausend Rubel«, pumpte ihn der Torpedoflieger an.

Ein halbes Jahr später wurde Brandenburg nach Moskau befohlen. Er sollte sich in der Zentrale des sowjetischen Geheimdienstes KGB melden. Wieder ließen sie ihn tagelang im Hotel warten, bis sie ihn riefen.

Beim KGB unterhielten sie auch eine Marineabteilung. Der Bürokrat, der ihn im neuen Anbau in der Dzerzhinskystraße empfing, war schlecht einzuschätzen. Ein Mittelding zwischen einem Schlachter und einem Intellektuellen. Kräftig, stiernakkig, aber blaß, mit Goldrandbrille, viel zu groß und schlecht sitzend. Er benahm sich wie alle Russen, die Macht ausübten, nämlich unfreundlich. Nachdem er die angeschmutzten Leinenvorhänge zugezogen hatte, weil ihn die Sonne blendete, begann er langsam loszulegen. Immerhin schien er zu wissen, daß sein Besucher noch immer nicht perfekt Russisch konnte und nicht alles verstand.

»Was Sie hören, ist geheim, Genosse Germanski. Wir planen den Bau von Atom-U-Booten. Die Amerikaner sind schon viel weiter als wir.«

Brandenburg stimmte ihm wortlos zu.

Schnarrig fuhr der Russe fort: »Alles, was Sie über U-Boote wissen, Genosse Brandenburg, haben Sie uns erzählt. Aber das wußten wir alles auch und schon längst. Sie müssen mehr für uns tun.« Er räusperte sich und fügte hinzu: »Admiral.«

»Was also wünschen Sie, Genosse Direktor?« erkundigte sich der Vorgeladene.

Die Stimme des Russen wurde jetzt ziemlich hoch, als er erneut ansetzte: »Halten Sie es für möglich, auf irgendeine Weise, egal wie, egal mit welchen Mitteln und was es kostet, ein Atom-U-Boot für uns zu beschaffen?«

Brandenburg reagierte auf das absolut wahnsinnige Ansinnen mit spontaner Ablehnung.

»Das ist absolut unvorstellbar, Genosse Direktor. Außerhalb aller Möglichkeiten.«

Der Russe glaubte ihm nicht oder wollte ihm nicht glauben, nervös klopfte er mit dem Lineal in die offene Hand.

»Alles ist machbar«, tat er den Einwand ab. »Die Japaner haben Pearl Harbour angegriffen, und wir haben in Stalingrad die sechste deutsche Armee besiegt. Das hielt man damals auch für unmöglich. Arbeiten Sie einen Plan aus, machen Sie Vorschläge, Gospodin … hm … Admiral.«

Um Zeit zu gewinnen, erklärte sich Brandenburg zumindest bereit dazu.

Die nächste Vorladung erfolgte überraschend schnell, schon in der Woche darauf. Beim zweiten Gespräch mit dem KGB-Direktor erklärte Brandenburg unumwunden, daß er sich gar nicht der Anstrengung unterzogen habe, über das Projekt nachzudenken. Ein amerikanisches Atom-U-Boot in die Hand zu bekommen sei utopisch, absolut nicht zu machen.

»Mit keinem Mittel der Welt. Ich möchte Ihnen nicht irgendwelche Potemkinsche Dörfer vorgaukeln.«

Der Russe reagierte ungläubig.

»Na schön, das war die schlechte Nachricht. Und jetzt die gute. Sie haben gewiß trotzdem Ideen. Ein Mann wie Sie.«

»Wollen Sie riskieren, daß der Kalte Krieg heiß wird?« erwiderte Brandenburg.

»Notfalls müßte man auch das in Kauf nehmen.«

Brandenburg entwickelte nun aus dem Stegreif einen Plan, von dem er wußte, daß er nie akzeptiert werden würde.

»Die amerikanischen Atom-U-Boote sind, wo immer sie auch anlegen, mindestens so gut bewacht und abgesichert wie der Genosse Generalsekretär der KPdSU.«

Mit gespitzten Ohren glaubte der Geheimdienstdirektor etwas herauszuhören. Er faßte nach: »Das mag so sein, wenn die Atom-U-Boote im Hafen liegen. Wenn sie aber den Hafen verlassen und durch die Meere fahren, was dann?«

»Dann erwischen wir sie nicht.«

»Warum nicht?«

»Weil sie schneller sind und tiefer tauchen können als russische Boote.«

»Nun, einmal angenommen«, setzte der KGB-Mensch voraus, »eines unserer neuen Kiew-Boote unter Korpakow kann doch Sonarkontakt aufnehmen. Was dann? Mit dem Lasso einfangen wie ein Cowboy können wir die *Nautilus* wohl nicht.«

»Aber vielleicht rammen«, deutete Brandenburg an, »möglichst in internationalen Gewässern.«

»Dann sinken beide Boote.«

»Man kann sie heben.«

Der Russe schielte über die Brille hinweg und runzelte die Stirn.

»Das ist ein ziemlich lausiger Vorschlag, Genosse Germanski. Gibt es keinen weniger beschissenen?«

»Keinen«, bedauerte Brandenburg.

So vergingen wieder Jahre. Der Germanski wurde praktisch auf Eis gelegt, bis man ihn erneut nach Moskau rief.

Diesmal kam der KGB-Direktor persönlich zu ihm ins Hotel. Wieder fand das Gespräch in wenig freundlicher Atmosphäre statt. Doch immerhin nahm der Russe einige Wodka zu sich. Die machten diesen harten Knochen aber auch nicht lockerer. Nach einigem Hin und Her rückte er mit einer neuen Idee heraus: »Kennen Sie eine gewisse Baronesse Dorothea von Königsau?«

Brandenburgs Gesichtszüge veränderten sich wie nach einem Schluck siebzigprozentigen Rum.

»Ich bin immer noch mit ihr verheiratet.«

»Sagen wir so, sie ist Ihre Beinah-Exfrau. Man versuchte, Sie für tot erklären zu lassen.«

»Das traue ich ihr zu.«

»Sie ist mit Konteradmiral Toni Lützow, einem der Chefs der amerikanischen Atom-U-Boot-Flotte, liiert. Machen Sie sich an sie heran.«

Brandenburg hatte in diesem Punkt ein echtes Informationsminus. »Wo lebt sie?«

»Auf einer Ranch in Kalifornien. Wir haben sie gefunden. Das heißt, ihre Existenz wurde uns bei der Überwachung Lützows bekannt.«

»Sie wird wenig wissen«, fürchtete Brandenburg. »Dieser Lützow ist gleich nach Moltke der größte Schweiger.«

Der Russe, offenbar mit einem gerüttelten Maß an Erfahrung ausgestattet, entgegnete: »Ehefrauen wissen stets wenig über das, was ihre Ehemänner treiben. Eine Geliebte erfährt im Bett meistens schon etwas mehr. Also, begeben Sie Ihren Arsch in die USA. Wir statten Sie mit den nötigen Mitteln und Papieren aus. Vielleicht bringen Sie diesmal einigen Erfolg mit nach Hause. Sie sind in unserer Schuld. Und verspüren Sie nicht auch den Wunsch, Ihre Frau wiederzusehen?«

»Eher nein«, erwiderte Brandenburg. »Es sei denn, so was beruht auf Gegenseitigkeit.«

»Viel Erfolg, Admiral«, wünschte der KGB-Genosse, »Ihre Aufgabe ist ja nicht sehr diffizil. Alles, was uns interessiert, ist das amerikanische Atom-U-Boot-Programm.«

Die Erfolge Brandenburgs in Kalifornien und was er aus den USA mitbrachte, befriedigten den Moskauer Geheimdienst nicht sonderlich. 1960 fürchtete Brandenburg, daß er bald abgeschaltet und kaltgestellt würde. Mit Menschen, die sie nicht mehr brauchten, sprangen die Russen wenig zimperlich um.

Deshalb verfolgte er fortan private Interessen. Er sammelte Geheimmaterial. Auch versuchte er Kontakte zu den Vertretern fremder Nationen, die nur nach außen hin als mit Rußland befreundet galten, aufzunehmen. Das waren unter anderen China und die Arabischen Staaten.

Eines Nachts, nach einer Zechtour, Brandenburg schlief in einem Hotel in Leningrad, besuchte ihn Fedorowitsch, der Torpedofliegerpilot. Inzwischen hatten sie sich einige Male getroffen und amüsante Zeiten miteinander verbracht. Der Russe hatte den Deutschen auf Flügen mitgenommen und Brandenburg ihn auf dem Segelboot, das ihm als Berater der baltischen Flotte zur Verfügung stand. Doch diesmal ging es um etwas anderes. Das wurde sofort klar. Es ging nicht ums Vergnügen, sondern ums Leben.

Oft hatte dieser Fedorowitsch Brandenburg abenteuerliche

Dinge von seinen Geschäften erzählt. Unter anderem trieb er schwunghaften Schwarzhandel mit Flugzeugmotoren und Torpedoersatzteilen nach Polen, in die DDR, nach Ungarn und Rumänien.

Diesmal sah Fedorowitsch schlecht aus. Blaß, unrasiert, mit dunklen Ringen unter den Augen, als habe er Monate in einem sibirischen Knast verbracht.

»Sie sind hinter mir her«, keuchte er, »ich muß weg, Gospodin. Ich muß raus.«

»Warum besorgst du dir kein Flugzeug?« wunderte sich Brandenburg. »Du hast doch immer alles beschafft.«

»Zu spät«, bedauerte Fedorowitsch, »ich bin aufgeschmissen. Kannst du mich nicht rausbringen? Auch brauche ich ein paar Rubel.«

»Rausschaffen, wohin? Nach Chicago vielleicht?« spottete Brandenburg.

»Finnland würde mir schon genügen. Mit dem Boot ist es nicht weit. Vierzig Meilen.«

Brandenburg, der selbst schon oft in Schwierigkeiten gesteckt hatte, half einem Kumpan in Nöten stets aus der Klemme. Er schmuggelte Fedorowitsch auf eine der Offiziersyachten und segelte mit ihm aus der Kronstädter Bucht die wenigen Meilen bis südöstlich Helsinki, wo die finnische Grenze verlief. Mit dem Schlauchboot wollte Fedorowitsch hinüberrudern.

»Alles Gute«, wünschte Brandenburg, der den hochverschuldeten Fedorowitsch auch noch mit Geld, mit Devisen, hauptsächlich in Dollar, versehen hatte.

»Nie werde ich dir das vergessen«, rief der fliehende Deserteur zurück, als das schwarze Gummiboot im Frühdunst verschwand.

Auf irgendeine Weise hatte der KGB Wind von der Sache erhalten. Brandenburg wurde festgenommen und verhört.

Zunächst forschten sie ihn nach Kontakten zu den alten Malakka-Clans aus, dann nach Mafia-Verbindungen und nach

Freunden bei anderen internationalen Verbrecherorganisationen.

Brandenburg konnte sich herausreden.

»Sie wußten von Anfang an, wer ich bin, also warum das dumme Geschwafel?« wehrte er sich.

Sie wechselten das Thema und behaupteten, er habe dem Luftwaffenpiloten Oberleutnant Fedorowitsch zur Flucht verholfen. Das stritt er so heftig und strikt ab, daß sie abermals das Thema wechselten. Bei der Durchsuchung seiner Wohnung hätten sie Fotokopien von Plänen und Dienstanweisungen, alle mit Geheimstempel versehen, entdeckt.

»Die Kopien wurden offiziell im Marineoberkommando Baltikum hergestellt«, erwähnte er.

»Aber Sie durften sie nicht besitzen.«

»Im Rahmen meiner Arbeit hatte ich Zugang.«

»Dann kennen Sie auch den Ukas, daß solche Dokumente die Büros nicht verlassen dürfen.«

»Ich arbeite Tag und Nacht daran. Auch zu Hause.«

Sie nahmen es zur Kenntnis, aber er hatte damit wenig Erfolg. Es entlastete ihn nicht. Er blieb eingesperrt. Aus seinem Zivilvertrag mit der Roten Flotte wurde er entlassen. Sie betrachteten ihn aber weiterhin als Sicherheitsrisiko.

Nach mehrmonatiger Haft kam er zu einem frisch zusammengestellten Transport von Straftätern und Staatsfeinden. Sechsundachtzig Stunden dauerte die Bahnfahrt von Moskau ans Eismeer. Transportiert wurden sie in zehn Viehwaggons. Der elfte war für die Toten bestimmt. Von Workuta aus ging es in tagelangen, verlustreichen Fußmärschen durch die verschneite Taiga in das sibirische Gefangenenlager.

Immer im Polarkreisdunkel, bei sechzig Grad Kälte, eine Welt aus Eis und Nacht. Gegen Erfrierungen zogen sie alte Socken über das Gesicht. Endlich der Stacheldraht, die Wachtürme. Sie wankten in die vergitterten Baracken. Jeder hatte zwei Quadratmeter zum Schlafen. Nur wer arbeitet, hieß es, bekommt zu essen. Das bestand dann aus Wassersuppe, Brot und einem Löffel Brei.

Jeden Tag ging es zehn Stunden in die Wälder. Bäume fällen, Äste abschlagen, entrinden. In den ersten Wochen starb jeder dritte. Die Erschöpfung machte sie angreifbar für jede Art von Krankheit wie Ruhr, Tuberkulose und Typhus. Dazu die Peitschen der Aufseher, die Perversitäten des Lagerkommandanten. Verzweifelt versuchten manche zu fliehen. Sie dachten, eine Kugel sei besser als dieses Dahinvegetieren. Keiner kam durch. Wen die Kugel nicht tödlich traf, dem wurde der Schädel mit Knüppeln eingeschlagen, oder sie bohrten ihm eine Eisenstange durch die Brust. Dann brachen sie den Flüchtlingen die goldenen Zahnplomben aus.

Brandenburg fürchtete, daß dies das Ende sei. Klar, sie wollten ihn krepieren lassen. Selbst Gefangene mit zwei Augen und intakten Gliedmaßen überstanden die brutalen Bedingungen kaum.

Doch wie zum Trotz überlebte er den tödlichen sibirischen Winter, den Hunger, die Läuse, die Schikanen, dank der in ihm wohnenden eisernen Energie.

Es war eine Zeit der Qualen, es waren Monate der Finsternis, in denen sich seine Hoffnung, jemals hier wegzukommen, zerschlug. Er hätte kein Mittel gescheut, das Lager zu verlassen. Ein Mann wie er, dem Moralvorstellungen fremd waren, hätte auch zu Gewalt gegriffen. Aber Tausende von Kilometern fernab der Zivilisation, da gab es keinen Fluchtweg. Das hatten schon andere versucht.

Der Winter dauerte ewig. Das Tauwetter kam nicht und nicht der Frühling. Dafür brachte neuer Frost neue Kälte. Doch dann geschah das erste Wunder. Eines Tages landete ein Flugzeug mit Kufen auf dem Schnee des festgefrorenen Taigabodens. Ein Offizier mit Order aus Moskau holte Brandenburg per Kuriermaschine ab.

Daß man ihm den Prozeß machte, daran wagte der Häftling kaum zu glauben. Mit Leuten wie ihm verfuhr man anders. Und doch gab es eine Verhandlung. Das Wunder Nummer zwei.

Von einem geheimen Gremium wurde er in einem minutenkurzen Scheinverfahren freigesprochen und auf freien Fuß gesetzt. Zweifellos war dieses Sondergericht eine Farce, organisiert von Kreisen, die noch etwas mit ihm vorhatten. Allerdings erhielt Brandenburg – Wunder Nummer drei – die Auflage, die UdSSR sofort zu verlassen.

Noch mit Handschellen beförderte man ihn zum internationalen Flughafen Scheremetjewo und setzte ihn in ein Flugzeug der Aeroflot, das ihn nach Beirut brachte. Auch dahinter standen mit Sicherheit seine Freunde.

Brandenburg verließ den Libanon so rasch er konnte und sorgte dafür, daß sich seine Spur in Asien verlor.

22

Es waren vier Mann, fanatische Terroristen, ausgebildete Einzelkämpfer. Zwei Palästinenser, ein Perser und einer aus der Volksrepublik China.

Der Chinese hatte in einem geheimen Ausbildungslager in Jordanien seine Schulung beendet. Nun sollte er den nötigen Bewährungseinsatz absolvieren.

Der Perser wurde nach einem Attentatsversuch auf den Schah vom Geheimdienst Savak gesucht und hatte den Iran fluchtartig verlassen müssen.

Um nach Israel hineinzukommen, wählten sie verschiedene Grenzübergänge. Der Perser war vom Libanon her in Hanida eingereist. Mit gefälschten Papieren und der Besuchseinladung von Verwandten. Der Chinese mußte den Umweg über Ägypten wählen. In El Harisch war er zwei Tage festgehalten worden, bis ein Schreiben der chinesischen Botschaft aus Kairo eintraf, das ihn als Studenten auswies. Angeblich sollte er mehrere Semester an der Technischen Universität in Haifa absolvieren und dort Bewässerungstechnik für Trockengebiete studieren. Ein Fachgebiet, in dem Israel weltweit führte.

Die zwei Palästinenser, die berüchtigten und steckbrieflich gesuchten Habdul-Brüder, kannten jeden Weg und Steg an den Grenzen. Als Palästinenser waren sie im Land untergetaucht wie Fische im Wasser. An die Gefahr, vom israelischen Geheimdienst MOSSAD erkannt zu werden, dachten sie nicht im entferntesten. Sie lachten nur darüber.

Diese vier Männer trafen sich im heißen Beersheba am nördlichen Ende der Wüste Negev. Zunächst hielten sie sich einige Tage bei Sympathisanten in der Stadt auf und warteten den Mondwechsel ab. Kaum waren das Wetter günstig und die Neumondnächte dunkel, sortierten sie ihre Ausrüstung. Sprengstoffe verschiedener Art, TNT und Dynamit, Kurz- und

Langzeitzünder, Elektrokabel und Aluminiumleitern. Dazu UZI-Maschinenpistolen, Handgranaten und Strumpfmasken. Damit fuhren sie Richtung Dimona.

Zwei Meilen vor dem Sperrgebiet ließen sie den Landrover-Geländewagen in einer Mulde stehen und warteten bis 01 Uhr.

Im Auto rauchten sie bei geschlossenen Fenstern. Vorsichtig deckten sie die Flammen der Feuerzeuge und die Zigarettenglut ab. Die Israelis auf den Wachtürmen hatten Ferngläser und mißtrauten jedem Glühwürmchen.

Vor dem Einsatz waren die Männer still und angespannt, kaum ein Gespräch kam auf. Und wenn doch, dann redeten sie nicht davon, was vor ihnen lag, sondern was sie nach dem Einsatz tun würden.

»Erst mal die Rübe einziehen.«

»Eine Woche lang nur schlafen.«

»Oder ans Meer fahren und schwimmen.«

»Falls wir es überleben«, schränkte der Chinese Ling-Ho ein.

»Was heißt, falls wir überleben? Etwa nicht überleben?«

»Tot zu sein.«

»Habt ihr eure Zyankali-Kapsel griffbereit?« fragte der Perser. »Für den Notfall.«

»Ich habe immer eine Eierhandgranate um den Hals hängen«, erklärte der ältere der Habdul-Brüder. »Damit putze ich im letzten Moment noch ein paar von den Matzefressern weg.«

»Und du?« wandte sich der Perser Haliffa an den kleineren Palästinenser.

Der lachte nur.

»Ich frage sie, was ihnen das Recht gibt, auf der Kamelweide meines Vaters Atombomben zu bauen. – Und dann peng!«

Die wachsende Erregung führte zu großen Worten.

Nach Mitternacht, als die Dunkelheit vollkommen war, schulterten sie die Ausrüstung und legten die letzte Distanz zu Fuß zurück.

Der steinige Wüstenboden strömte noch Hitze aus. Aber er war hart, so daß sie kaum Spuren hinterließen. Geführt von den ortskundigen Habdul-Brüdern umgingen sie die Posten auf den Wachtürmen bis zu dem drei Meter hohen Sperrzaun. Sie suchten die Stelle, wo er von einer Art Maulwurfgang unterwühlt war.

Vorsichtshalber erdeten sie die 250000-Volt-Hochspannung, indem sie zwanzig Meter Zaun zwischen den Isolatoren mit Kupferkabeln überbrückten, ehe sie den blanken Draht durchschnitten. Dann räumten sie die Tarnung vom Maulwurfgang, krochen hindurch und kamen so weder mit der tödlichen Stromladung noch mit Selbstschüssen in Kontakt.

Erst einmal drinnen in dem vierzig Quadratkilometer großen militärischen Arsenal, marschierten sie nach dem Kompaß querbeet. Die Patrouillen der israelischen Bewacher hielten sich meist auf befahrenen Wegen. Trotz abgedunkelter Scheinwerfer und schallgedämpfter Motoren, die leise wie Nähmaschinen gingen, waren die Jeeps schon von weitem zu sehen und zu hören.

Jenseits eines Hügels, nahe den Erdölbohrtürmen, glaubte der Perser nicht an das, was er entdeckt zu haben glaubte. In einer Talsenke, größer als hundert Fußballfelder, standen stählerne Kolosse, sandfarben getarnt, wie eckige Kamelhöcker.

»Sind das Panzer?«

»Ja, Shermans, Mark II und russische T-54.«

Der Perser wollte mit dem Zählen beginnen, da riet ihm einer der Habdul-Brüder, es einfacher zu machen.

»Sie stehen im Karree. Du zählst erst rechts senkrecht, dann oben quer und multiplizierst die Zahlen.«

»Ich komme auf achtzig mal siebzig.«

»Dann sind es fünftausendsechshundert Panzer. Es mögen ein paar mehr sein, aber darauf kommt es auch nicht mehr an.«

Worauf es ihnen ankam, das war die geheimnisvolle Dimona-Fabrik. Sie beeilten sich jetzt, gingen schneller, legten Marschtempo 80 vor. Bei Sonnenaufgang, der im Herbst ziemlich spät einsetzte, wollten sie die Sperrzone wieder verlassen haben. Bald konnten sie im Nachtglas die flachen Laborgebäude, den

Kühlturm und den halbkugeligen Reaktorbau des Atomkraftwerkes erkennen.

»Hier brüten sie also ihr Plutonium.«

»Erst gewinnen sie Strom«, höhnte der jüngere Habdul-Bruder, »für die Eiswürfel in ihrem Carmelwein, dann Plutonium.«

»Das Dreckzeug für ihre Bombe.«

»Die sie rücksichtslos werfen werden, wenn der Heilige Krieg wieder beginnt.«

»Beim letzten Krieg, dem Jom Kippur, hatten sie sie noch nicht.«

»Aber beim nächsten wird sie einsatzbereit sein.«

»Deshalb darf der nächste Krieg nicht stattfinden, Brüder.«

»Und deshalb werfen wir ihnen heute nacht Dynamit in die Steuerzentrale. Das haut sie um Jahre zurück, diese Ärsche.«

Sie kamen so nahe an die Atomfabrik heran, daß ihr Geigerzähler nervös tickend höhere radioaktive Werte anzeigte. Nur noch wenige hundert Meter bis zum Hauptbau der Anlage.

Die Terroristen bereiteten ihre Sprengladungen vor, stöpselten die TNT-Stäbe, die Primer, die Batterien und die Schaltuhren zusammen.

Die Habdul-Brüder trieben sie zur Eile an: »Los, Brüder, macht schon, jetzt geht es um Sekunden!«

Einer der Palästinenser blieb in Deckung zurück. Flach im warmen Wüstensand liegend, sah er die drei Männer, seinen Bruder, den Perser und den Chinesen, wie graue Schatten im Dunkel verschwinden. Zeiger und Ziffern seiner Uhr flimmerten grün. Immer wieder kontrollierte er die Zeit. Er rechnete damit, daß die Gruppe in weniger als zwanzig Minuten zurück sein würde.

Doch plötzlich blendete grellweiße Helligkeit seine Augen. Scheinwerfer waren zischend aufgeflammt, Sirenen heulten, Lautsprecher forderten die Terroristen auf, sich zu ergeben.

Verdammt, sie waren erwartet worden. Entweder durch Verrat oder der MOSSAD hatte etwas herausgeschnüffelt.

Die Terroristen ergaben sich jedoch nicht, sondern schossen sofort aus ihren UZIs. Obwohl noch nicht am Ziel, lösten sie, wie in solchen Fällen üblich, die zentnerschwere Sprengladung aus, um sich in Deckung der aufstiebenden Dreckwolke zurückziehen zu können.

Doch das Ding explodierte nicht. Es blieb stumm wie tot, und die Israelis gaben Dauerfeuer.

Querschläger verletzten einen der Habdul-Brüder und den Chinesen. Und dann waren sie plötzlich überall. Von allen Seiten kamen sie, scharfe schwarze Konturen im Gegenlicht. Die Terroristen gaben trotzdem nicht auf. Sie versuchten zu fliehen. Aber die Tränengasgranaten mit ihrem Reizstoffnebel hinderten sie daran. Kampfunfähig mußten sie sich ergeben.

Noch in dieser Nacht brachte man sie nach Sodom, wo sie eingesperrt, streng bewacht und dann tagelang verhört wurden.

Der Vernehmungsoffizier, vermutlich ein junger Jurist, bemerkte höhnisch und in sehr scharfem Ton: »Jetzt kommen wir mal zur Sache, meine Herren Terroristen.«

»Wir sind keine Terroristen«, protestierten die Habdul-Brüder.

»Dann nenne ich euch Verbrecher.«

»Wir nennen uns Freiheitskämpfer und euch Eroberer.«

»Ein Anschlag auf die Dimona-Fabrik könnte Hunderttausende von Menschen das Leben kosten«, wurde ihnen vorgehalten.

»Eure Atombomben ebenso.«

Das Verhör nahm an Schärfe zu. Die Gefangenen sagten nichts aus. Nach sechsunddreißig Stunden ohne zu essen oder zu trinken brachen sie zusammen. Einer nach dem anderen.

Man weckte sie mit Kübeln voll Eiswasser. Nach den Güssen ging es wieder von vorne los. Doch sie antworteten nur auf jede Frage immer dasselbe: »Freiheit für Palästina.«

»Hoch weht die grüne Fahne des Sieges.«

Und der Perser rief: »Es lebe der Heilige Krieg!«

Das Verhör steigerte sich in seiner Brutalität und endete erst mit der Bewußtlosigkeit der vier Gefangenen. Offenbar hatten die Israelis jedoch genug erfahren und anhand von Waffen und

Ausrüstung herausgefunden, was sie wissen wollten. Fortan verschwanden die Gefangenen in irgendwelchen Gefängnissen des Landes.

Wegen befürchteter Befreiungsaktionen wurden sie immer wieder verlegt, so daß sich ihre Spur bald endgültig verlor.

V. TEIL

Das Desaster

23

Zehn Jahre nach Ende des Zweiten Weltkrieges ergriff die Lords der britischen Admiralität schwere Sorge. Ihr Auslandsgeheimdienst MI-6 hatte ermittelt, daß nicht nur die USA ein Unterseeboot mit Atomantrieb bauten, sondern auch die Sowjetunion und Frankreich Derartiges planten.

»Und wir haben nicht mal einen Strich davon auf dem Zeichenpapier«, erklärte der erste Lordadmiral, »nur Modelle von anno Tobak.«

»Kurioserweise aber fertige Atomgranaten und Atomtorpedos«, bemerkte einer der Technikreferenten.

Notgedrungen beschlossen die Seelords, ebenfalls ein Atom-U-Boot-Programm aufzulegen. »Das wird Milliarden von Pfund Sterling kosten und zehn Jahre dauern.«

»Falls es im Unterhaus überhaupt durchgeht.«

Einer ließ seinem Ärger freien Lauf: »Aber für riesige Passagierdampfer ist genug Geld vorhanden. Wie man hört, wollen sie sogar eine neue *TITANIC* bauen. Die *TITANIC-ZWEI.*«

»Nun ja, das ist Angelegenheit der Privatwirtschaft.«

»Man wird das Geld für neue U-Boote vom Flottenbudget abzweigen«, befürchtete der Finanzexperte unter ihnen.

»Machen Sie das mal den Admiralen klar, Frederic.«

»Dachte, die Admirale seien wir«, erwiderte dieser.

»Haben wir überhaupt schon irgend etwas in Planung?«

»Ja, einiges«, wurde eingeworfen, »Handskizzen.«

»Kann mich aber nicht erinnern«, erklärte der Erste Lordadmiral, »wann soll das gewesen sein?«

»Wir wissen sogar schon den Namen. Das Boot wird *Revenge* heißen.«

Ein Spötter meinte: »Nun, das ist immerhin beachtlicher als gegen den Wind gepißt.«

»Solange müssen noch die alten Zossen aus dem Krieg herhalten«, entschied der Zweite Lordadmiral. »Sie haben zwar konservativen Diesel- und E-Maschinenantrieb ...«

Er wurde unterbrochen.

»... und sie sind technologisch so veraltet wie Themse-Raddampfer. Sie verfügen nicht einmal über Schnorchel.«

»Wir statten sie mit Atomtorpedos aus, das ist besser als gar nichts.«

»Ich bin sogar der Meinung, gar nichts sei noch besser als das, Sir«, wandte der für das Bauprogramm zuständige Ingenieur-Offizier ein und ergänzte zynisch: »Das wäre wie eine Postkutsche mit Raketenantrieb.«

»Wissen Sie vielleicht etwas Brauchbareres, Gentlemen?«

»Möglicherweise«, ließ sich der Lordadmiral nach längerer Pause vernehmen.

Sir Thomas gab seinem Adjutanten einen Wink. Offenbar war das, was jetzt kam, vorbereitet und verabredet.

Der Konferenzraum im Backsteingebäude des Oberkommandos der Royal Navy wurde verdunkelt. An der Wand rollte eine Leinwand herunter. Erst zeigte der Dia-Projektor Standfotos, dann begann der Filmapparat zu surren. Alte Wochenschauaufnahmen flimmerten. Der Originalton wurde abgedreht und ein Korvettenkapitän begann zu sprechen.

»Gentlemen, was Sie jetzt hören und sehen, stammt aus deutschen Quellen.«

Der Film lief an.

Eine schwarze Mercedes-Limousine mit Kotflügelstander fährt vor.

Dazu ertönte der Kommentar: »Das ist der Wagen von Dönitz, der nach Hitlers Selbstmord die Regierung des deutschen Reiches übernommen hat. Sein Fahrer, der Obermaat Prior, lenkt sie an den Württemberg-Pier in Stralsund. Das weiße Schiff im Hintergrund ist die *Patria*. Sechzehntausendsechshundert Bruttoregistertonnen groß, ehemals deutsche Afrikalinie. Sie diente Dönitz als Wohnschiff.«

Nächste Bildsequenz:

Ein anderer Admiral schüttelt Dönitz die Hand.

»Das ist von Friedeburg. In der Marinekriegsschule Flensburg/Mürwik treffen sie sich«, lautete der nächste Kommentar, »das war um Mitternacht am 3. Mai 1945. Friedeburg hat mit Marschall Montgomery die Kapitulationsbedingungen ausgehandelt. Montgomery forderte, daß sich alle Streitkräfte in Holland, Dänemark und im Reichsgebiet zu ergeben hätten. Auch die U-Boote und Flotteneinheiten im gesamten Kapitulationsbereich. Das bedeutete die unversehrte Auslieferung aller Schiffe, aber auch den Widerruf einer wichtigen Geheimorder, nämlich des Befehls ›Regenbogen‹. Dieser Befehl wurde schon am Ende des Ersten Weltkrieges erlassen und galt als der höchste aller Befehle. Ihm zufolge durfte kein Schiff unter keinen Umständen je in Feindeshand fallen.«

Harter Schnitt in der Wochenschauauswahl.

Die folgenden Bilder zeigten Verhandlungen in Marschall Montgomerys Hauptquartier am 4. Mai 1945. Wenn auch sichtlich schweren Herzens, so unterschrieb Admiral von Friedeburg dennoch die Kapitulationsurkunde. Hektisch wurde telefoniert. Sender und Fernschreiber arbeiteten. Sie erreichten aber wohl nicht alle schwimmenden Einheiten. Zerstörer, Schnellboote und U-Boote liefen aus ihren Stützpunkten aus.

Dazu folgte eine weitere Erklärung des britischen Presseoffiziers: »Die Kommandanten richteten sich an die Anweisung ›Regenbogen‹, denn nicht alle Schiffe waren von der Rücknahme des Befehls ›Regenbogen‹ informiert worden. Außerdem glaubten die Kommandanten nicht an dessen Aufhebung. Sie hielten sich weiter an den alten Ukas, wonach Linienschiffe, Kreuzer, Zerstörer, Torpedoboote, Schnellboote, Vorpostenboote, U-Boote und Kleinkampfmittel nicht in Feindeshand fallen durften, sondern zu versenken beziehungsweise zu vernichten seien. Der Dönitz-Befehl also, die Anordnung ›Regenbogen‹ nicht zu befolgen und schwarze Flaggen zu setzen, führte unter anderem dazu, daß zweihundert U-Boot-

Kommandanten zum erstenmal ihren höchsten Vorgesetzten den Gehorsam verweigerten. Sie konnten nicht glauben, daß Dönitz plötzlich das Gegenteil von dem forderte, was er Jahre hindurch als höchste Tugend gepriesen hatte.

Insgeheim soll Dönitz zu Admiral von Friedeburg gesagt haben: Wenn ich U-Boot-Kommandant wäre, ich wüßte, was ich zu tun hätte …«

In der nächsten Bildfolge rasten Verkehrsboote von einem Hafenpier zum anderen. Signalgasten winkten mit ihren Flaggen Meldungen weiter. Entfernt liegende Boote wurden mit Morsescheinwerfern angeblinkt. Überall hieß es ›Regenbogen‹ … ›Regenbogen‹. Der Befehl eilte von Bord zu Bord, von Mund zu Mund. Boote, die noch am Kay lagen, warfen die Leinen los. Zum letztenmal sprangen die Diesel an.

Gleich langen Schatten in der fahlen Dämmerung, glitten die Boote hinaus. Sprengladungen wurden an den Flutventilen angebracht. Die Besatzungen stiegen aus, ehe die Sprengladungen zündeten.

Die Stimme des Sprechers tönte heroisch: »So geschah es in dieser Nacht überall. In der Flensburger Förde, vor Lübeck, Travemünde, Kiel. In allen Buchten der Ostseeinseln, in den norwegischen Häfen, in den Mündungen der Elbe und Weser, vor Cuxhaven und Wilhelmshaven.«

»Das war eine schlimme Zeit für diese Nazi-Hundesöhne, aber sie haben es wohl nicht besser verdient«, warf der Lord ein.

Ohne die Dramatik seiner Stimme zu verändern, kam der Kommentator zum Schluß: »Als am Morgen des 5. Mai um acht Uhr die Teilkapitulation in Kraft trat, war etwas geschehen, was es bis dahin in der Seekriegsgeschichte nicht gegeben hatte. Bis die Sonne aufging, lagen zweihundertfünfzehn Boote auf dem Grund des Meeres. Drei Tage später war der Krieg aus.«

Nach Ende der Filmvorführung wurde wieder Licht gemacht, die Leinwand eingerollt.

Der Zweite Lordadmiral kommentierte: »Ist ja hochinteressant, Gentlemen. Im wesentlichen war mir dies alles aber schon bekannt. Worauf wollen Sie also hinaus, bitte?«

Sir Thomas nannte den Grund: »Im nordirischen Hafen Lisahally liegen noch über vierzig deutsche Unterseeboote an der Kette. Es sind meist nagelneue, hochmoderne vom Typ-XXI. Dieser Bootstyp ist technologisch allen U-Booten der Alliierten um zehn Jahre voraus gewesen, Gentlemen. Was halten Sie davon, wenn wir so ein Boot für Royal-Navy-Zwecke umbauen und mit Atom-Torpedos ausstatten? Unsere späteren Absichten wären damit gut getarnt. Außerdem könnte uns das Boot bis Mitte der sechziger Jahre über die Atom-U-Boot-Lücke hinweghelfen.«

Die Idee wurde kritisiert, diskutiert, aber letztendlich allgemein begrüßt.

Der Leiter der Konferenz akzeptierte den Vorschlag, denn es war der einzig brauchbare. »Wer ist noch dafür?«

Der Beschluß wurde mehrheitlich gefaßt. Bei der Abstimmung gab es nur eine Enthaltung.

Ein Team von Marineingenieuren wurde nach Irland in Marsch gesetzt.

24

Nach neun Jahren Liegezeit waren die hochmodernen deutschen U-Boote noch nahezu seefähig. Das beste Typ-XXI wurde ausgewählt und zu seiner Bauwerft überführt. Bei Krupp-Germania in Kiel überholte man es, soweit notwendig, und rüstete es für britische Bedürfnisse um. So wurden unter anderem sämtliche Beschriftungen in englischer Sprache angebracht, die Handbücher für Kommandanten und Leitende Ingenieure ins Englische übersetzt und ein Teeboiler installiert. Unter den deutschen Veteranen suchte man einen ehemaligen Kommandanten, der so ein Boot gefahren hatte. Mit Hilfe des Berliner Bundesarchivs wurde er rasch gefunden. Mehrere Monate lang trainierte er die britische Mannschaft in der Irischen See.

Als die Ausbildung abgeschlossen und die Einsatzbereitschaft des Bootes gegeben war, wurde es außer dem normalen Waffenbestand mit zwei Atomtorpedos ausgerüstet. Ihre Köpfe besaßen etwa die Sprengkraft der Hiroshima-Bombe.

Das Boot bekam den Namen *Ventura* und führte fortan die britische Flagge, den Union Jack.

Dieses Typ-XXI-Boot, jetzt die britische *Ventura*, versah bis zum Jahr 1960 zu voller Zufriedenheit Dienst in der Royal Navy. Es durchquerte alle Weltmeere zwischen Nordpol und Antarktis, umrundete dabei mehrmals die Erde und brachte so 160000 Seemeilen hinter sich. Sechs Jahre später wurde seine Ausmusterung beschlossen. Derzeit lag das Boot im Haupthafen der Home-Fleet in Scapa Flow.

Eines Morgens kam der Flottenchef mit der Pinasse von seinem schweren Kreuzer angerauscht und begab sich mit dem Kommandanten der *Ventura*, Korvettenkapitän Jackson, in dessen enge Kabine.

Mit gedämpfter Trauermiene, die dem Anlaß seines Besuches angemessen war, erklärte der Admiral: »Ich hätte Sie auch auf das Flaggschiff kommen lassen, Commander, aber ich wollte die alte *Ventura* noch einmal sehen und riechen. Immerhin bin ich vor vier Jahren als Kommandant darauf gefahren.« Dann kam der Admiral zum wesentlichen: »Die *Ventura* hat ihre letzte Reise vor sich. Noch einmal halb um die Erde. Dann ex und hopp und Klüsen dicht. Dabei werden Sie befreundete Nationen, Ägypten und Arabien, besuchen. Ihr Zielhafen wird Bombay sein. Versuchen Sie dort pünktlich einzutreffen, und zwar zur größten Feier Indiens, wo Sie die Royal Navy repräsentieren werden. In diesem Jahr wiederholt sich zum fünfzehnten Mal der Tag, an dem Indien keine Kronkolonie mehr war, sondern zu einer demokratischen Republik im Commonwealth aufstieg.«

»Es wird mir eine Ehre sein, unser Land dort zu vertreten, Sir«, versicherte Korvettenkapitän Jackson.

»Und nach Ihrer Rückkehr«, erwähnte der Admiral noch, »kommt wohl die traurigste Stunde eines Schiffes über die *Ventura*. Sie wird auf einer schottischen Abwrackwerft verschrottet werden. Aber davon brauchen Sie der Besatzung ja nichts zu sagen.«

Die *Ventura* verließ den Ausrüstungspier in Scapa Flow am elften des Monats. Gänzlich ohne Pannen oder Defekte, als wisse das Schiff, daß es seine letzte Reise war, steuerte die *Ventura* Gibraltar an, eine Woche später Alexandria, passierte den Suezkanal, lief durch das Rote Meer nach Aden und querte den Indischen Ozean mit Kurs auf Bombay. Dort traf sie pünktlich, wenige Tage vor Beginn der Feierlichkeiten, ein.

Die Festivitäten wurden gleich zu Beginn von schweren Monsunstürmen heimgesucht. Die Orkane zerstörten Häuser, peitschten das Meer hoch an die Küste, was zu verheerenden Überschwemmungen führte. Die Sturmflut beschädigte in den Häfen die Kaianlagen und viele Schiffe.

Weitere Vorhersagen der Meteorologen hörten sich niederschmetternd an. Die Windgeschwindigkeiten sollten bis auf hundertfünfzig Knoten anwachsen und sich steigern.

Deshalb verließ die *Ventura* vorzeitig Bombay. Um das Kap

der Guten Hoffnung herum, mit einem Abstecher nach Kapstadt, sollte sie in die Heimat zurückkehren. In England warteten termingemäß schon die Schweißbrenner und Stahlsägen des Abwrackers. Es würde also die endgültig letzte Fahrt sein.

Vor dem schmählichen Ende, ausgeweidet zu werden, wurde die *Ventura* jedoch bewahrt.

Im südlichen Indischen Ozean, vor der Straße von Mocambique zwischen Madagaskar und Südafrika, wurde das U-Boot von einem verheerenden Taifun eingeholt. Er kam rasend schnell heran.

In solchen Fällen ziehen es U-Boot-Kommandanten vor, zu tauchen, denn hoher Seegang ist auf U-Booten, ihrer speziellen Unterwasserform wegen, oben schwer erträglich.

Der I WO sagte zu Commander Jackson: »Wir haben hier aber nur vierzig Meter Tiefe, Sir.«

»Dreißig genügen uns, schätze ich.«

Jackson ließ die Besatzung einsteigen und gab den Befehl zum Entlüften.

Von da ab ging alles schief, was überhaupt schiefgehen konnte. Die Zentralegasten zogen zwar die Flutventile, versehentlich aber wohl auch die der Trimmtanks. Dadurch wurde die *Ventura* instabil und bekam zu starken Untertrieb. Sie ging steil auf Grund. In diesem Fall mit dem Achterschiff voraus, da die Maschinen gestoppt, also noch nicht umgeschaltet waren.

Jackson befahl sofort AK. Doch da krachte die *Ventura* mit dem Heck schon auf, und zwar so stark, daß beide Schrauben und Wellen beschädigt waren. Die hochtourenden E-Maschinen wurden deshalb unter Vollast gebremst, überhitzten und schmorten durch. Im folgenden Kurzschluß fiel das Licht aus. Die Notbeleuchtung sprang an.

Commander Jackson ließ sofort anblasen.

»Alle Tanks!« schrie er.

Durch das vorherige Manöver standen jedoch die Flutventile der Tauchtanks noch offen, und die Preßluft entwich ins Freie.

Voll schlimmer Vorahnung ließ der Commander jetzt SOS funken.

»Und auch die Position!« befahl er ausdrücklich.

Nach dreimaligem Anblasen waren die Preßluftflaschen leer. Um den Schnorchel auszufahren und die Diesel anzulassen, lag das Boot schon zu tief. Commander Jackson sah keine Möglichkeit mehr, die *Ventura* zu retten. Er versammelte die gesamte Besatzung in der Zentrale.

»Ruhe bewahren, Leute, aber Beeilung – und Tauchretter an!«

Wasser strömte durch ein Leck herein. Schon standen sie bis zu den Knien in der öligen Brühe, bald bis zum Bauch. Im Boot konnten sie nicht bleiben. Also raus.

»Druckausgleich abwarten«, hieß es.

Der Zentralemaat las den Manometer ab. Sobald der Innendruck im Boot hoch genug war, um das Turmluk gegen die darauf lastende Wassersäule zu öffnen, wollte Commander Jackson seine Männer nach oben entlassen.

Endlich stand das Wasser hoch genug. Das Turmluk ließ sich aufwuchten. Einer nach dem anderen der sechzig Männer zwängte sich aus der Zentrale nach oben durch den Turm und aus dem Boot hinaus.

Alle kamen sie bis an die Wasseroberfläche. Doch dort erwischten sie Taifunböen von einer Geschwindigkeit, die kaum noch das Atmen möglich machten. Im Nu hatte der Sturm den Seegang hochgepeitscht. In Acht-Meter-Wellen konnten die Männer trotz Tauchretter nicht überleben. Sie wurden in die Tiefe gedrückt.

Nicht ein einziger von ihnen wurde aus dem Orkantief gerettet, obwohl die *Ventura* noch SOS und Mayday gefunkt und als Position 14 Grad Süd, 43 Grad Ost angegeben hatte.

Der Ort der *Ventura*-Katastrophe lag etwa neunzig Meilen südlich der Komoren-Inseln.

Die in Antoniba auf Madagaskar und im südafrikanischen Porto Amelia liegenden Spezialschiffe konnten infolge der anhaltenden Schlechtwetterlage zehn Tage lang nicht auslaufen. Inzwischen setzten sich vom nächsten britischen Flottenstützpunkt in Mombasa Schlepper und Bergungsschiffe in Fahrt. Von Southampton in England lief das größte Hebeschiff der Royal Navy, die *Captain Cook*, speziell gebaut zur U-Boot-Bergung, aus. Wegen der an Bord befindlichen Atomtorpedos sollte die *Ventura* so schnell wie möglich gehoben und in Sicherheit gebracht werden.

Experten traten zusammen. Sie analysierten die möglichen Ursachen des Unterganges und gaben sich zuversichtlich. Sie glaubten, das Wrack abdichten und leerpumpen, aufblasbare Luftkammern anbringen und die *Ventura* damit an die Oberfläche bringen zu können. Die geringe Wassertiefe kam ihnen dabei entgegen, wie sie hofften.

Obwohl das Hebeschiff *Captain Cook* mit höchster Fahrtstufe durch den Atlantik nach Süden lief, wurde mit seinem Eintreffen nicht vor Ende des Monats gerechnet. Inzwischen versuchten Bergungsschiffe privater Prämienjäger ihr Glück. Aber drei Wochen nach der Katastrophe, als sie die Sinkstelle endlich erreichten, sahen sie dort schon Schiffe bei der Arbeit. Andere waren ihnen zuvorgekommen. Folglich machten sie kehrt.

Von einer erfolgreichen Hebung des *Ventura*-Wracks wurde zunächst nichts bekannt. Nachdem das Hebeschiff der Royal Navy eingetroffen war, hatte es erst einmal Mühe, die *Ventura* zu finden. Auf den Koordinaten, 14 Grad Süd/43 Grad Ost, wo sie liegen sollte, war sie nicht zu entdecken. Den ganzen Monat Juli über spürten Einheiten mit modernsten Sonar-, Magnet- und Radarsonden nach der *Ventura*. Aber das Seegebiet war vierhundert Quadratmeilen groß. Zudem wurde die verzweifelte Suche durch anhaltend schlechte Wetterbedingungen beeinträchtigt.

Immer wieder stiegen Taucher hinab. Was sie entdeckten, waren jedoch nur alte Schiffswracks. Bald machte es nur noch wenig Sinn, nach der *Ventura* zu suchen. Sie blieb unauffindbar.

Ein Begleitoffizier der Admiralität fragte den Kommandanten des Hebeschiffes *Captain Cook*:

»Ein U-Boot von hundert Meter Länge und zweitausend

Tonnen Gewicht – kann das überhaupt so mir nichts dir nichts verschwinden?«

»Nein, Sir«, antwortete der Bergungsexperte. »Für gewöhnlich liegt so ein Wrack wie ein Stein auf dem Meeresgrund.«

»Kann man es überhaupt heben?«

»Nein, Sir, nur bedingt. Aber man kann es abschleppen.«

»Einfach so?«

»Nein, Sir«, lautete die Auskunft, »aber man dichtet die Lecks, drückt Luft hinein, bis Auftrieb entsteht.«

»Dann nimmt man es auf den Haken und ab geht's.«

»Nein, Sir. So einfach ist das nicht. Aber ...«

»... was aber? Ich höre immer nur ›nein‹ und ›aber‹.«

»Dabei tauchen noch tausend Probleme auf, Sir. Sowas ist nur mit erstklassigen Leuten zu schaffen. Aber es ist immerhin ein professioneller Weg.«

»Und so sieht auch Ihre Planung aus«, bemerkte der Navy-Offizier spitz, »abwarten, aber professionell.«

»Nein, Sir«, hieß es, »erst müssen wir die *Ventura* einmal haben.«

Das U-Boot *Ventura* mit seiner brisanten Waffenausstattung blieb verschwunden. Es lag nicht mehr auf dem Grund des Indischen Ozeans, dort, wo es gesunken war.

Daß unterseeische Strömungen das Wrack abgetrieben hatten, durfte man ausschließen. Wo also war es hingekommen?

»Vielleicht gibt es in der Nähe unbekannte Tiefseespalten«, befürchteten einige der Fachleute.

»Kaum. In diesem Bereich ist doch jede Quadratmeile des Meeres erforscht«, meinten andere mit Hinweis auf die Seekarten.

»Das ist richtig«, räumte man ein, »aber der Meeresgrund ist ständig in Bewegung wie gärender Brotteig.«

Ein neuer Verdacht wurde geäußert. »Ist es möglich, daß die *Ventura* von anderen Interessenten geborgen wurde?«

Diese Befürchtung konnte weder bejaht noch verneint werden.

25

Zwei arabische Hochseeschlepper zogen das heimlich gehobene Wrack der *Ventura* durch den Indischen Ozean nach Norden. Man hatte das U-Boot abgedichtet und soweit leergepumpt, daß es leichten Auftrieb hatte. Vom Bootskörper war wenig zu sehen, nur der Turm ragte heraus. U-Boot-Fahrer nannten diesen Zustand »halbgetaucht« oder »vorgeflutet«.

Dieser Trick wurde besonders in Kriegszeiten angewendet, um dem Gegner eine möglichst kleine Silhouette darzubieten. Im Fall *Ventura* machte man Gebrauch davon, weil Bergung und Abtransport so heimlich wie möglich erfolgen sollten. Zwischen der Insel Sokotra und Kap Guardafui lief die Schleppgruppe in den Golf von Aden, von dort ab westlich zur Spitze der arabischen Halbinsel weiter.

In einem Hafen der Republik Jemen wurde sie bereits erwartet. Alles war vorbereitet. Der Hafen Al-Ahmadi war ein verlassenes Nest, verfügte jedoch über eine Helling. Früher hatte man dort große Transportsegler gebaut.

Bei Nacht wurde die *Ventura* aufs Trockene gezogen und getarnt. Leichen der britischen Seeleute befanden sich nicht mehr an Bord. Ihre Habseligkeiten und Uniformen wurden sortiert und für spätere Verwendung verstaut.

Mit Flugzeugen trafen Schiffbauingenieure und Werftarbeiter vom irakischen Marinestützpunkt Basra ein. Unter ihrer Leitung und dem Kommando eines hünenhaften einäugigen Mannes, der mit großer Sachkenntnis die Reparaturmaßnahmen überwachte, wurden alle Schäden an der *Ventura*, soweit sie zu dem Untergang geführt hatten, behoben. Die Wellenlager wurden erneuert, die Schraubenblätter gerichtet, die Maschinenanlage gangbar gemacht. Die Backbord-E-Maschine bekam eine neue Ankerwicklung, die Diesel Ölwechsel. Die Generatoren mußten mit Heißluftgebläse getrocknet werden.

Die Überprüfung der Batterien ergab, daß die Akkus am wenigsten gelitten hatten, denn es handelte sich um moderne geschlossene Systeme.

Die Wiederherstellungsarbeiten an der *Ventura* dauerten einige Zeit. Dies sowie der Antransport der Ersatzteile, die von weither zusammengeholt werden mußten, fiel den stets wachsamen internationalen Geheimagenten auf.

Eines Tages landete ein Hubschrauber mit sowjetischem Kennzeichen in der Stadt Hodeida. Er brachte zwei Männer in die kommunistische Republik Jemen, einen Seeoffizier in Uniform und einen blassen, unangenehmen Burschen in Zivil. Sofort fuhren die beiden zum Sitz des Revolutionsrates, wo sie den Ersten Sekretär der Partei, Hanidi, zu sprechen begehrten. Der Oberst empfing sie mit arabischer Höflichkeit. Die Russen aber setzten ihn sofort unter Druck.

Der Diplomat in Zivil erklärte den Grund des Besuches, und der Marineoffizier, er hatte sich als Fregattenkapitän Erster Klasse Oleg Leonid Korpakow vorgestellt, unterbreitete die Einzelheiten.

»Sie haben das Wrack eines britischen Unterseebootes auf Ihrem Territorium, Genosse Exzellenz. Wie auch immer es dazu kam, interessiert uns wenig. Dieses Boot stellt jedoch eine große Gefahr für Sie dar, denn an Bord befinden sich hochempfindliche, hochgefährliche Waffen.«

Korpakow belegte seine Ausführungen mit Fotos aus Agentenkameras.

Den Vorsitzenden des jemenitischen Revolutionsrates überkam sofort das Gefühl, daß er erpreßt werden sollte. Deshalb verhielt er sich zurückhaltend bis störrisch.

»Ich denke, Gentlemen«, sagte er auf englisch – die ganze Unterhaltung wurde so geführt –, »daß dies eine interne Angelegenheit unseres Staates ist.«

»Und wir«, entgegnete der Diplomat, »sind die einzigen Freunde, die Sie in diesem Teil der Welt haben. Oder etwa nicht?«

Der Jemen, ein armes, vom Bürgerkrieg geschütteltes Land,

war auf die Kooperation und Unterstützung der UdSSR angewiesen.

»Was verlangen Sie, Gentlemen?« fragte der Staatschef Hanidi düpiert.

»Die Auslieferung des U-Boot-Wracks.«

»Das ist eine klare Forderung.«

»Ganz wie Sie es auslegen, Exzellenz.«

Der Oberst wollte Zeit zum Nachdenken gewinnen.

»Und wie stellen Sie sich das vor?«

Die Russen hatten bereits ein Konzept.

»Wir entsenden Spezialeinheiten per Lufttransport. Andererseits erhöhen wir als Gegenleistung die Summe der jährlichen Hilfsgelder.«

»Lassen Sie mich das mit meinen Ministern besprechen«, bat Oberst Hanidi.

Die Besucher räumten ihm die Frist von einer Stunde ein, erweiterten ihr Angebot jedoch noch.

»Wir sind befugt, Ihnen zu garantieren, daß im Falle guter Zusammenarbeit der Jemen so vorrangig behandelt wird wie Kuba oder die DDR«, erklärte der Zivilist.

Während das jemenitische Politbüro zusammentrat, wurden die Besucher mit Tee und Mürbgebäck versorgt.

Nach etwas mehr als zwei Stunden erschien der Staatschef wieder in seinem Büro bei den Russen und bedauerte zutiefst, aber lächelnd, den Wunsch Moskaus ablehnen zu müssen. Er begründete diesen Beschluß nicht näher.

Die Russen konnten sich die Gründe denken. Die Zuschüsse und das Schweigegeld, das dem Jemen aus Saudi-Arabien, aus dem Irak und Syrien zufloß, war um ein Vierfaches höher als das Angebot aus Moskau. Ein wirtschaftliches und finanzielles Entgegenkommen in dieser Höhe konnte die UdSSR jedoch niemals leisten. Dafür war die Sache nicht weltbewegend genug.

Der Diplomat versuchte es trotzdem noch einmal. Jetzt äußerte er massive Vorwürfe und versuchte den Oberst unverschämt unter Druck zu setzen. Ohne Erfolg.

Zunächst zogen die Russen verärgert ab.

Der zweite sowjetische Emissär, Kapitän Korpakow, wollte jedoch unbedingt Erfolg nach Moskau melden. Auch seine anstehende Beförderung zum Admiral hing davon ab. Deshalb beschritt er einen anderen Weg. Er nahm sich vor, mit dem Kommandanten des U-Bootes direkt zu verhandeln.

»Wir bieten ihm eine Million Goldrubel«, sagte er zu dem Diplomaten. »Notfalls mehr. Den möchte ich kennen, der nicht darauf anspringt. Und es ist weniger als ein Zehntel von dem, was wir in den Jemen reinbuttern.«

Mit ihrem Hubschrauber flogen sie weiter an der Küste entlang nach Al-Ahmadi, das sie in den Abendstunden erreichten. Korpakow war guten Mutes, mit dem für die *Ventura* zuständigen Mann ein privates Abkommen treffen zu können. Doch auch dieser Plan scheiterte.

Das ehemalige britische Unterseeboot *Ventura* lag nicht mehr im Hafen, sondern war in der Nacht mit unbekanntem Kurs ausgelaufen.

»Dieser Oberst Hanidi ist ein verdammter Hundearsch«, fluchte Korpakow. »Ich bin sicher, er hat den *Ventura*-Commander per Funk unterrichtet, daß wir ihm auf die Pelle rükken.«

26

Die Baronesse von Königsau/Brandenburg lebte den Sommer über zurückgezogen im alten Grand Hotel Leonardo in Florenz. Sie ging selten aus, nur manchmal, wenn es schwül und drückend war, unternahm sie einen Spaziergang am Ufer des Arno. Trotzdem wurde sie vom NATO-Geheimdienst ausfindig gemacht.

Eines Tages erschien Fregattenkapitän Maxwell mit einer langen Buick-Limousine und Mitarbeitern. Dem Kofferraum des Straßenkreuzers entnahmen sie ein Gerät in der Größe von zwei Schreibmaschinen. Die Baronesse konnte sich denken, was Maxwell von ihr wollte. Allein der Inhalt des mit Aluminiumkanten beschlagenen Koffers blieb ihr zunächst ein Rätsel.

In ruppiger Höflichkeit hatte sich Maxwell vorgestellt. Dann begann der Ire mit den abstehenden Ohren sofort ein Gespräch, das sich rasch zu einem Verhör ausweitete. Bereitwillig machte die Baronesse alle gewünschten Aussagen.

Während Maxwell fragte, stenographierte sein Begleiter jedes Wort mit.

»Sie sind also die Baronesse Dorothea von Königsau, verehelichte Brandenburg.«

»Das ist Ihnen bekannt.«

»Geboren?«

»1926 auf Schloß Königsau.«

Nach einer Reihe weiterer Punkte, bei denen es hauptsächlich um den Lebenslauf ging, um die Schulbildung, um Auslandsreisen im Dritten Reich, um Sportarten, die sie ausübte, ob sie sich für Kunst interessierte, welche Art Kunst, Musik, Malerei, Literatur, wurde das Verhör wieder konkret.

»Wie lange kennen Sie Admiral Lützow?«

»Dem Namen nach seit 1940. Damals war er noch Kapitänleutnant und Kommandant von *U-136*. Persönlich kenne ich ihn seit 1953.«

»Sie leben zusammen, Madam?«

»Ja, auf seiner Ranch in Kalifornien.«

»Und seit wann bitte?«

»Nach dem tragischen Tod seiner Ehefrau und seiner Rückkehr von der Malakka-Operation – mein Sohn und ich standen mittellos auf der Straße – gewährte er uns in der Ranch Unterschlupf.«

Jetzt wurde Maxwell indiskret. »Pardon, Madam, sind Sie seine Geliebte?«

Sie versuchte es eindeutig zu formulieren. »Wir haben eine Beziehung, wenn Sie das meinen.«

»Heiraten wollten Sie nie?«

Ihr Mund bekam einen bitteren Ausdruck. »Das stand nicht zur Diskussion. Außerdem hätte ich meinen Ehemann, Mister Sigurd Brandenburg, vorher für tot erklären lassen müssen.«

Nun entnahm Maxwell seiner Aktenmappe ein Foto und legte es ihr vor. »Diesen Mann hier meinen Sie mit Mister Brandenburg?«

Sie nickte ohne hinzusehen.

»Wie kam es dazu, zu diesem Wiedersehen?« machte Maxwell weiter.

Ihre Antwort erfolgte ohne Stocken, als habe sie mit einem Verhör gerechnet und sich alles zurechtgelegt. »Brandenburg überlebte das Gefecht in der Malakka-See und ist seitdem behindert. Er suchte uns, mich und meinen Sohn, jahrelang.«

Ein wenig hinterhältig erkundigte sich der Geheimdienstoffizier: »Und warum das? Ich meine, was waren Brandenburgs Motive? Sie hatten sich doch quasi im Streit getrennt.«

Es klang trotzig, als sie äußerte: »Er wollte das Familienleben neu beginnen.«

»Oder lag doch mehr Interesse an Staatsgeheimnissen vor, die er von Ihnen zu erfahren hoffte?«

Sie kreuzte die hübschen Beine und vollführte dabei eine messerartige Handbewegung, als wolle sie etwas abschneiden.

»Was für Staatsgeheimnisse? Ich kenne keine.«

»O doch, Madam. Sie wußten von den Dienstreisen des Admirals. Der KGB konnte daraus auf die Standorte der amerikanischen U-Boote, die Bauwerften und die Fabriken der Zulieferer schließen.«

Heftig verteidigte sie sich: »Mein Gott! Daß Brandenburg ein Spion ist, ahnte ich gar nicht.«

»Und später?«

»Was meinen Sie mit später, Sir?«

»Warum haben Sie sich nicht dem Admiral anvertraut?«

»Da war es längst zu spät. Ich schämte mich sehr. Außerdem erpreßte uns Brandenburg, meinen Sohn, mich und indirekt auch Admiral Lützow. Er drohte mit einem Skandal: Deutsche Nazibaronesse lebt mit Naziritterkreuzträger zusammen. Ein Nest der Nazisubversion mitten in Kalifornien. Außerdem drohte er mir mit Mord.«

Das Verhör dauerte noch Stunden. Endlich fragte Maxwell, ob sie bereit sei, sich einem Test am Lügendetektor zu unterziehen.

»Ich wollte mich schon freiwillig dazu anbieten«, erwiderte sie.

Jetzt enthüllte sich das Geheimnis des schwarzen Gepäckstückes. Es handelte sich um einen Poliographen, um ein tragbares Detektorgerät. Es wurde aufgebaut, die Probantin angeschlossen, um ihren Puls, die Herztöne, Atemfrequenz, Blutdruck und Hautfeuchtigkeit zu messen.

Das Gerät lief. Die Zeiger hinterließen auf dem wandernden Papierband ihre großen und kleinen Zacken. Nach dem Testlauf zur Grundwertbestimmung wurde es ernst. Der zweite Mann aus Maxwells Begleitung wertete das Ergebnis aus und nickte mehrmals. »Negativ, Sir«, entschied er.

»Ihre Aussagen entsprachen der Wahrheit, Madam«, erklärte Kapitän Maxwell. »Ich denke, Sie hören noch von uns.«

Kaum waren die Amerikaner abgereist, wechselte die Baronesse das Quartier. Sie verkroch sich in eine kleine Pension in

Fiesole. Das Zimmer war billig, hatte nicht den Luxus des Grand Hotels, doch der Blick von den Hügeln aus über Florenz war wohl die schönste Aussicht Italiens.

Nach dem Verhör mit Maxwell bewegte sich Dorothea von Königsau ein wenig freier. Sie unternahm weite Spaziergänge und glaubte schon, das Schlimmste hinter sich zu haben. Doch dann erhielt sie überraschend Besuch. Einen Besuch unheimlicher Art.

Am Freitag abend, als sie mit dem Bus aus Florenz zurückkam, war ein Mann in ihrem Zimmer. Er stand draußen auf dem kleinen Balkon, so groß und so breitschulterig, daß er beinahe den Raum verdunkelte.

Der Mann hatte sich noch nicht umgedreht, da wußte sie schon, wer er war, nämlich kein anderer als der Piratenadmiral Sigurd Brandenburg, ihr Noch-Ehemann.

Ihr Herzschlag stolperte, sie setzte sich in einen der weißen Korbstühle und wartete.

Offenbar hatte er das Knarren gehört, kam herein und benahm sich, als hätten sie sich erst vor einer Stunde getrennt. Mit seinem brutalen Charme, der sie wie stets hypnotisierte, sprach er wie immer nur von sich, von seinem weiten Weg hierher und daß sein unstetes Leben jetzt bald ein Ende haben würde.

»Nichts mehr mit Fliegender Holländer und so«, versuchte er zu scherzen und malte ein Bild von gemeinsamer Zukunft.

»Wir beginnen noch einmal ganz von vorne«, schwärmte er, »führen eine Ehe, als wären wir erst heute vor den Traualtar getreten.«

Er ließ sie kaum zu Wort kommen. Es war ihr ohnehin kaum möglich zu sprechen. Die Beklemmung im Innern löste sich nicht, schien alles wie mit Schraubzwingen zusammenzupressen.

Weil sie schwieg, erfuhr sie viel über seine Pläne, auch wenn er sie nur verklausuliert andeutete.

»Wir haben eine große Unternehmung im Atlantik vor«, prahlte Brandenburg. »Sie wird mir und meinen Partnern Millionen und aber Millionen Dollar einbringen. Danach werde ich mich in Rente begeben.«

»Falls du dann noch lebst«, erwiderte sie trocken.

Brandenburg deutete auf seine Augenbinde, auf die Prothese und verzog seinen Mund zu einem bösartigen Grinsen.

»Viel kann nicht mehr kaputtgeh'n. Gemeinsam mit dir und meinem Sohn möchte ich in Ruhe leben, genießen, möglichst in einem Haus in Spanien. Ich suche schon danach. – Aber jetzt bin ich hungrig.«

Sie bestellte einen Abendimbiß und Wein. Er begnügte sich mit Salami, Käse und Toscano-Brot, leerte aber schnell zwei Gläser mit Fiasco-Rotwein.

Es war schon spät, fast Mitternacht. Brandenburg sah es als Selbstverständlichkeit an, bei seiner Ehefrau zu bleiben, die Nacht mit ihr zu verbringen.

Angezogen und versteift lag sie neben ihm auf dem Bett. Im Dunkeln tasteten sich seine Finger näher, faßten sie an. Betrunken begann er sie zu küssen. Trotz ihrer Gegenwehr öffnete er ihre Bluse, griff zwischen ihre Beine. Als sie sich weigerte, ihm das zu gewähren, was er eheliche Pflicht nannte, tat er es mit Gewalt. Er band ihre Fußfesseln und Handgelenke an die Bettpfosten, riß ihr die Unterwäsche herunter und vergewaltigte sie bis zum Morgen mehrmals.

Als die Baronesse erwachte, war er verschwunden. Auf dem Tisch unter dem Aschenbecher lagen tausend Dollar. Sie kam sich vor wie eine Hure. Ihr war kotzübel. Sie verfiel in Depressionen, die tagelang anhielten und nicht mehr endeten.

Apathisch und willenlos verließ sie kaum ihr Zimmer. Wenn sie an die Zukunft dachte, war sie nahe daran, sich vom Balkon auf die Platten des Gartenweges zu stürzen. Sie fühlte sich wie Brandenburgs Werkzeug, wie seine Leibeigene. Sie kam nur darüber hinweg, indem sie zu trinken anfing. Doch das half wenig und nur kurz.

Eine Woche später war Brandenburg wieder da.

Er kam und ging, tauchte auf, tauchte unter, wie es ihm paßte. Kaum hatte sie sich etwas gefangen, war es, als bräche eine neue verheerende Sturmflut über sie herein. Eine Sturmflut, die alles zerstörte, in der sie zu ertrinken drohte.

Je mehr sie von Brandenburgs Zukunftsplänen erfuhr, desto klarer wurde ihr auch, daß er sich in einer schwierigen Lage befand. Einmal schien er sich – so hätte es Dr. Freud analysiert – zu verraten.

»Du hast Angst«, fragte er. »Etwa vor mir?«

»Vor deinem Leben«, gestand sie. »Aber du willst nur deshalb wissen, ob ich Angst habe, weil dich selbst Angst quält. Gib es doch zu.«

»Ja, wir könnten Probleme kriegen«, räumte er ein. »Es liegt daran, daß wir nicht wissen, was die Gegenseite von unseren Plänen weiß.«

»Und wer sind deine Gegner?«

»Die alten Feinde sterben nicht aus. An ihrer Spitze Admiral Lützow. Man sollte herausbringen, ob er bereits gegen uns agiert.«

Die Pensionswirtin rief herauf, daß Signor Brandenburgo am Telefon verlangt werde. Er ging hinunter und sprach lange Zeit. Es klang russisch oder indonesisch, jedenfalls war es nicht zu verstehen. Als er zurückkam, hatte sich seine Laune gebessert. Er wirkte beinah frohgestimmt.

»Es klappt!« rief er. Doch dann: »Ein Widerhaken ist allerdings noch dran.«

Er wartete darauf, daß sie danach fragte. Sie tat es aber nicht.

Also fuhr er fort: »Du mußt Kontakt mit Lützow aufnehmen, Darling.«

»Unmöglich«, entgegnete sie.

Als habe er das gar nicht gehört, erklärte er im Ton einer Forderung: »Kontakt mit Lützow, um ihn auszuhorchen. Es geht um unsere Sicherheit, um unser Atlantik-Projekt und letzten Endes um das Weiterbestehen unserer Familie. Du fährst sofort nach Brüssel, meinetwegen unter dem Vorwand, du hättest noch Informationen für diesen Geheimdienstburschen Maxwell.«

Sie richtete sich auf, lehnte mit dem Rücken am Messinggitter der Bettrückwand und erklärte ruhig, aber entschieden: »Nein, ich werde nicht nach Brüssel fahren.«

Doch das nahm er gar nicht zur Kenntnis.

»Denk dir was aus. Sag ihnen, ich sei krank. Leber oder Gelbsucht et cetera.«

»Niemals werde ich nach Brüssel fahren«, rief sie noch einmal.

Da begann er sie zu prügeln wie einen unfolgsamen Hund.

Die Baronesse reiste nach Brüssel. Wie unter Zwang stehend, konnte sie nicht anders. Außerdem hatte ihr Brandenburg gedroht.

»Ich kenne Freunde«, hatte er gesagt, »die verstehen sich darauf, aus einer schönen Frau sehr schnell eine häßliche Frau zu machen. Und denk an unseren Sohn. Er lebt allein auf der Ranch in Kalifornien. Leicht könnte ihm etwas zustoßen.«

Sie wußte, daß er ein Mann ohne Gewissen war, der nur an seinen Vorteil dachte. Selbst davor, seinem Sohn etwas Schlimmes anzutun, würde er nicht zurückschrecken.

Fest entschlossen, alles, was sie wußte, Toni Lützow zu erzählen, mietete sie sich im Hotel Bristol ein. Vom Portier hatte sie erfahren, daß der Admiral noch in Brüssel weilte.

Da sie seinen Dienstplan ungefähr kannte, die Stunde, wann er frühstückte, wann er das Hotel verließ und wann er vom NATO-Hauptquartier zurückkehrte, hoffte sie, ihm zu begegnen.

Zweifellos wußte der Admiral von Maxwell, wie das Verhör in Florenz ausgefallen war, daß man ihren Kontakt mit Brandenburg als negativ bezeichnen konnte und daß kaum Geheimnisse verraten worden waren. Auch kannte sie Lützow als toleranten Mann, der nicht nur Verständnis für Schwächen bei Männern, sondern auch bei Frauen aufbrachte.

Sie kleidete sich nicht auffallend, sondern so, wie er es liebte, nämlich damenhaft elegant. Sie legte Wert auf zurückhaltendes Make-up, parfümierte sich nur wenig und trug ihr Haar, wie

Toni es immer gemocht hatte. An den Seiten glattgebürstet, am Hinterkopf zu einer länglichen Rolle gesteckt. Am dritten Tag ihres Aufenthaltes in Brüssel sah sie von der Hotellobby aus, wie er aus seinem Dienstwagen stieg. Kaum war er durch die Drehtür und hatte ein paar Schritte in Richtung Lift gemacht, stand sie wie zufällig vor ihm.

Lützow unterdrückte die Überraschung, während sie errötete und ihr Herz wie wild schlug. Er lächelte, beinah so, als würde er sie bemitleiden.

»Bist du sehr überrascht?« fragte sie, »daß ich hier bin?«

»Wie sollte ich«, antwortete er. »Frauen tun ziemlich oft das, was man nicht erwartet.«

»Männer auch.«

»Aber selten.«

»Du etwa nicht, Toni?«

»Niemals. Reine Charaktersache.«

Lützow hatte den Liftknopf gedrückt. Der Aufzug surrte herunter, aber es dauerte eine Weile.

»Es geht dir gut«, stellte er sachlich fest.

Sie nickte nur. Von Brandenburgs Plänen und seinen ständigen Besuchen erwähnte sie nichts. Sie wartete darauf, daß Lützow sie wenigstens zu Kaffee oder einem Drink einladen würde. Doch er schien die Absicht zu bemerken.

Mit Klingelzeichen hielt der Lift. Die Doppeltür schwang auf. Lützow trat ein, ließ sie einfach stehen.

»Sehen wir uns noch?« kostete es sie Mühe zu fragen.

Plötzlich war er wieder eiskalt und unnahbar.

»Pardon, Gnädigste«, langsam schloß sich die Lifttür, »aber wir haben uns wohl nichts mehr zu sagen.«

Der Lift glitt nach oben, und sie blieb zurück, verletzt, als hätte ein Peitschenhieb sie getroffen.

No. Zu sagen hatten sie sich nichts mehr. Aber sie beschloß, ihm einen Brief zu schreiben, in dem sie ihm noch einmal alles ausführlich darlegte. Auch den Besuch Brandenburgs in Florenz, seine Pläne und Absichten – den sogenannten Atlantic-Coup.

27

Dort, wo die Wüste von Oman am heißesten und verlassensten ist, lag in einem Hain von künstlich bewässerten, aber mageren Palmen ein Palast. Außen weißer Marmor, innen weißer Marmor, reichlich mit Blattgold verziert, weißes Mobiliar, weiße Haremsgitter.

Der Palast gehörte Scheik Ibn Afrud, dem ärmsten seiner Dynastie, denn leider verfügte er nicht über so ergiebige Ölquellen wie seine Vettern am Persischen Golf. Trotzdem waren alle hundertachtzig Zimmer des Palastes vollklimatisiert, was ein eigenes Kraftwerk beanspruchte. Aber Scheik Ibn Afrud liebte es kühl, eine Annehmlichkeit, die er in den USA kennengelernt hatte. Vor allem schätzte er bei seinen Haremsfrauen frische trockene Haut mehr als stark schwitzende.

An diesem Nachmittag, als die Hitze nicht weichen wollte und flimmernd über der Wüste stand, näherte sich eine Yacht von Osten her Kap Sur. Sie kam über das arabische Meer und brachte den ersten der Besucher, einen Perser, den Führer der Untergrundbewegung gegen das Schah-Regime.

Vor Eintritt der Dunkelheit landete noch eine zweimotorige Dakota älteren Baujahrs. Die an vielen Stellen verbeulte Beplankung des Rumpfes war silbern lackiert und trug das Hoheitszeichen irgendeiner asiatischen Republik. Beim Abendessen trafen sich die drei Staatsmänner, der dunkelbärtige feiste Araber, der Perser und der andere, bei dem schwierig zu sagen war, woher genau er stammte. Klein, hager, gelbhäutig, mit schmalen Augen, war er offenbar Chinese oder Indonesier.

Die Gentlemen trugen weiße Dinnerjacketts. Nach dem ausgiebigen Mahl, zu dem nach Art gläubiger Moslems Eistee serviert wurde, zogen sich die Herren in einen der Rauchsalons zurück. Dort saßen sie in Sesseln so tief, daß nur Köpfe und Schultern herausragten. Aus dem Nebenraum tönte jene atonale Musik, die sie liebten. Die Schatten der Tänzerinnen bewegten sich hinter Tüllvorhängen. Doch das lenkte sie von der Tagesordnung nicht ab.

»Wo stehen wir, und wie geht es weiter?« eröffnete der Asiate die Konferenz.

»Auf halber Strecke«, erfuhr er, »und es geht rüstig vorwärts.«

»Das Ganze hat bisher neun Millionen Dollar verschlungen«, gab er zu bedenken.

»Die Hebung des Schiffes, das Abschleppen und die Werftarbeit, das kostet eben.«

»Der Unterhalt samt Besatzung verschlingt auch zehntausend Dollar am Tag«, rechnete der Perser, dessen Glieder sich ständig in Bewegung befanden.

»Obwohl diese Kulis gewiß für billiges Geld schuften«, warf der Scheik ein.

Das klang zynisch und typisch aus dem Mund des Mannes, der alle Menschen, die nicht seinem Stand entsprachen, als Sklaven betrachtete. Im Grunde verachteten seine Geschäftsfreunde, beide eher arme Widerstandskämpfer gegen staatlichen Terror, Partner wie diesen arabischen Popanz. Aber gemeinsame Interessen hatten sie zusammengeführt.

Der Scheik streckte die Hand aus seiner wallenden Dschallabija. An jedem Finger trug er mindestens einen goldenen Ring mit glitzernden Steinen, an einem sogar drei Smaragde.

»Wir werden unser Risikokapital hundertfach zurückerhalten, Freunde«, erklärte er. »Außerdem hat meine Privatschatulle fast alles vorfinanziert.«

»Und die Freiheit unserer Brüder sowie die Demütigung unserer Gegner«, fügten die anderen hinzu, »wie wir hoffen.«

»Meine Anwälte formulieren bereits den Brief an den britischen Premierminister«, verriet der Scheik.

Bedenken wurden geäußert.

»Wenn der ihn aber zerreißt und in den Papierkorb wirft?«

»Dann schlagen wir zu.«

»Und wer garantiert das?« erkundigten sich die Partner.

»Er.« Der Scheik gab einem Bediensteten, der wie eine Statue reglos an der hohen Flügeltür lehnte, ein Zeichen.

Kurz darauf dröhnten Schritte über den Marmor. Ein Mann, ein Mensch von jener Körpergröße, wie sie in asiatischen Ländern selten vorkam, stand vor ihnen. Er maß schätzungsweise sechs Fuß oder mindestens hundertfünfundneunzig Zentimeter, wirkte breit und massig trotz des dunklen Lederanzugs und des schwarzen Seidenhemdes, in das er gekleidet war.

Der Mann trug weder Rangabzeichen noch Orden. Bemerkenswert an ihm waren die Klappe, die ein beschädigtes Auge verdeckte, und die eiserne Hand, die als Ende einer Prothese aus seinem linken Ärmel ragte.

Trotz der Behinderung schien der Mann recht beweglich zu sein.

»Das ist Admiral Brandenburg«, stellte der Scheik vor, »dem Namen nach euch allen bekannt, meine Brüder, Kommandant der *Ventura*.«

Stehend berichtete Brandenburg vom Status der Vorarbeiten und daß sie so gut wie abgeschlossen seien.

»Wir sind bereit, gemäß den Plänen vorzugehen. Klar zum Einsatz, Gentlemen«, äußerte er überzeugend. »Ich warte nur auf Ihre Befehle.«

Zur Demonstration reichte er Fotos herum. Sie zeigten das Boot und die Besatzung. An Deck des U-Bootes *Ventura* waren etwa fünfzig Mann in sauberen Overalls ordentlich in Reih und Glied angetreten.

Die Auftraggeber schienen davon angetan.

»Alle Achtung ... vielversprechend ... macht einen guten Eindruck«, kommentierten sie. »Wenn Sie Ihre Leute so gedrillt haben, wie es aussieht ...«

»Ein Funkspruch genügt, Gentlemen, und ich hole die *Ventura* aus dem Loch ...«, Brandenburg verbesserte sich, »... aus dem Versteck.«

»Wo haben Sie das Boot denn hingebracht, Admiral?«

»Man könnte es eher verborgen nennen«, sagte der Perser, »einfach weggezaubert.«

»Soviel ich weiß, gelang es bis zur Stunde keinem der großen Geheimdienste, es zu finden. Weder mit Aufklärungsflugzeugen noch mit Beobachtungsschiffen, noch durch Agenten an den Küsten«, wandte der Asiate ein.

»Gestatten Sie, daß ich darüber schweige«, erwiderte Brandenburg.

Kopfnickend erklärte Scheik Ibn Afrud dazu sein Einverständnis.

Der Mann aus Asien fragte erstaunt: »Haben die Wände hier etwa Ohren?«

»Wie bei euch in China die toten Hunde, die Schreine vielleicht, der Springbrunnen, die Gläser, die Teller, das Obst, die Trauben, das Nachtgeschirr.«

»Oder sogar die Blumen«, ergänzte der Asiate aus schlechter Erfahrung.

Noch bevor sich Admiral Brandenburg wieder auf die Rückreise zu seinem zehntausend Kilometer entfernt liegenden U-Boot begab, sprach die Runde jeden der nächsten Schritte ab. Der Scheik gab die Marschroute vor.

»Noch Ende dieser Woche überreicht mein Emissär dem Premierminister in London, Downing Street Nr. 10, ein versiegeltes Dokument. Den anonymen Brief mit unseren Forderungen.«

»Und wann werden wir die Antwort in Händen haben?«

Afrud setzte sein überlegen arrogantes Scheiklächeln auf. »Angesichts der von den Briten geübten vornehmen diplomatischen Verzögerungstaktik vielleicht binnen einer Woche.«

Das mißfiel dem nervös gestikulierenden Perser.

»Angenommen, mit der Antwort dauert es noch länger.«

»Dann werden wir erst geduldig warten, dann ungeduldig werden und uns allmählich zu Unhöflichkeit steigern.«

Der Asiate sagte: »Und wenn sie negativ reagieren?«

»Dann reagieren wir auf ihre negative Reaktion ebenfalls negativ«, versicherte Scheik Afrud, »aber so, daß ihnen Hören und Sehen vergeht.«

Nicht ohne den kommenden Ereignissen mit Spannung entgegenzublicken, löste sich die Oman-Konferenz auf.

28

Ein in Taktik erfahrener und in Strategie geschulter Seeoffizier wie Admiral Lützow war gewohnt, Punkte zu vergeben. Stets beurteilte er eine Sache nach dem Für und Wider, verteilte Plus und Minus. Am Ende wurde zusammengezählt.

Wenn er seine private Affäre mit der Baronesse auf diese Weise hochrechnete, sah alles etwas anders aus. Objektiv kam er schlecht dabei weg.

Nach Ermittlungen des NATO-Geheimdienstes und der CIA hatte die Baronesse keine Staatsgeheimnisse verraten, aus Mangel an Detailkenntnis gar nichts weitergeben können. Sie hatte ihn also nicht belogen, sie hatte nur verschwiegen. Und die Treue hatte sie ihm nicht gebrochen, denn Treue hatten sie sich nie geschworen. Was Brandenburg betraf, galt der unter ihnen als Persona non grata. Im Grunde hatte die Baronesse versucht, ihre Familie, sich, ihren Sohn, ihr gemeinsames Leben mit Lützow in Kalifornien, vor Brandenburg zu schützen. Brandenburg, ein Verbrecher zwar und schuld am Tod von Lützows Ehefrau, galt aber vor dem Gesetz immer noch als ihr Ehemann.

In Brüssel hatte Lützow es versäumt, doch eines Tages wollte er mit der Baronesse das alles klären. Das Wort auflisten vermied er. Und vielleicht würde er ihr auch entgegenkommen. Eines Tages, nicht heute, nicht jetzt. Die Wunde eiterte noch.

Dorotheas Brief hatte er in seinem Hotelpostfach vorgefunden und nach einigem Zögern gelesen.

Ihre Andeutungen kündigten eine neue, noch nicht näher erkennbare Entwicklung an. Und wieder einmal war Brandenburg der Protagonist.

Noch wußte Lützow viel zuwenig darüber. Um den Teufelskreis der Grübeleien zu durchbrechen suchte er Ablenkung. Eine Einladung der britischen Regierung kam wie gerufen.

Mit anderen Flaggoffizieren der NATO-Verbündeten flog er nach Nordschottland. In Inverness sollte die Taufe des größten je gebauten Schiffes stattfinden.

Auch der Abwehroffizier, Fregattenkapitän Maxwell, begleitete die Delegation.

Von Admiral Lützow befragt, warum er denn mitkomme, sagte der Ire: »Holzauge sei wachsam, Sir. The big brother NIA, Navy Intelligence Agency, is watching You. In Schottland werden äußerst interessante Leute dabei sein. Ehrenhafte und auch etwas weniger ehrenhafte. Die mag ich besonders.«

Als sie in Schottland ankamen regnete es erst, später herrschte der landesübliche Nebel. Aber am Morgen kam die Sonne durch. Zehntausende von Menschen hatten sich auf dem Werftgelände am Sund versammelt. Sogar die Queen und Prinz Philip waren anwesend. Dann das übliche Brimborium. Musik, Ansprachen, Applaus, Fahnenknattern untermalten die Namensgebung. Pünktlich um 11 Uhr zerschellte die Champagnerflasche am Rumpf des Schiffes. Der Name wurde enthüllt. In goldenen Großbuchstaben prangte am Bug *TITANIC II.* –

Sirenengeheul. Der Gigant bewegte sich, rauschte majestätisch zu Wasser. Es war, als versinke der Montblanc langsam in den Fluten. Das Schiff war über vierhundert Meter lang, hatte 110000 Bruttoregistertonnen. Seine Turbinen, angetrieben vom Dampf zweier Atomreaktoren, leisteten eine Viertelmillion PS. Gut für fünfundvierzig Knoten Geschwindigkeit. Bei der neuen *TITANIC* gab es nur Superlative.

Lützow hatte schon große Schiffe gesehen, die Queen Mary und die neuen amerikanischen Flugzeugträger der Nimitz-Klasse, aber dieses Schiff war eine gewaltige Darbietung. Eine Wand aus Stahl wie ein Gebirge.

Ein neben Lützow stehender deutscher Admiral meinte: »Ich mag's eher eine Nummer kleiner. Wie will die Cunard-Reederei diesen Kasten jemals vollkriegen? Jetzt, bei der Zunahme des Luftverkehrs.«

»Hauptsache genug Geld wird dabei vernichtet. Das ist doch heute das Problem. Drucken und wieder vernichten. Die Anleger schreiben es von der Steuer ab«, bemerkte Lützow spöttisch.

Bei dem anschließenden Empfang drängte sich Maxwell an Lützow heran.

»Wir sollten zurückfliegen, Admiral«, zischelte er.

»Das ist doch erst für morgen geplant.«

»Die Engländer haben noch ein Attentat auf uns vor, Sir.«

»Na schön, dann sollen sie es ausüben«, feixte Lützow, »warum nicht hier?«

»In London«, deutete Maxwell geheimnisvoll an.

Lützow wollte zunächst nichts Näheres wissen. Er würde es ja doch erfahren.

Vom Londoner Flugplatz Heathrow brachte sie eine verdammt behördlich aussehende dunkelblaue Bentley-Limousine in die City.

Der Abwehr-Kapitän fragte: »Interessiert Sie gar nicht, was ich mit Ihnen vorhabe, Admiral?«

»Das ist Ihr Problem, Maxwell. Ich habe meine, Sie die Ihren. Sie werden schon wissen, was anliegt.«

»Wir fahren in die Queen Anne's Gate 21 hinter dem Saint James Park.«

»Dort machen wir kein Picknick, schätze ich, mit Würstchen und Sahne.«

»No, Sir, dort steht ein älteres Palais mit Sitz des britischen Geheimdienstes, Sir.«

»MI-6«, verstand Lützow, »Auslandsabteilung.«

Und so war es auch.

Man empfing sie in einem holzgetäfelten Raum des ersten Obergeschosses. Vor bodentiefen Sprossenfenstern ruhte ein massiger mit Filz bezogener Kajüttisch, darum herum Schiffsbilder an den Wänden und viel Bootsmessing. Die Engländer trugen modisches Zivil, Maßanzüge, grau. Alle hatten sie schmale Clubkrawatten zu kleinen Knoten gebunden.

Sie behandelten die Besucher mit höchst verdächtiger Aufmerksamkeit.

»Tee, Whisky oder Bourbon«, boten sie an.

Es ging also nicht um etwas Mittelprächtiges, sondern um etwas Großes.

Nach einem Glas Scotch nahm man in grünledernen Clubsesseln Platz. Die Briten kamen zur Sache.

»Sicher haben Sie von unseren Schwierigkeiten mit dem U-Boot *Ventura* gehört, Admiral Lützow. Durch unglückliche Umstände sank es vor Madagaskar im Taifun. Wir wollten es heben, doch es ist unauffindbar.« Pause. Ein anderer nahm den Faden auf.

»Wie, Admiral Lützow, kann nach Ihrer Erfahrung so etwas möglich sein, wenn man starken Sog oder unbekannte Tiefen einmal ausschließt?«

Admiral Lützow brauchte für die Antwort nicht lange zu überlegen. Er hatte bereits darüber nachgedacht.

»Nach dem Ersten Weltkrieg und auch nach dem letzten Krieg«, erzählte er, »wurden immer wieder vagabundierende U-Boote gesichtet und gemeldet. Sie durchgeistern die Weltmeere wie der liegende …«, fast hätte er sich versprochen. Im Gymnasium hatten sie, besonders im Musikunterricht, zur Verärgerung ihres Lehrers die Wagneroper stets verballhornt, von ›Fliegender Holländer‹ in ›Liegender Flohhändler‹. »… also wie der Fliegende Holländer. Sie tauchen auf, verschwinden wieder spurlos. Ein Spiel der Wellen und der Meeresströmungen. Die Maschinen laufen nicht. An Bord ist niemand oder nur Tote. Die Boote kommen hoch gleich uralten Walfischen, rostig, algenbehangen und verschwinden wieder. Lange hat man sich gefragt, wie das möglich ist, bis man dahinterkam, daß wohl die Druckluftbehälter beim Absaufen noch voll waren. Durch schadhafte Dichtungen drang Luft über die Leitungswege in die Tauchtanks. Sie drückte allmählich das Wasser heraus und versetzte das Boot in einen labilen Schwebezustand. So durcheilen sie mit den Gezeiten, im Labrador-, dem Golfstrom treibend, die Ozeane. Das kommt immer wieder vor. Man sichtet solche Erscheinungen wie – wie Ufos. Ähnlich könnte es auch Ihrer *Ventura* ergangen sein.«

»In so kurzer Zeit schon?« wurde gezweifelt.

Ehe Lützow antwortete, stellte er eine Gegenfrage. »Angenommen, die *Ventura* wurde unter Wasser ein Stück verschleppt und dann heimlich gehoben, wer könnte Interesse daran haben? Was gibt es so ergreifend Wichtiges an diesem Boot?«

Unter dem Siegel des Schweigens rückten die Engländer jetzt damit heraus.

»Die *Ventura* hatte zwei Torpedos an Bord, die mit Atomsprengköpfen versehen sind, Sprengkraft mehrere Megatonnen, ähnlich der Hiroshima-Bombe. Alles top, top secret.«

»Na Mahlzeit!«

Mit einem dicken Hund hatte Lützow gerechnet, aber nicht damit. Und jetzt, da die *Ventura* verschollen, praktisch unauffindbar war, standen die Zeiger auf Rot-Hundert.

Die MI-6-Gentlemen baten Lützow an eine wandlange Weltkarte. Sie war mit einer Vielzahl von Fähnchen bespickt.

Weiter führten die Gentlemen aus: »Die Suche in allen Meeren und Ozeanen brachte nichts.«

»Auch das ist mir bekannt«, äußerte Lützow.

»Selbst unsere Gegner im Kalten Krieg beteiligen sich an den Nachforschungen«, versicherte der verantwortliche MI-6-Chef. »Die Russen waren eifrig dabei, die Chinesen, sogar Diktatoren wie der Libyer Sidris I., selbst mit uns verfeindete Staaten kooperierten. Sie alle haben Interesse, daß wir unser Boot wiederfinden, und sie haben nachweislich nicht das geringste damit zu tun.«

Die Hände in den Hosentaschen, sah sich Lützow die Karte lange genug an. Die Engländer hatten wirklich überall gesucht und das technisch Mögliche getan. In Tausenden von Buchten, Flußmündungen, unterseeischen Verstecken, kleinen und großen Häfen zwischen Grönland und der Arktis, von England um den Erdball herum bis in die Karibik, war nachgeforscht worden.

»Was meinen Sie«, fragten sie nach einer Weile den offenbar in Gedanken schachspielenden Admiral, »als Experte dazu?«

»Atomtorpedos also«, äußerte Lützow. »Es wäre zu überlegen …«

Man unterbrach ihn.

»… haben wir schon. Die dafür in Frage kommenden Interessenten wurden soweit wie möglich abgecheckt.«

»Soweit Ihnen möglich«, schränkte Lützow ein, wobei nicht klar hervorging, ob er damit jede Quadratmeile meinte, die mit Wasser bedeckt war, oder ob er sich auf Interessengruppen bezog.

»Um so ein Zweitausend-Tonnen-Boot verschwinden zu lassen, bedurfte es immerhin erheblichen Kapitals und eines enormen Aufwands an Equipment.«

Mit der Äußerung von Vermutungen hielten sich beide Seiten noch zurück.

Doch am Ende rückten die Engländer mit einer Bitte heraus: »Können Sie, Admiral Lützow, vielleicht versuchen, für uns in dieser Sache tätig zu sein?«

Lützow blickte Maxwell an. Der schaute weg, zuckte nicht einmal mit den Schultern.

Dann nickte Lützow mehrmals und antwortete: »Nicht nur versuchen, Gentlemen, ich werde es wohl tun müssen.«

29

Im Navy-Department des NATO-Hauptquartiers Brüssel entwarf Admiral Lützow ein Programm, um die Suche nach dem britischen U-Boot *Ventura* noch einmal zu bündeln. Das war Anfang der Woche.

Doch schon fiel ein neuer Hammer.

Am Dienstag traf beim britischen Premierminister ein Dokument ein. Der Inhalt des Schreibens enthielt die Drohung, daß die *TITANIC II* abermals sinken würde, wiederum durch einen **»Eisberg«**. Eisberg war in Anführungsstrichen fett geschrieben. Zunächst löste die Drohung nur Gelächter aus. Doch der Nachsatz in dem Brief machte die Eingeweihten nachdenklich. Auf anzapfsicherer Fernschreiblinie erhielt das NATO-Hauptquartier Brüssel den Text des Briefes durchgetickert. Dazu einen kurzen Kommentar des MI-6.

Schon zwei Stunden nach Eingang lag er auf dem Schreibtisch von Admiral Lützow.

Der Erpresserbrief, der in London, Downing Street 10, bei der britischen Regierung einging, war in acht Sprachen ausgefertigt. In Arabisch, Englisch, Französisch, Chinesisch, Deutsch, Spanisch, Russisch und Neuhebräisch.

Im wesentlichen wurden darin folgende Forderungen aufgestellt:

1. Die Kriegsvorbereitungen Israels gegen Syrien und Ägypten sind sofort zu stoppen. Ein Blitzkrieg wie 1956 an Yom Kippur wird nicht hingenommen.
2. Die Waffenlieferungen an Israel sind sofort einzustellen. Ebenso ist zu verhindern, daß Israel die Atombombe baut. Zu gewährleisten ist dies durch internationalen wirtschaftlichen Druck. Die Einstellung der Arbeiten in Dimona ist durch ein neutrales Aufsichtsgremium zu garantieren.
3. Die Freilassung arabischer Widerstandskämpfer, darunter

Ben Abbi Habdul und sein Bruder, aus Gefängnissen in Tel Aviv, London und Bonn hat sofort zu erfolgen.

4. Die Bezahlung von 500 Millionen Pfund Sterling in bar oder auf ein noch zu nennendes Konto bei einer arabischen Bank muß garantiert werden.

Des weiteren hieß es: Sollten diese Forderungen nicht erfüllt werden, wird es der *TITANIC II* ergehen wie der alten *TITANIC*. Allerdings würde in diesem Fall die atomare Verseuchung des Ozeans verheerende Folgen haben.

Dann folgte noch ein interessanter Nachsatz, mit dem niemand etwas anzufangen wußte:

»Vergessen Sie Kapitän Theo von Müller nicht und was er im April 1912 vollbrachte.«

Dieses Postskriptum erzeugte zunächst Ratlosigkeit, aber keine allzu große Besorgnis, denn erwähnter von Müller war vermutlich längst stumm und tot.

Am Schluß des Erpresserbriefes wurde gefordert, die Bedingungen spätestens bis Mitternacht jenes Tages zu erfüllen, an dem die *TITANIC II* von Portsmouth in See stach.

Nach der Kurzanalyse des Briefes wurden Lützow einige Zusammenhänge klar. Die Briten würden keinesfalls auf die unverschämte Forderung eingehen, das widersprach der Tradition ihrer Politik. Und wer steckte hinter allem? Nur einer kam dafür in Frage: Sigurd Brandenburg und das, was er seinen »Atlantik-Coup« nannte.

Wurde die Erpressung erst bekannt, was nicht lange dauern dürfte, würde die Versicherungssumme der *TITANIC II* in astronomische Höhen klettern, falls das Schiff überhaupt noch zu versichern war.

Diese Entwicklung machte also akut erforderlich, daß man das vermißte britische U-Boot *Ventura* fand.

Zweifellos hatten es die Erpresser in der Hand, um sich des Bootes und seiner tödlichen Atom-Torpedos bei der Durchführung des Anschlages auf die *TITANIC II* zu bedienen. Lützow spürte, wie er unter Druck geriet. Er stand London im

Wort. Aber im Vergleich zu dem Druck und der Verantwortung, unter dem sich die britische Regierung befand, war der seine wohl zu vernachlässigen.

Mit der ihm innewohnenden Verbissenheit machte er sich an die Arbeit.

VI. TEIL

Der Auftrag

30

Die Augen schmerzten. Seit einer Woche saß Admiral Lützow täglich vierzehn Stunden am Stereobetrachtungsgerät für Luftaufnahmen. In den letzten Jahren waren sämtliche eisfreien Küsten der Kontinente, der Archipele wie der Inseln, von Fern- und Höhenaufklärern überflogen worden. Sie hatten Aufnahmen aus zweihundert bis zehntausend Metern geschossen. Speziell von Indonesien bis Ostasien und hinauf nach Sibirien ging Admiral Lützow noch einmal alle Häfen, Flußmündungen und versteckten Buchten durch.

Wie befürchtet, war das verschwundene britische U-Boot *Ventura* nicht zu finden. Nicht ein Schatten davon. Aber irgendwo mußte das Boot, das gewiß instand gesetzt worden war und von einem erfahrenen U-Boot-Mann kommandiert wurde, ja stecken. Wahrscheinlich hieß dieser erfahrene Kommandant Sigurd Brandenburg, der Piratenadmiral.

In einer zweiten Großaktion ließ Lützow auch in bekannten unterseeischen Höhlen an den Küsten, bei den Vulkaninseln und an den Festlandsockeln nachforschen. Die Marinen der mit dem Westen befreundeten Länder arbeiteten dabei eng zusammen. Abermals ohne Ergebnis.

Verbissen brütete Lützow über den Seekarten der Welt. Schließlich kam er soweit, daß nicht einmal kannenweise starker Kaffee ihn noch aufrecht hielt, so erschöpft war er und nahe am Aufgeben. Nicht, daß er den Faden verloren hätte – er fand dessen Anfang überhaupt nicht.

An diesem toten Punkt half nur Schauplatzwechsel.

Lützow packte die Sache von einem anderen Ende an und flog nach Berlin.

Im Archiv der ehemaligen Seekriegsleitung hoffte er weiterzukommen. Eine Sondergenehmigung der Bonner Regierung, sie reichte über die Rechte des Besatzungsstatuts hinaus, gestattete ihm den Zugang und das Studium von Verschlußakten.

Zunächst wollte er vom Amtschef wissen, ob es Kopien davon gab. Seine Frage wurde bejaht. Bürokarren, beladen mit Ordnern und Schnellheftern, kamen angerollt.

»Das hier sind alle Kopien«, erklärte der Direktor erleichtert, »Gott sei Dank gibt es wenigstens die. Sämtliche Originale haben die Russen mit nach Moskau genommen.« Unter den verstaubten Aktenstößen, die streng nach preußischer Ordnung in Jahrgänge eingeteilt waren, fand Lützow endlich die Spur, die in dem Erpresserbrief aufgetaucht war: »Vergessen Sie Kapitän Theo von Müller nicht.« Dazu die Jahreszahl 1912.

Lützow sondierte also Marineakten von und bis 1912. Nach Tagen stieß er auf ein versiegeltes Geheimprotokoll. Das Siegel war gebrochen. Auf dem Aktendeckel stand:

– Kapitänleutnant von Müller / *U-11* –

Ein deutlicher Hinweis.

Während er die Akte studierte, sprach er mehrmals mit dem Archivleiter.

Besorgt fragte Lützow: »Haben die Russen auch die *U-11*-Akte mitgehen lassen?«

»Sämtliche Verschlußakten«, hieß es.

»Wie ich hier lese, sollte diese Akte 1918 bei Kriegsende vernichtet werden.«

»Das gehörte damals zu den Anordnungen häufig wechselnder Regierungsstellen«, erklärte der Herr über Millionen von Dokumenten, »doch was ein pflichtbewußter Archivar ist, der wird kein Dokument jemals vernichten, ohne eine Zweitschrift, einen Auszug oder eine Notiz anzufertigen.«

Die *U-11*-Originalakte lag also auch in Moskau. Was Lützow jedoch beruhigte, war die Hoffnung, daß nicht alle Akten in einer fremden Sprache dort auch gelesen wurden. Doch wie der Teufel es will, gibt es meist einen, der so ein Geheimnis ausgräbt. Verschlußakten besitzen stets eine mystische Anziehungskraft. Und dann gab es ja noch einen, einen ganz besonders Neugierigen, der perfekt Deutsch sprach und wahrscheinlich sogar Sütterlin-Handschrift lesen konnte. In diesem Fall hieß er vielleicht Sigurd Brandenburg. Immerhin ergaben weitere Nachforschungen des Admiral Lützow, daß der *U-11*-Kommandant, Kapitänleutnant von Müller, noch existierte.

1935 war er nach endloser Gefangenschaft begnadigt worden. Mit einer minimalen Staatsrente lebte er, heute 86jährig, irgendwo in Oberbayern.

Über eine Dienststelle der Bundesversicherungsanstalt, welche die Renten zur Auszahlung brachte, erfuhr Admiral Lützow von Müllers Adresse in Bayrischzell.

Lützow besuchte den weißhaarigen alten Mann. Er bewohnte ein kleines Häuschen mit grünen Fensterläden und Steinbockgeweih über der Tür. Es war auf oberbayrisch hergerichtet, hatte aber einst dem Reichsarbeitsdienst als Baracke gedient.

Von Müller war von dem Admiralsbesuch zunächst verblüfft, dann geehrt. Als ihm Lützow den Grund seines Kommens nannte, erzählte er frei von der Leber weg, erst recht, nachdem er verstanden hatte, daß sie beide ehemalige U-Boot-Kommandanten waren.

Von da ab stellte sich sogar eine Art Sympathieverhältnis ein. Da alles längst verjährt war, berichtete von Müller ohne Einschränkung von dem unglaublichen Geschehen in jenen dramatischen Stunden anno 1912.

»In meinem Leben gab es zwei Gefühle«, stellte er voran, »Liebe und Haß. Kaum war die Liebe entstanden, wurde sie durch den Haß getötet.«

Lützow erfuhr die ganze Story: Von *U-8* über von Müllers Londoneinsatz als Marineattaché und *U-11* bis zum 15. April 1912, als seine Rachegefühle explodierten.

Von Müller erzählte, wie er nachts auf dem Kurs der *TITANIC* versteckt hinter einem Eisberg gelauert und wie er das Riesenschiff mit zwei Torpedos in die Tiefe geschossen hatte. »Und die tausend Unschuldigen, die damit untergegangen sind?« fragte Admiral Lützow über die Kälte des Alten bestürzt.

»Ich wollte diese Winslows und ihren ganzen Mikrokosmos auslöschen«, berichtete von Müller, »ich war wie von Sinnen. Eigentlich sollten mich noch heute die Schreie der vielen anderen Menschen, der Ertrinkenden, im Traum verfolgen. Doch ob Sie es glauben oder nicht, ich schlafe gut. Verdammt gut sogar. Bin mir keiner Schuld bewußt. Nur der Haß auf diese verdammten Winslows sitzt nach wie vor in mir.«

Lützow hatte seine Zweifel. Er gewann den Eindruck, daß hier etwas nicht stimmen konnte.

Vorsichtig, bemüht in vertraulichem Ton zu sprechen, formulierte er seine Frage: »Wie viele Torpedos war Ihr Haß wert, Herr Kapitänleutnant von Müller?«

Der Alte gab sich einen Ruck und setzte sich kerzengerade. »Zwei T-04-Preßluft, Einstelltiefe drei Meter, Aufschlagzünder, Distanz 1200 Meter, Unterwasserschuß.«

»Und Sie trafen?« setzte Lützow nach.

»Na klar. Torpedoschießen war eine von meinen leichten Übungen. Wir alle, fünfzig Mann im Boot, hörten die Aufschläge. Bum-bum!«

Lützow beugte sich weiter vor und präzisierte: »Die Aufschläge hörten Sie. Die Treffer also.«

»Ja, die Treffer«, lautete die Antwort. Aber um von Müllers Augen zuckte ein Muskel.

Jetzt legte Lützow den Finger voll in die Narbe der Wunde. »Auch die Detonationen der Torpedos registrierten Sie?« Das Muskelzucken im Gesicht des Alten verstärkte sich. Er atmete schwer. Dann keuchte er los, fast wütend, als halte er es nicht mehr aus: »Sie sind verdammt der erste, der mich danach fragt. Nur weil Sie professionell mitdenken, meine Antwort darauf, Herr Admiral: Okay, die zwei Torpedos trafen, aber es waren Blindgänger. Fehlschüsse. Keine Explosion. Vielleicht Versager wegen der Kälte.«

Nach Preisgabe der Wahrheit wirkte der Alte erschüttert. Sein Rachezug war also fehlgeschlagen.

»Aber dann kam ja der Eisberg und führte zu jenem Ende, was mir mißlang.« Setzte er noch hinzu.

Schweigend saßen sie sich an dem groben Bauerntisch gegenüber. Es dauerte lange, bis Lützow wieder Worte fand. »Und dafür hat man Sie und Ihre Männer lebenslänglich eingesperrt.«

Von Müller hob die knochigen Schultern.

»Ich habe wirklich alles versucht, aber was wollte ich machen. Die Fakten sprachen gegen uns. Einmal war da der Brief an meine Mutter, in dem ich von meinem Plan schrieb und mein Motiv darlegte. Dann die gefälschten Meilenangaben bis Neufundland, die manipulierten Standorte, die zwei fehlenden Torpedos. Jeder Mann im Boot hatte schwören müssen, daß die Aale auf die *TITANIC* abgefeuert worden waren, daß sie trafen und daß wir das Schiff wenig später sinken sahen. Erdrückende Beweise.«

»Und die Eisbergkollision«, erinnerte ihn Lützow, »war das keine Entlastung?«

Der Alte hob die Augen nahezu inständig gen Himmel.

»Mann Gottes! Die Eisbergtheorie wurde in Berlin erleichtert zur Kenntnis genommen, aber nicht zu meinen Gunsten. Es ging nur darum, jeden Ärger mit England zu vermeiden.«

»Bevor die deutsche Flotte kriegsbereit war.«

Von Müller bestätigte diese Auffassung.

»Siehe die Schlacht am Skagerrak am 31. Mai 1916. Die größte Schlacht der Welt zur See, als wir drei britische Schlachtkreuzer und zwei Panzerkreuzer versenkten. Salamis war ein Kinderspielplatz dagegen. Achtunddreißig schwere englische Einheiten standen nur einundzwanzig deutschen Schiffen gegenüber. Selbst nach Stunden tödlicher Kanonaden waren wir noch kampfbereit. Während die feigen Herren Engländer bereits Richtung Heimat davondampften. Aber das nur nebenbei. Nach unserer Rückkehr aus dem Atlantik mit *U-11* sprach einfach alles gegen uns. Es gab zu viele Beweise gegen meine kümmerliche Darstellung der Wahrheit. Im nachhinein vorgebracht, hielt man sie für Ausflüchte, für Lügen. Denn merke: Ein deutscher Torpedo versagt niemals. Jawohl, Herr Admiral, so war es und so begann die Legende.«

Voll Stolz trug von Müller noch den Roten Adlerorden, der ihm 1910 vom Kaiser für seine Verdienste bei der Erprobung von U-Booten verliehen worden war. Der alte Mann, nun einmal in Fahrt gekommen, hörte nicht auf zu erzählen. Es sprudelte aus ihm heraus wie aus einem kochenden Geysir, und alles stank ein wenig schwefelig.

»Fünfundzwanzig Jahre Gefangenschaft unschuldig verbracht. Die Zeit, die Ereignisse zogen an uns vorbei. Draußen die Welt, wir hinter Mauern. Wir erfuhren nicht viel, aber was wir hörten, hat sich mir eingeprägt. Zu Beginn des Ersten Weltkrieges 1914 saßen wir schon im Windhuk-Fort in Deutsch-Südwestafrika. Die wirtschaftliche Rivalität zwischen Deutschland und England bestimmte die Lage, trieb die Spannungen hoch. Die Gegensätze in der Kolonialpolitik und das Ringen um die Seegeltung förderten die Erbfeindschaft. Die Ermordung des österreichischen Thronfolgers in Sarajewo lieferte dann den Zündfunken für den Krieg.« Unvermittelt begann der Alte zu grinsen. »Kennen Sie diesen erstklassigen Sarajewo-Witz, Lützow?«

»Ich kenne ihn.«

»Ich erzähl' ihn trotzdem. Ein junger Mann rettet eine Fee vor dem Ertrinken und hat zwei Wünsche frei. Er wünscht sich ein Schloß und eine Prinzessin. Er bekommt beides. Da liegt er nun in seinem Schloß in seinem Himmelbett mit der wunderschönen Prinzessin und schläft. Mit einem Kuß weckt ihn die Prinzessin eines Morgens und sagt zu ihm: ›Franzl, wach auf, wir müssen heut nach Sarajewo.‹«

Nur der Alte lachte darüber, kurz und hektisch. Dann wurde er wieder ernst.

»Nichts wußten wir von alldem, was draußen geschah. Nichts von dem blutigen Ringen in Frankreich, vor Verdun und Duomont, von dem U-Boot-Krieg, dem Wahnsinn seiner Einschränkung und dem Schaden, der damit von Berlin angerichtet wurde. Die Engländer drohten mit Blockade, falls der Kaiser den totalen U-Boot-Krieg nicht aufheben würde. Also hob er ihn auf. Der Befehl lautete: Nur eindeutig als Kriegsschiffe erkannte Gegner dürfen aus Unterwasserposition torpediert werden. In jedem anderen Fall mußte das U-Boot auftauchen und mit der Kanone kämpfen. Das bedeutete also, sie sichteten einen Frachter oder Passagierdampfer, sie kamen hoch, und ehe sie Hallo sagen konnten, ließ der vermeintlich unbewaffnete die Hüllen von seinen Kanonen fallen, beschoß und versenkte die Kameraden. U-Boot-Fallen nannte man das damals. Eigentlich ein Glück, daß ich diesen Irrsinn nicht miterleben mußte. Und das Ergebnis? Binnen kurzem verhängten die Engländer dann doch die Blockade, und der uneingeschränkte U-Boot-Krieg wurde wiederaufgenommen.«

Kaum, daß er Luft holte, fuhr von Müller fort: »Wie es weiterging, wissen Sie als gebildeter Mensch ja wohl. Die USA traten in den Krieg ein, die materielle Übermacht führte zur Niederlage der Mittelmächte. In Rußland siegten die Bolschewisten durch Revolution. Zar tot. Die rote Fahne flattert uns voran. 1919 der Friedensvertrag von Versailles. Thronverzicht des Kaisers und der Habsburger. Deutschland verliert riesige Gebiete in Ost und West. Die Kolonien kommen unter Mandatsverwaltung. Die Reparationsverpflichtungen führen letzten Endes zu sechs Millionen Arbeitslosen. Und weil Deutschland nicht zahlen konnte, marschierten die Franzosen im Ruhrgebiet ein, was die Zahlungsfähigkeit aber auch nicht förderte. Über das Völkerbunddrama möchte ich gar nicht lange reden. Die Weltwirtschaftskrise 1929 gab uns den Rest. Die Folge davon war, daß die Nazipartei mit ihren Versprechungen allmählich die Mehrheit im Reichstag erhielt. Die anderen Parteien waren unfähig. Die Russen hatten jetzt ihren Stalin, und wir hatten unseren Hitler. Nach Hindenburgs Tod – ich war 1919 schon mit den letzten noch lebenden Männer der *U-11* nach Helgoland reportiert worden – erschien vor unserem Gefängnis eine Delegation. Wir wurden freigelassen, bekamen sogar eine Art Pension.«

»Ehrensold«, bemerkte Lützow ironisch.

»Nun bin ich der einzig Überlebende.«

»Und gelohnt hat es sich wohl auch nicht.«

»Was?«

»Die Rache eines um seine Liebe Betrogenen.«

Der Alte zog ein Lid nach unten.

»Niemals lohnte sich je etwas, verehrter Herr Admiral. Und was Lady Sarah Winslow betrifft ...«

»Sie hörten noch einmal von ihr?«

»Spät, viel zu spät. Sie soll einen schottischen Bankier geheiratet haben, bekam vier Kinder und neun Enkel.«

Fast traurig kam von Müller allmählich zum Ende.

»Heute würde ich das mit der *TITANIC* wohl anders handhaben ...«, eine Weile blieb er stumm, »... heute«, wiederholte er noch einmal, »würde ich es angesichts der neuartigen Ortungs- und Abwehrmittel natürlich total anders machen.«

»Wie denn?«

»Das verrate ich nicht.«

»Niemandem?«

»Wohl kaum, Herr Admiral. Wozu auch, kleine Geheimnisse erhöhen das Wohlbefinden.«

Der alte Mann hatte sich so genau an alles erinnert, daß Lützow annehmen mußte, er habe erst vor kurzem Aufzeichnungen darüber verfaßt. Von Müller leugnete dies zwar, Lützow fürchtete aber, daß er nicht die Wahrheit sagte. Auch ging es ihm offenbar besser, als seine karge Rente dies zuließ. Er besaß ein modernes Fernsehgerät, Plattenspieler, bequeme teure Sitzmöbel, hübsche Beleuchtungskörper und eine relativ gut ausgestattete Küche.

Gerne hätte Lützow noch andere Besatzungsmitglieder von *U-11* befragt.

»Bedaure, Admiral, die sind alle tot«, erfuhr er.

Zuletzt erkundigte sich Lützow noch wie nebenbei: »War ein gewisser Admiral Brandenburg bei Ihnen?«

Mit einer Geste der Verlegenheit wischte sich von Müller das Staunen vom Gesicht.

»Wer ist das?«

»Ein Mann mit Glasauge und Armprothese.«

»Nie gesehen. Bedaure.«

Nachdem er von Müller verlassen hatte, fragte Lützow noch in der Nachbarschaft herum. Dort erfuhr er, daß der alte Rentner, der weder Angehörige noch Familie und kaum Freunde hatte, in letzter Zeit des öfteren Besuch bekam. Immer von einem Mann in einer großen amerikanischen Limousine. Allerdings mit fremden Kennzeichen. Seitdem ging es dem Alten offensichtlich finanziell besser.

Lützow ließ nicht locker.

»Was für ein Kennzeichen führte der Wagen?« wollte er wissen.

Es sei schlecht lesbar gewesen, hieß es. Nur krumme Linien wie Kommas und Punkte, Kringel und Halbkreise. Vielleicht ein arabisches Diplomaten-Nummernschild. Lützow erkundigte sich, ob der Besucher vielleicht eine Augenbinde getragen habe. Vielleicht ja, meinten die Nachbarn. Mit Sicherheit könne es jedoch niemand sagen. Womöglich sei es eine Sonnenbrille gewesen.

Lützow hingegen war absolut sicher. Nur einer, der in Moskau die beschlagnahmte kaiserliche *U-11*-Akte in Deutsch entziffert hatte, nur der konnte auf die Idee mit der *TITANIC II* gekommen sein. Und mit Hilfe der Akten hatte er auch von Müllers Aufenthaltsort herausgefunden. Dieser Mann hatte den Alten in Bayrischzell besucht, ihm ein Dollargeschenk gemacht und dafür interessante taktische Hinweise, eben all das, was von Müller heute verschwiegen hatte, erhalten. Kein Zweifel, Brandenburg war hier gewesen.

– Killroy was here! –

31

Den Heimweg nahm Lützow über die gewundene Straße, die nach Brannenburg führt und Tatzelwurm genannt wird. Auf der Fahrt nach Norden kam er durch einen merkwürdigen Tunnel. Verhältnismäßig schmal, sind seine halbrunden Innenwände nicht vermauert, sondern nur grob behauen. Sickerwasser tropft herunter und macht die Straße matschig. Diese feuchte Tunnelröhre löste in Lützow eine Erinnerung aus, die er für wichtig hielt.

Vor vielen Jahren, vielleicht als Gymnasiast, hatte er einen seinerzeit schon uralten Roman gelesen. Sein Vater hatte Fortsetzungsromane aus Zeitungen ausgeschnitten und gesammelt. Um so eine Geschichte in sechzig Teilen hatte es sich gehandelt. Damals, als Lützow darauf gestoßen war, waren die Blätter bereits vergilbt gewesen.

In diesem Roman war ein endlos langer, ein dunkler feuchtschlammiger Tunnel beschrieben worden … Aber wo zum Teufel war das gewesen?

Während der Rückfahrt nach München ließ ihn dieser Einfall nicht mehr los. Vielleicht ließ er sich mit dem verschwundenen englischen *Ventura*-U-Boot in Zusammenhang bringen. In München graste Lützow eine Reihe von Antiquariaten ab und bemühte sich, den Buchhändlern immer wieder klarzumachen, was er suchte.

»Es ist nicht der ›Graf von Monte Christo‹, auch nicht ›Die drei Musketiere‹«, bemerkte er dazu.

»Die wären bekanntlich von Alexandre Dumas.«

»Was ich suche, wurde von einem Russen geschrieben. Er hatte in Petersburg um die Jahrhundertwende eine ähnliche Bedeutung wie Dumas in Frankreich. Glaube ich.«

»Den Titel des Romans wissen Sie wohl nicht mehr?«

»Bedaure.«

»Auch nicht ungefähr?« erkundigte sich der freundliche Buchhändler.

Lützow versuchte es zusammenzukriegen. Er zermarterte sein Gehirn. »Der Gefangene von Irgendwo. Ich glaube von einer Insel in einem sibirischen Meer.«

»Eine Art Gulag-Roman würde man das heute nennen.«

»Der Autor könnte Ustinev oder so ähnlich geheißen haben.«

Der Buchhändler verschwand hinter einem mit Stapeln von Büchern überhäuften Tisch, blätterte in einem uralten Verlagskatalog, oder war es ein Autorenverzeichnis. Dann nickte er und murmelte: »Aha, vielleicht Prestinow.«

Wieder in einem anderen Raum, der nur aus Bücherregalen bestand, telefonierte der Antiquar. Das Gespräch dauerte ziemlich lange. Endlich kam er wieder zum Vorschein und strahlte breit über das Gesicht.

»Das hat mich bei meiner Ehre als Bücherwurm gepackt. Leider werde ich keinen Pfennig daran verdienen, aber der Erfolg ist mir mehr wert als Geld. Manchmal ist die Befriedigung, einem Kunden helfen zu können, größer, als wenn ich ihm drei Erstausgaben verkaufe.«

Lützow bekam die Adresse einer anderen antiquarischen Buchhandlung hinter der Universität in der Amalienstraße und fuhr gleich hin. Der Gesichtsausdruck des nächsten Buchhändlers glich einer Mischung aus Freude und Bedauern. Er hatte das Exemplar bereits herausgesucht.

»Es steckte hinten oben unten und war total verstaubt, denn es liegt bereits seit vierzig Jahren hier. Mein verstorbener Vater muß es bei einer Bibliothekauflösung übernommen haben. Zustand leider zehn minus.«

Lützow hielt den ehemals blauen, inzwischen angemoderten und verblaßten Leinenbuchdeckel schräg ans Licht und buchstabierte: »Der Gefangene von Sachalin.«

Das Exemplar durchzublättern war kaum möglich. Die Seiten bestanden fast nur noch aus groben Fetzen und Papiermehl.

»Von Säure zerfressen«, vermutete Lützow, »oder eine noch ältere Zerstörung.«

»Keine Säure«, widersprach ihm der Buchhändler, »wie sie sich heute oft bildet. Sie verwendeten damals einfach schlechtes Papier. Es ist ein ganz normaler Auflösungsprozeß. Vergessen Sie nicht, das Buch wurde vor siebzig Jahren gedruckt. In Rußland.«

Nach einem Blick in den Einbanddeckel verbesserte ihn Lützow: »Vor fünfzig Jahren, wie mir scheint, printed in London.«

»Und nicht zu vergessen, es überstand die Bombennächte im Krieg.«

Das Exemplar war leider unleserlich. Die zerfallenen Seiten würden sich auf keine noch so aufwendige Weise restaurieren und lesbar machen lassen. Lützow kaufte das Buch trotzdem zu einem nahezu lächerlichen Preis. Er bekam es in einer Plastiktüte mit.

Zunächst fuhr er ins Hotel ›Vier Jahreszeiten‹, ließ einige Whisky auf sein Zimmer kommen, entspannte und überlegte, was zu tun sei. Er war zuversichtlich, daß er in diesem Buch einen Hinweis finden würde. Er hatte es im Gefühl, und auf sein Gefühl konnte er sich verlassen.

Die Erinnerung an die Gefangenengeschichte wurde immer plastischer. Der Roman behandelte das Leben eines Mannes, der gegen das Zarenregime kämpfte und deshalb verbannt worden war.

Spontan griff Lützow zum Telefon und rief im Hauptquartier des Nachrichtendienstes der Bundesrepublik Deutschland im Münchner Vorort Pullach an. Bis jetzt hatte er nicht viel mit dem BND zu tun gehabt. Aber es gab ein paar Leute dort, die ihn von NATO-Konferenzen her kannten. Prompt erreichte er sie. Rasch erklärte er, um was es ging, betonte aber auch, daß es sich nicht um ein privates bibliophiles Anliegen handle, sondern um ein akutes NATO-Problem. Er bat die BND-Leute darum, alles zu tun, um in der Bundesrepublik oder in Europa ein Exemplar des Prestinow-Romans ›Der Gefangene von Sachalin‹ ausfindig zu machen.

»Ich lasse Ihnen das noch schriftlich von Brüssel bestätigen«, versicherte er, »wegen Nachforschungen in englischsprachigen Ländern setzte ich mich mit MI-6 London und CIA Washington in Verbindung.«

»Sie hören von uns, Herr Admiral«, versicherte ihm der Kollege in Pullach.

Das BND-Hauptquartier München war inzwischen von MI-6 London und der CIA unterrichtet worden. Die Verbündeten hatten offiziell um Unterstützung gebeten.

Daraufhin hatte der BND jede nur mögliche Hilfestellung zugesagt. Seine Experten durchstöberten Literaturverzeichnisse bis zurück zur wilhelminischen Zeit. Gleichzeitig wurde in Bibliotheken und Antiquariaten nach dem Roman ›Der Gefangene von Sachalin‹ gefahndet. Dort, wo die Buchbestände bereits hollerithmäßig eingespeichert worden waren, ging das verhältnismäßig schnell. Anderswo mußten noch die Handkartei gesichtet oder Mikrofilme gelesen werden.

Wie sich allmählich herausstellte, war das Werk Alexander Prestinows nach dem Ersten Weltkrieg, etwa um 1918 herum, in der Berliner Morgenpost als Fortsetzungsroman abgedruckt worden. Aus dieser Zeit gab es im Verlag leider keine Archiv-Exemplare mehr. Alles war im Zweiten Weltkrieg durch Brandbomben zerstört worden.

Doch beim BND gab man nicht gleich auf. Man griff auf die Wiesbadener BKA-Kartei zurück und beschaffte sich eine Liste von privaten Sammlern bibliophiler Kostbarkeiten und Raritäten. Sie wurden der Reihe nach angerufen. Doch kein einziger hatte je von Alexander Prestinow gehört, geschweige denn den Roman in seinen Regalen. Daraufhin weitete man den Suchkreis auf Bibliotheken im EG-, im NATO- und Warschauer-Pakt-Bereich aus. Doch von überallher kamen nur Fehlanzeigen. Selbst in der UdSSR war kein Exemplar aufzutreiben. Beinahe sah es so aus, als seien alle noch existierenden Drucke systematisch von unbekannter Hand aufgekauft worden.

Doch dann ereignete sich das Wunder. Ein Antiquariat in Heidelberg, das Bücher aus dem Nachlaß eines polnischen Emigranten zu einem lächerlichen Kilopreis – gewissermaßen als in Leder gebundenes Altpapier – ersteigert hatte, fand ein Exemplar. Allerdings in Originalsprache.

Der Emissär des BND versuchte das Buch auszuleihen. Der Geschäftsinhaber war jedoch nur bereit, es zu verkaufen. Er langte satt hin und forderte fünfhundert Mark für die zerfledderte Schwarte.

Wohl oder übel ging man auf den Preis ein. Per Kurier erreichte das Buch endlich das BND-Hauptquartier. Ein Experte der Rußlandabteilung machte sich ans Lesen. Vorher wurde er eingeweiht, worauf es im besonderen ankam. Tatsächlich fand er in einem Kapitel die gesuchten Hinweise. Das Kapitel wurde übersetzt, ins Reine getippt und per Fernschreiber nach Brüssel getickert.

Jetzt endlich, nach wochenlanger Nachforschung, hatte Admiral Lützow das Gesuchte in Händen. Er hängte das Telefon aus und schloß die Bürotür ab, um nicht gestört zu werden. Dann fläzte er sich in den Lounge-chair und vertiefte sich in die Lektüre des Romanauszuges.

32

Der Roman ›Der Gefangene von Sachalin‹ von Alexander Prestinow, übersetzt aus dem Russischen von Michael Leztky, Ostabteilung des BND-München.

KAPITEL XVII

Der Sommer hat uns kaputtgemacht mit schwüler Hitze und Gonorrhöe, die unsere unterernährten Körper entkräftete. Jetzt im Herbst planen sie ein neues Arbeitsprogramm. Und das wird uns töten. Alle. Auch die Gesunden.

Onegin, mein bester Freund, hat hohes Fieber. Er ist unfähig zu arbeiten. Ich leiste, so gut ich kann, seine Arbeit mit. Nachts spricht er im Fieber. Wenn er wach ist, hat er jede Erinnerung verloren.

Er fragt mich: »Wo sind wir hier, Bruder?«

»Im Straflager Schwarze Klippe.«

»Wie lange schon?«

»Zehn Jahre werden es bald.«

»Welches Jahr haben wir?«

»Neunzehnhundertsieben, Bruder.«

»Wer brachte uns hierher?«

»Unser geliebter Zar Nikolaus der Zweite.«

»Warum sind wir hier?«

»Weil es eine Strafe gibt für Mörder, Verbrecher aller Art und Revolutionäre wie dich und mich. Und diese Strafe lautet Zwangsarbeit, Bruder.«

»Hat«, setzte der Kranke an, »der Zar den Krieg gegen Japan verloren? Haben die Japaner jetzt die Inseln?«

»Ja, einige.«

»Warum läßt man uns nicht frei?«

»Weil man uns vergessen hat«, sage ich zu ihm.

Zwei Tage später ist Onegin tot. Wir tragen ihn hinaus und werfen ihn in die Grube zu den anderen Toten. Zwei Schaufeln Kalk darüber.

Seit Wochen nur verdorbenen Fisch und faule Kartoffeln. Gerüchte gehen um. Der Militärgouverneur bat den Zaren, die Insel umzutaufen, damit Ansiedler kommen. Allein schon bei dem Namen Sachalin erschauert jeder.

Aber wozu Ansiedler? Wir in den Todeslagern erledigen doch alles, was nötig ist, in dem verfluchten Land. Und auch das Unnötige, wie jetzt dieses tiefe Loch.

Wir fällen Bäume, zersägen sie zu Balken und Brettern und verschiffen sie. Wir graben nach Kohle und Gold. Wir versuchen uns zu ernähren, indem wir Kartoffeln und Kraut anbauen und Fische aus dem Meer holen. Und jetzt noch dieses riesenhafte unsinnige Loch in der Erde. Da paßt eine Burg hinein. Keiner weiß wofür.

Noch ein Gerücht kommt auf: Die Straflager sollen angeblich geschlossen werden. Man will uns freilassen. Aber wir müssen hierbleiben als Verbannte, lebenslänglich, an diesem Ort unendlicher Leiden, des Elends, der Kälte und Nässe, auf dieser Insel ohne Himmel. Der Satan hat sie im Zorn geschaffen. Und was tat Gott indessen?

Wer krank ist und arbeitsunfähig, den legen sie über Nacht hinaus in den Frost. Lebt er am Morgen noch, wird er erschossen. Oft auch erschlagen, um Munition zu sparen. Nicht einmal eine Gewehrpatrone sind wir ihnen wert. Und immer wieder die 14-Stunden-Schicht am großen Loch.

An einem flachen Stück der Küste, wo man hinüberschauen kann zum Festland, beißen wir uns in die Tiefe, in gerader Richtung auf das Meer zu. Es gibt Ingenieure unter uns. Sie äußern eine schlimme Vermutung. Der eine hat es gehört, der andere hat Pläne gesehen. Es soll ein Tunnel gegraben werden unter dem Meer hindurch zum Festland hinüber. Sieben Kilometer lang. Das Meer ist hier seicht, aber der Tunnel muß so tief unter dem Meeresboden verlaufen, wie Wasser über dem Meeresboden steht. Die Sohle des Tunnels liegt also achtzig Meter unter der Erde. Schräg führt das Loch, das wir graben, hinein.

Wir haben kaum Werkzeug, nur selbstgemachte Schaufeln und Hacken. Sie werden im Lager geschmiedet. Aus Eisenerz, das sie aus dem Berg holen und erst schmelzen müssen. Die Schaufeln sind schwer, denn wir können kein Blech walzen, und der Guß taugt auch nichts.

In Säcken muß der Abraum fortgetragen werden. Von endlosen Kolonnen schwankender Gestalten. Vierzehn Stunden Arbeit im Loch. Hinweg vom Lager und Rückweg ins Lager je eine Stunde. Bleiben noch acht Stunden zum Schlafen. Ich bin verdreckt und verlaust. Die Läusebisse entzünden sich und eitern. Meine Füße sind offen. Ich habe wieder Husten. Ich möchte sterben. Wenn ich nicht bald sterbe, bringe ich mich um. Vielleicht bricht der Tunnel irgendwann einmal über uns zusammen.

Der Tunnel, schon einen Kilometer lang, ist an einer Stelle eingestürzt und hat neunzig Gefangene getötet. Wir graben sie aus. Sie sind schrecklich zugerichtet. Erschlagen vom Erdreich, erwürgt, erstickt, verkrampft. Wir tragen sie hinauf. Man wirft sie ins Meer. Die Strömung in der Meerenge zieht sie fort.

Jetzt wird der Tunnel durch Balken und Planken besser abgestützt. Sickerwasser bildet am Boden knietiefen Schlamm. Durch den waten wir, wenn wir arbeiten. Unvorstellbar, wie wir dursten. Dreck, Hitze, tief im Tunnel die verbrauchte Luft, dazu ein Gestank aus Schweiß, Kotze, Urin und Scheiße. Jetzt im Frühjahr wird alles noch schlimmer. Der Regen kommt, und dann kommen die Mücken. Dieses Jahr sterben mehr weg als neue Gefangene vom Festland herübergebracht werden. Jeder einigermaßen Gesunde muß zu der Baustelle am Tunnel. Wozu bloß dieser Tunnel? Sie sagen, damit der Verkehr vom Festland auch bei schlechtem Wetter aufrechterhalten werden kann.

Von dreihundertsechzig Tagen sind hier hundert stürmisch, an hundert herrscht dichter Nebel, und im Winter setzt Treibeis die Meerenge zu. Da kommt kein Kutter durch und kein Dampfschiff. Vielleicht ein paar Wölfe laufen herüber.

Einer hat mir die gleiche Frage gestellt wie Onegin in seiner letzten Nacht, bevor er starb.

»Welches Jahr haben wir?«

Ich glaube 1909.

Wir legen einen Knüppeldamm zum Tunnel. Er führt mitten durch den Sumpf, dann zu den zwei Felsen, die wie Frauenbrüste geformt sind. Gehst du zwischen den Felsen hindurch, dann siehst du schon das Meer. Und in gerader Linie zum Festland hin, etwa eine halbe Werst entfernt, liegt der Tunneleingang.

Vom Eingang bis zur Baustelle am Tunnelkopf marschieren wir jetzt schon eine Stunde. Bald müssen wir drüben angekommen sein. Aber wer weiß.

Die Arbeit wird immer härter und mühsamer. Was sie vorn herausschlagen, anfangs war es nur lehmige Erde, ist jetzt zunehmend mit schwerem Stein durchmischt. Auf Karren, gezogen von Halbverhungerten, muß der Abraum weggebracht werden. Jeden Tag Dutzende von Fuhren. Und doch sieht es aus, als kämen wir nicht vorwärts. Draußen an der Tafel steht geschrieben, wieviel wir pro Schicht graben. Erst waren es immer drei bis vier Meter. Vier Meter in der runden Röhre, deren Durchmesser so groß ist, daß später einmal Wagen mit Pferd oder Loren, gezogen von einer Lokomotive, durchkommen. Vier Meter mal drei Jahre. Das sind verdammte viereinhalb Kilometer. Doch die Vortriebsleistung am Kopfende wird wegen des Granits geringer. Oft schaffen wir nur einen Meter, manchmal auch nur einen halben. Dann bearbeiten uns die Aufseher mit ihren Peitschen und die Soldaten mit ihren Gewehrkolben.

Es kommt zu einem Aufstand. Die Verzweifelten stürzen sich auf die Bewacher. Es gibt viele Tote. Per Standgericht werden zwei Dutzend Gefangene selektiert und erschossen.

Doch mit einemmal scheint Gott, der uns vergessen hatte, sich an uns zu erinnern. Sie kommen vorn keinen Meter mehr voran. Fels, nackter Fels, versperrt uns den Weg.

Eine Woche lang ruht die Arbeit. Nur Wasser wird mit den selbstgebauten Holzkolbenpumpen abgesaugt und Schlamm weggekarrt. Sie überlegen, wie es weitergehen soll.

Ingenieure der Armeepioniere kommen vom Festland herüber. Sprengen ist nicht möglich. Es könnte den Tunnel gefährden, die Decke einstürzen lassen. Dann käme mit Tonnendruck das Meer herunter, und alles wäre vergeblich gewesen. Fast vier Jahre Arbeit und Tausende von Toten. Alles futsch.

Sie schlagen vor, daß wir mit Meißeln und Hämmern an die Felsen herangehen. Doch die Meißel sind weicher als der Granit. Nun warten wir auf Werkzeug aus Leningrad. Es taugt ebensowenig. Und dann verbreitet sich eines Tages das Gerücht, daß sie den Bau einstellen.

Alle Pläne werden vernichtet. Die Ingenieure fahren zum Festland zurück. Der Tunnel wird geschlossen. Innen mit einer Mauer, außen mit Erde. Bäume und Sträucher werden angepflanzt. Niemand soll je vom Scheitern dieses Wahnsinnsprojektes erfahren.

Von uns wird es auch keiner weitergeben können, denn wir sind vom Tod gezeichnet.

Wieder gehen Gerüchte um. Drüben in Europa soll ein großer Krieg ausgebrochen sein. Vielleicht geht es der Zarenbande endlich an den Kragen. Aber was nützt das? Welche Regierung danach auch kommen mag, man weiß nichts von uns. Uns gibt es nicht. Man hat uns vergessen.

Sollte doch einer in der Moskauer Justizbürokratie dereinst auf uns stoßen, wird er sich bekreuzigen und die Akte schnell zuschlagen. Was kümmern ihn schon Verbrecher in einer geheimen Strafkolonie zehntausend Kilometer von Moskau entfernt? Laßt uns doch endlich vor die Hunde gehen. Aber ohne Quälerei. Auch die anderen, die an ähnlichen Tunnels bauen.

Admiral Lützow legte die Auszüge aus dem Roman, den er mehr für eine Art Tagebuch hielt, beiseite. Sein erster Gedanke war: Arme Schweine! Sein zweiter Gedanke war, daß einer von diesen Todgeweihten entkommen sein mußte, um seine Erlebnisse niederzuschreiben oder sie dem Autor Prestinow zu erzählen. Doch das war jetzt ohne Belang.

Fast sicher, daß die Japaner, in deren Grenzgebiet sich das alles abspielte, mehr wußten, sah Lützow als nächsten Schritt einen Kontakt mit ihnen vor.

Angeblich gab es noch andere Tunnelprojekte neueren Datums oben bei den Kurilen. Und die konnten Brandenburg durch seinen Zugriff auf russisches Seekartenmaterial bekannt geworden sein.

Sofort ließ sich Admiral Lützow einen Termin bei der japanischen Botschaft in Brüssel geben. Der Marineattaché, ein sportlich fixer Tennisspielertyp, hatte von dem Problem mit dem britischen Unterseeboot *Ventura* gehört. Das hatte sich inzwischen weltweit herumgesprochen. Lützows Frage setzte ihn dennoch in Erstaunen.

Zwischen ihnen entspann sich folgender Dialog:

Lützow: Japan erhebt doch Anspruch auf die Inselkette der Kurilen, die sich von Ihrer Insel Hokkaito wie eine Perlenschnur entlang dem Ochotzkischen Meer zu der sibirischen Insel Kamtschatka hinzieht.

Mr. Asaki: Schon der Gedanke daran versetzt mich in Empörung und Wut, Herr Admiral. Drei Tage vor Japans Kapitulation haben uns die Russen, diese feige Bolschewistenbande, noch den Krieg erklärt und die Kurilen besetzt. Und sie geben sie nicht zurück. Dafür werden wir ihnen bei der Ausbeutung Sibiriens was pfeifen und uns eines Tages unsere Inseln zurückholen. Der Teufel soll diese Hundesöhne in Öl braten.

Lützow: Die Inselkette birgt ähnlich wie Sachalin erhebliche Vorkommen an Kohle, Nickel, Kupfer. Man vermutet sogar Erdöl.

Mr. Asaki: Richtig. Die Russen beuten alle Lagerstätten restlos aus. Natürlich auf billige Weise durch Einsatz Zehntausender Gefangener.

Lützow: Bin ich richtig informiert, daß die Russen, um die Erze leichter nach Kamtschatka zu bringen, einen Tunnel von der nördlichen Kurileninsel unter der Kuntenstraße hindurch zum Kap Lepatka bauen ließen, ähnlich dem Sachalin-Tunnel, der nie fertig wurde?

Mr. Asaki: Auch der neue Tunnel ist ein Wahnsinnsprojekt. So verrückt wie die Sachalin-Stollen um 1900. Das war der erste unterseeische Tunnel überhaupt. Abgesehen von Napoleons Versuch, den Ärmelkanal zwischen Dover und Calais zu untergraben. Was ja auch mißglückte. Und nicht zu vergessen, mit welch primitiven Mitteln die Russen diesen neuen Tunnel errichteten! In Handarbeit, nur mit Pickel und Spaten gruben sie sich unter dem Meeresboden hindurch. Abertausende von Menschen starben dabei. Die Leichen trieben noch Jahre später an unsere Küsten.

Lützow: Der Tunnel ist also rein unterseeisch.

Mr. Asaki: Zufahrt und Ausfahrt wurden vom Strand aus schräg abwärts in konservativem Tunnelbau vorangetrieben. Die Russen verwendeten dazu vorwiegend Holz, Bruchsteine und Zement. Aber gerade daran dürfte das Projekt gescheitert sein, nämlich an der mangelhaften Abdichtung. Der Tunnel wurde zwar fertiggestellt, aber nie in Betrieb genommen. Immer wieder drang Wasser ein, flutete ihn, und er soff ab. Heute existieren nur noch Reste der jeweils etwa drei Kilometer langen Zufahrtsrampen. Der Rest versank.

Lützow: Kennen Sie die Abmessungen? Das haben Sie doch sicher durch Ihren Geheimdienst ermitteln lassen.

Mr. Asaki: Sie gestatten, daß ich nicht lächle, Herr Admiral. Natürlich wissen wir sehr viel mehr darüber. Die lichte Innenhöhe des Tunnels betrug immerhin zwölf bis vierzehn Meter. Es sollte ja eine Eisenbahnlinie hindurchgeführt werden.

Lützow: Dann könnte in den unter Wasser liegenden Tunnelstummel möglicherweise ein U-Boot hineinpassen.

Mr. Asaki: Wenn es nicht ein Boot der riesigen neuen amerikanischen Washington-Klasse ist, dann schon. Vielleicht.

Lützow: Glauben Sie, daß in Ihren Marinearchiven über den Tunnel noch Pläne existieren?

Mr. Asaki: Dessen bin ich sicher, Herr Admiral, daß wir das ausspionierten und kartographierten.

Ohne Mr. Asaki heute schon seine Absichten im Detail zu verraten – so etwas mußte auf höchster NATO-Ebene geklärt werden –, zeigten sich die Japaner äußerst kooperativ. Wegen ihres aufblühenden Welthandels lag ihnen daran, mit dem Westen freundschaftliche Beziehungen zu pflegen. Nicht zuletzt auch, weil sie die Unterstützung von NATO und SEATO im Falle einer Auseinandersetzung mit Rußland erhofften.

»Fordern Sie an, was Sie brauchen, Admiral Lützow«, erklärte der Japaner beim Abschied. »Es wird binnen vierundzwanzig Stunden zur Stelle sein.«

Man wollte in Kontakt bleiben.

33

Admiral Lützow sprach auch mit dem sowjetischen Botschafter in Belgien, denn er glaubte jetzt zu wissen, wo sich das britische U-Boot *Ventura* mit den zwei Atomtorpedos versteckt hatte. Da es nirgends auf der Welt zu finden war, hatte es sich wahrscheinlich in den Trümmern des unterseeischen Kurilentunnels verkrochen. Jenem monströsen Bauwerk, das von russischen Gefangenen in Nordostasien nahe Sibirien zwischen den Inseln gegraben worden und mittlerweile zur Ruine verfallen war. Das Boot konnte sich dort für einige Zeit hineingezwängt und durch seinen Schnorchel geatmet haben.

Mitten im Kalten Krieg zeigte sich Rußland für eine enge Zusammenarbeit mit den NATO-Mächten jedoch wenig geneigt. Bei dem Gespräch mit dem Botschafter der UdSSR in Brüssel verschanzte dieser sich hinter der Ausrede, daß er dafür nicht zuständig sei.

Ungern, aber notgedrungen flog Lützow mit Diplomatenpaß nach Moskau. Obwohl er Kontakte zu Admirälen der Roten Flotte im Ostseeraum und in Sibirien unterhielt und sie ihm, so gut es ging, den Weg ebneten, mußte er auf das Gespräch im Marineministerium lange warten. Erst auf eine Demarche des amerikanischen Botschafters hin empfing ihn der zuständige Minister, ein gewisser Frydrykew.

Lützow erläuterte ihm die monatelangen Suchbemühungen nach dem verschwundenen englischen U-Boot. Der Russe hörte kaum hin und ging noch weniger darauf ein. Das Gespräch war kurz und verlief am Rande der Höflichkeit.

Der Russe, ein massiger Politfunktionär, versicherte wortreich, aber unfreundlich: »Ein für allemal, wir haben das britische Boot *Ventura* nicht. Ehrenwort.«

»Das nehme ich an«, erwiderte Lützow und dann nicht mehr ganz diplomatisch: »Aber hat es vielleicht die Mafia?«

»Welche Mafia?«

»Die internationale«, hielt sich Lützow im letzten Moment noch zurück.

»Sie meinen die Osteuropäische.«

»Möglicherweise.«

Scharf leugnete der Minister die Existenz organisierter russischer Verbrecherorganisationen. Überhaupt verbat er sich Unterstellungen dieser Art.

»Wir haben unsere Küsten abgesucht. Osuaitwje, verdammt.«

»Alle?« zweifelte Lützow.

»Sogar die im Eismeer, an der Nordpassage, in der Laptew See, Beringstraße, bei den Wrangel-Inseln und im Ostsibirischen Meer. Ohne Ergebnis.«

Nun stach Lützow mit einer Trumpfkarte.

»Sicher haben Sie auch die Reste des geheimen Kamtschatka-Tunnels durch die Meerenge bei Paramuschin untersucht.«

»Kamtschatka – was bitte?« tat der Russe erstaunt. Was ihm jedoch nicht sonderlich gut gelang.

»Tunnel«, ergänzte Lützow ironisch, »Meerestunnel, eine Röhre, die unter Wasser von Land zu Land führt.«

Daraufhin äußerte sich der Russe unwirsch: »Den gibt es nicht.«

»Gegraben von Gefangenen, Exzellenz. Das ist amtlich.«

»Vielleicht mal ein Versuch. Wenn es da etwas gab, ist es längst zerstört oder gesprengt worden.«

»Auf voller Länge?« zweifelte Lützow. »Haben Sie den Rest abgesucht mit Tauchern, mit Klein-U-Booten?«

Über Lützows Hartnäckigkeit wirkte der Russe verärgert.

Mit einer weiten Handbewegung schien er den Schreibtisch abräumen zu wollen.

»Dazu bestand keine Veranlassung. Und jetzt Schluß. Ende des Interviews.«

Eine Frage lag Lützow auf der Zunge: Ob sie nicht anstelle der Roten Flotte Nachschau halten dürften? Vorsichtshalber schwieg er jedoch über seine weiteren Pläne. Er wollte die Russen nicht darauf stoßen. Bis die Rote Flotte aktiv wurde, hatte die NATO ihr Vorhaben längst erledigt. Möglicherweise behinderten die Sowjets die Suche auch, weil sie keine fremde Macht in die Nähe ihrer Flottenbasen, Radar- und Raketenstellungen kommen lassen wollten. Sie befürchteten immer und überall Spionage. Nicht völlig zu unrecht.

Zum Abschied warnte der Verteidigungsminister den amerikanischen Admiral noch: »Lassen Sie sich nicht etwa einfallen in unserem Hoheitsgebiet herumzuschnüffeln. Wie auch immer. Es wäre Ihr Ende.«

Das nahm sich Admiral Lützow zwar zu Herzen, aber doch nicht so sehr, wie der Russe wohl hoffte. Denn die NATO hatte keine andere Wahl mehr.

Kaum hatte Lützow das graue Gebäude des sowjetischen Marineoberkommandos verlassen, öffnete sich eine andere Tür im Büro des Politbüromitgliedes Frydrykews. Herein kam ein hoher Marineoffizier. Der typische Russe mit kirgisischem Einschlag trug viel Gold am Ärmel. Selbst aus geschlossenen Schlitzaugen schien der kinnbärtige Mann sehen zu können. Hart ließ er sich in dem angebotenen Sessel nieder. Einen Tabakfussel von seinen Admiralsstreifen stippend, hob er das Kinn und wartete.

»Das war Admiral Lützow«, sagte der Minister.

»Den kenne ich.«

»Gut oder besser?«

»Eher schlechter. Eben so, daß es gerade noch zu ertragen ist, Genosse Minister.«

Admiral Korpakow hatte in diesem Punkt offenbar eine Informationslücke. Er fragte: »Hat sich die *Ventura* wirklich dort oben versteckt. Ist sie gesichtet worden?«

»Unseres Wissens nein. Aber dieser Lützow gibt natürlich nicht auf.«

»Gewiß wird er Nachforschungen anstellen«, fürchtete Korpakow.

Mit dem Zeigefinger deutete der Minister auf seinen Admiral.

»Das ist es, das ist der Punkt, Genosse Korpakow. Wir müssen versuchen, daß wir beide kriegen. Die *Ventura* mit ihren Atomtorpedos und vielleicht auch Admiral Lützow, falls er es nicht lassen kann.«

»Das wird er bestimmt nicht. Der läßt nie etwas aus.«

»Was schlagen Sie also vor, Admiral?«

Korpakow überlegte nicht lange.

»Die Tunneleingänge suchen und verminen. Dann die besten U-Boot-Jäger der Ostasienflotte alarmieren und zusammenziehen.«

»Sie haben alle Vollmachten, Admiral«, entschied der Minister.

»Ich fliege noch heute nach Wladiwostok«, versprach Korpakow.

34

Anhand vorliegender Fakten hatte Konteradmiral Lützow ein Einsatzprofil entwickelt. Es mußte jedoch von höchster Stelle genehmigt werden. Dies für den Fall, daß etwas aus dem Ruder lief und es zu diplomatischen Verwicklungen kam.

Deshalb trat der NATO-Sicherheitsausschuß in Brüssel zusammen. Noch ehe Lützow über seinen Plan referiert hatte, spürte er, daß die Mehrheit dagegen war.

Kaum hatte er geendet, lobte ihn der Italiener, ein wortreicher Panzergeneral, freundlich, aber auch mit abwertender Schlußfolgerung: »Ihre Arbeit, Ihre Genauigkeit, Ihre Präzision in allen Ehren, Admiral Lützow, aber was wollen Sie mit einem alten U-Boot in so fernen Gewässern?«

»Es gibt kein besseres für diesen Zweck, Signor Generale. Es muß klein sein, wendig und schwer ortbar.«

»Das ist doch wirklich nicht der letzte Schrei einer Waffe«, wandte der Belgier, Brigadier von so kleiner Stimme wie Figur, ein.

»Haben Sie eine bessere, Monsieur?« erwiderte Lützow.

»Ja, High-Tech-Waffen«, bemerkte der Engländer als Hauptbetroffener voll Sorge.

»Welche bitte?« Lützow erinnerte an eine Verlautbarung des General Accounting Office in Washington. »Der Rechnungshof des US-Kongresses hielt den Militärs und der Rüstungsindustrie vor, daß sie die Wirkungsweise ihrer Waffen systematisch übertrieben. Zwischen dem, was die aktuelle Technik verspricht und was sie tatsächlich kann, klafft ein zum Teil beträchtlicher Unterschied.«

Das französische Ausschußmitglied pflichtete Admiral Lützow rückhaltlos bei. Die Franzosen hatten in Dien Pien Phu schlimme Erfahrungen mit sogenannten neuen Waffengenerationen gemacht. Der Franzose sparte nicht mit Einzelheiten.

»Unsere hochgelobten Jagdbomberpiloten haben behauptet, achtzig Prozent ihrer Ziele getroffen zu haben. Es waren aber nur einundvierzig Prozent, wie die Luftaufnahmen ergaben. Die Mystère-Jets wurden mit uralter Kriegsflak von kaum ausgebildeten Vietkongsoldaten vom Himmel geputzt. Daß wir nicht größere Verluste erlitten, liegt daran, daß sie meist nachts in großer Höhe einflogen.«

Auch der Abwehrchef des NATO-Oberkommandos, Kapitän Maxwell, gehörte zu der Runde. Zwar war er im Rang weit unter den übrigen Anwesenden, als Fregattenkapitän hatte er auch kein Stimmrecht, aber als Fachmann wurde er gehört. Und alle fürchteten ihn wegen seiner Dossiersammlung, in der über jeden ein bißchen Unangenehmes stand.

»Es gibt keinen erkennbaren Zusammenhang zwischen modernsten Waffen und deren Wirksamkeit«, erklärte Maxwell. »Völlig unbefriedigend ist die Trefferquote der angeblich zielsicheren Raketen und Lenkbomben. Mag sein, daß zufällig mal eine durch den Schornstein fiel und einen dieser Dschungelpaläste zerplatzen ließ, aber das ist wohl kein erkennbarer militärischer Schaden.«

Der britische und der italienische General hörten nicht zu kontern auf: »Bald haben wir Spionagesatelliten. Die fotografieren aus dem Orbit und liefern so scharfe Fotos, daß Sie eine Zeitung auf der Erde lesen können.«

Dazu bemerkte Lützow lakonisch: »Bald ist nicht jetzt, Gentlemen. In zehn Jahren ist nicht heute.«

»Und es gibt durchaus treffsichere Raketen. Die neue Entwicklung ...«

»Zugegeben«, unterbrach ihn Lützow, »das setzt aber voraus, daß wir ein Ziel haben. Und dieses Ziel müssen wir erst ausfindig machen. Oder konnte einer der Gentlemen etwa meinen Ausführungen nicht folgen? Dann noch einmal von vorne zum Mitschreiben. Es geht um folgendes ...«

»Nein, danke, wir können es schon auswendig«, wehrte der starkbebrillte Holländer ab.

Wie es aussah, zogen der amerikanische Admiral Lützow,

der Franzose und der Norweger den Ausschuß allmählich auf ihre Seite. Bei der Abstimmung wurde Lützows Plan mit sechs gegen vier Stimmen genehmigt.

35

Im Einvernehmen mit den Verbündeten erhielt die Top-secret-Unternehmung den Code ›North Print‹ und wurde endgültig abgesegnet. Trotz Rückendeckung stellte ›North Print‹ für Lützow jedoch eine Art Alleingang dar.

Seinem Plan folgend galt es nun, das passende Einsatzfahrzeug für die Operation auszuwählen. Lützow erinnerte sich an einen Ausspruch von Dönitz, der 1942 gefallen war: »Das Flugzeug kann das U-Boot genausowenig ausschalten wie die Krähe einen Maulwurf bekämpfen kann.«

Der große U-Boot-Admiral hatte sich damals immer öfter zu irren begonnen. Die U-Boot-Verluste stiegen beängstigend an. Man tat zwar einiges, aber zuwenig. Gegen die neuartige Wärmeortung wurden die Dieselauspuffrohre der Boote unter Wasser verlegt. Gegen Radarortung wurde die Oberfläche der Boote mit einer Spezialmasse verkleidet. Nur half das alles wenig. Es zeigte sich taktisch notwendig, daß die Boote so selten wie möglich auftauchten. Man verdoppelte die Akku-Leistung, die Batterien also, und versah die Boote mit einem Luftmast, der es ihnen gestattete, unter Wasser mit Diesel zu laufen. Ferner wurden die Boote erheblich verkleinert, denn sie sollten speziell im Küstenbereich operieren.

Dieser Typ-XXIII wurde von der Deutschen Werft gebaut. Bewährungsberichte waren Lützow nicht bekannt. Deshalb telefonierte er mit dem Bundesverteidigungsministerium auf der Bonner Hardthöhe. Sie vermittelten ihn an einen Mann, der als Kapitänleutnant und Kommandant auf so einem Klein-U-Boot gefahren war.

Fregattenkapitän Husum verfügte über ein Gehirn von der Präzision Schwarzwälder Kuckucksuhren. Von Lützow eingeweiht, erklärte er: »Aber klar, Herr Admiral. Ich erinnere mich noch an die Enge, an den Geruch, an jede einzelne Ecke, auch wo die Hebel und Handräder saßen, von denen wir uns eine Unmenge blauer Flecken holten.«

»Mir kommt es darauf an«, erklärte Lützow, »wie sich diese Boote bewährten. Was taugten denn die Dinger?«

Kapitän Husum besaß darüber noch Unterlagen.

»Zum Teil habe ich sie für mich privat niedergeschrieben. Es sind aber auch Auszüge aus dem Kriegstagebuch von *U-2324* dabei.«

»Kann ich die haben?«

»Bei Rückgabegarantie jederzeit, Herr Admiral.«

»Kopien genügen.«

Da diese Aufzeichnungen nicht geheim waren, wurden sie per Telex zum NATO-Hauptquartier durchgetickert. Wenige Stunden später hielt Lützow sie in Händen. Sie lasen sich nicht unspannend.

Mein Boot wurde unter der Baunummer 488 am 27. Juni 1944 bei der Deutschen Werft auf Kiel gelegt. Der Stapellauf erfolgte am 10. September. Die Abnahme sechs Tage später.

Am 30. September gingen wir nach Ausrüstung erstmals in See. Ich war der einzige an Bord mit U-Boot-Einsatzerfahrung. Unsere Operation sollte zwei Wochen dauern. Wir kamen aber erst nach fünfundzwanzig Tagen zurück und hatten einen amerikanischen Zerstörer versenkt.

Von Frederikshaven in Dänemark nach Christiansand in Norwegen verlegt, bauten wir ein neues Schnorchelventil ein und erhielten im März 1945 erneut Einsatzbefehl. Wir liefen in Kurzgeleit aus und tauchten, bis zur Rückkehr von der englischen Ostküste, praktisch nicht mehr auf. Während des ganzen Einsatzes wurden Ortungsgeräusche von Asdic vernommen. Aber offenbar war das Echo, das wir zurückwarfen, zu geringwertig.

Zunächst steuerte ich Aberdeen an. Dort drang ich unentdeckt bis zur Mole vor. Leider sichteten wir kein angreifbares Objekt, verließen also mit Kurs Süd in den Abendstunden

Aberdeen wieder. Auf Höhe der Ansteuerungstonne hörten wir einen Zerstörer mit sehr hoher Geschwindigkeit. Die kreissägeartigen Schraubengeräusche blieben lange in Lage Null. Allmählich verloren sie sich.

Bei ruhigem Wetter liefen wir auf Schnorcheltiefe mit Kurs Firth of Forth. Dort standen wir vor der Insel May auf und ab, sichteten mehrere Schiffe, griffen aber wegen Ortungsgeräuschen nicht an.

Zunächst blieben wir innerhalb der britischen Minenfelder, peilten dann Zerstörer in 145°. Noch standen wir dicht unterhalb der Radarstation der Insel May, als sich die Ereignisse überstürzten …

Auszug aus Kriegstagebuch *U-2324*

22.05 Uhr: Horchpeilung – Batterie fast leer.

22.53 Uhr: Gegner in Sicht mit Lage 70 – 4 Dampfer 3000–5000 BRT und 4 Zerstörer.

23.03 Uhr: Rohr I – Lage 90 – Fahrt 6,5 Sm – Entfernung 1450 – Tiefe 5 m – Torpedo ab – Nach 65 Sek. schwere Detonation – Dampfer sinkt sofort. – Tauchen durch. Das Boot reagiert außergewöhnlich schnell und ist in der Handhabung ideal.

23.36 Uhr: Rohr II – Lage 70 – Gegnerfahrt 8 Sm – Entfernung 1500 m – Tiefe 5 m eingestellt – Detonation nach 61 Sek. – Zerstörer nähert sich mit AK – Dampfer sinkt mit Schlagseite. Kein weiterer Treffer. Nur Kesselexplosion – Suchen Tiefe auf. – 30 Wasserbomben fallen – Kompaß abgestellt, werden gejagt – Boot stößt am 8. 4. 1945 um 00.05 Uhr auf Grund (liegt dicht unter einem Felsen). – Keine Luft mehr – Kalipatronenatmung – Mit Schleichfahrt (nicht Richtung offene See, das hätte den sicheren Untergang bedeutet) weiter Kurs in den Firth of Forth genommen – Erneuter Wabo-Angriff – Schäden.

02.05 Uhr: Geräusche entfernen sich – Mit Schleichfahrt abgelaufen.

02.30 Uhr: Boot über Schnorchel durchgeblasen – Kurs Ost.

Drittes Unternehmen
Mai 1945
12.00 Uhr: Kurs West – Mit Unterbrechung bis 00.44 Uhr geschnorchelt.
Ende der KTB-Aufzeichnungen.
Am 6. Mai war der Krieg für uns beendet.

Zusatz: Nach dem Rückmarsch ins Kattegatt öffneten wir in Hafennähe die Bodenventile und versenkten das Boot.

... soweit der damalige Kommandant Kapitänleutnant Husum.

Was die Alliierten im Jahre 1946 so fasziniert hatte, daß sie die versenkten Typ-XXIII hoben, um sie einzusetzen oder nachzubauen, war auch für Admiral Lützow Anlaß, so ein Boot in die engere Wahl zu ziehen.

Dieser Typ war geeignet, leistungsfähig genug, fast ideal. Lützow wollte und konnte auf ein deutsches Klein-U-Boot nicht verzichten. Die Gewässer da oben in Nordostasien waren flach und stark überwacht. Man mußte also unbemerkt getaucht in russische Hoheitsgewässer vordringen, die Tunnelreste suchen, sie finden, hineinstoßen und wieder herauskommen.

Die Bundesmarine benutzte noch zwei dieser alten Boote. Nämlich das ehemalige *U-2365*, es hieß jetzt U-Hai, und das ehemalige *U-2367*, jetziger Name U-Hecht. Die Boote wurden zu Ausbildungszwecken verwendet. Allerdings waren bereits Neubauten vorgesehen. Wenn man so ein Boot haben wollte, mußte man es von der Bundesmarine loseisen, was über das Besatzungsrecht möglich sein sollte.

Als nächstes tat sich die Transportfrage auf. Bis man mit dem Ding die zwanzigtausend Seemeilen nach Nordostasien abspulte, verging einfach zuviel Zeit. Bis dahin konnte die *TITANIC II* längst versenkt sein.

Das Klein-U-Boot, falls man es bekam, mit einem Schnellfrachter als Decksladung zu transportieren scheiterte an Geheimhaltungsgründen. Bot sich also nur der Lufttransport mit einer C-141 Starlifter an. Sie konnte 32 Tonnen tragen.

In ihren Laderaum paßte das Boot aber nicht. Also mußte man es zerlegen und in Teilen nach Japan fliegen.

Mit erweiterten Vollmachten ausgestattet, machte sich Admiral Lützow an die Requirierung. Wie sich bei der Besichtigung von U-Hai jedoch ergab, mußte Lützow seine Hoffnungen begraben. Das Boot war zu groß.

Fregattenkapitän Husum vom Marineoberkommando erkannte sofort die Schwierigkeiten, in die Lützow geraten war, und fuhr mit ihm nach Emden.

Innerhalb des Marine-Sperrgebietes führte er den amerikanischen Admiral auf ein noch kleineres U-Boot, bestenfalls halb so groß wie der Typ XXIII.

Lützow wußte, daß man diese neue Reihe auf Kiel gelegt hatte. Nicht wußte er, daß zwei Boote, die *Hans Techel* und die *Friedrich Schürer*, bereits in Dienst standen. Beim Bau auf der Krupp-Atlas-Werft in Bremen hatten sich aber Schwierigkeiten ergeben. Geheime Einzelheiten hierüber erfuhr er jetzt.

»Die Boote sind nur bedingt einsatzfähig, weil der aus Österreich gelieferte antimagnetische Stahl der Hülle zu Rißbildungen neigt«, erklärte Husum. »Wir haben aber ein drittes Boot fertig, bei dem diese Mängel behoben worden sind. Das Boot hat 130 Tonnen, ist 22 Meter lang, 3,4 Meter breit, mit einem Tiefgang von 2,7 Metern. Es hat 350/350 PS, Diesel plus E-Maschine, plus Schnorchel. Es läuft über Wasser 6 Knoten, unter Wasser 13 Knoten. Besatzung 6 Mann.«

Lützow besichtigte das Boot in der Atlas-Werft. Es hatte seine Probefahrt absolviert und stand unmittelbar vor der offiziellen Indienstnahme.

»Das mit dem österreichischen Stahl wurde absolut in Ordnung gebracht. Er entspricht jetzt den Anforderungen hinsichtlich Festigkeit und Antimagnetismus«, versicherte der Werftmanager.

Lützow, sofort von dem Boot überzeugt, beschloß alles zu tun, um es für seine Zwecke zu bekommen.

Bis zum Abend wurde noch über das Gewicht des Bootes gesprochen, seine Leistungsdaten und eine Menge technischer Einzelheiten.

Zum Schluß stellte Admiral Lützow eine überraschende Frage: »Nachdem Sie so ein wunderbares Boot gebaut haben, wird es Ihnen schwerfallen, es in drei Teile zu zerlegen. Können Sie das?«

Gespannt wartete er auf die Reaktion der Ingenieure.

»Wir können alles, Herr Admiral«, versicherte man Lützow, »aber lieber morgen als gestern.«

Als nächstes mußte Lützow Sorge tragen, daß er dieses Boot auch bekam. Freiwillig würden es die jetzige Eigentümerin, die Bundesrepublik Deutschland, nicht zur Verfügung stellen. Vor allem auch deshalb, weil Lützow aus Gründen der Geheimhaltung nicht eindeutig offenlegen konnte, wofür er ausgerechnet dieses Fahrzeug brauchte.

Wie erwartet, weigerte sich das Bundesverteidigungsministerium in Bonn zunächst. Doch mit gehörigem Nachdruck von seiten der britischen Besatzer und der NATO stellte man es, wenn auch ungern, zur Verfügung.

VII. TEIL

Die Mission

36

Das Hauptproblem stellte die Geheimhaltung dar. Deshalb wollte Admiral Lützow den Kreis der Eingeweihten nicht vergrößern. Ebensowenig lag ihm daran, Angehörige der deutschen Bundesmarine einer Lebensgefahr auszusetzen. Deshalb holte er seine altbewährte Besatzung von *U-136* zusammen. Zumindest versuchte er es. Dazu war eine Rundreise von mehreren tausend Kilometern notwendig. Er absolvierte sie mit Auto, Flugzeug und Hubschrauber.

Vor der Unterprima eines Kleinstadtgymnasiums in Niedersachsen hielt Oberstudienrat Dr. Rahn Unterricht. Eine Stunde Deutsch, eine Stunde Latein. Während der Deutschstunde ließ er das Nibelungenlied in Mittelhochdeutsch lesen. In Latein beschränkte er sich auf eine Wiederholung von Cäsars ›De bello gallico‹.

Ein Schüler übersetzte: »Als die Germanen sich unserem Lager ein wenig allzuweit genähert hatten, konnten einige wenige von uns getötet werden. Deshalb versuchten wir sie mit erheblicher Unfreundlichkeit zu empfangen …«

»Stopp!« rief Rahn. »Welchen Unsinn übersetzt du da bloß.«

»Wie es dasteht, Herr Professor.«

»Noch mal von vorne, aber in geschliffenem Deutsch bitte.«

Der zackige Lehrer mit den grauen Schläfen war nicht einer der beliebtesten, wurde aber auch nicht grundsätzlich von den Schülern abgelehnt. Anerkannt war sein Unterricht in neuer Geschichte, wo er sich mit Urteilen nie zurückhielt, sehr farbig die Jahre des Krieges schildern konnte und sich deutlich deutschnational gab.

An diesem Dienstag, kurz vor Ende der Lateinstunde, wurde der Oberstudienrat zum Direktor gebeten. Möglichst nicht in der Pause, sondern sofort, hieß es.

Ein Stockwerk höher, im Sekretariat, bat ihn der Schulleiter in sein Büro.

»Hoher Besuch für Sie, Dr. Rahn. Ich lasse Sie mit ihm allein.«

Rahn, der auch politisch tätig war, dachte an einen Parteimenschen seiner CDU aus Hannover. Um so überraschter war er, einen Mann in Admiralsuniform vorzufinden. Lützow sah aus wie bei ihrer letzten Begegnung vor acht Jahren, vielleicht ein wenig zerknitterter.

Sofort verfinsterte sich Rahns Gemütszustand. Doch er zeigte es äußerlich nicht. Lächelnd schüttelten sie sich die Hände. Fast wie alte Freunde.

»Sie hier, Käptn? Da hatten Sie gewiß einen weiten Weg.«

»Schließen Sie ruhig daraus, wie wichtig mein Besuch ist.«

Sie nahmen am kleinen Konferenztisch Platz. Lützow setzte seinen ehemaligen I WO von *U-136* umfassend ins Bild.

Rahn war nicht der beste I. Wachoffizier aller Zeiten gewesen, aber ein zuverlässiger, eher pingeliger Mann. Und Lützow arbeitete gern mit Leuten zusammen, die er kannte.

Lützow endete seinen militärisch knappen Lagebericht: »Na und, wie sieht es aus? Machen Sie mit?«

»Ich werde hier gebraucht, Käptn«, gab Rahn zu bedenken.

»Wir brauchen Sie auch.«

»Und in Kürze sind in Niedersachsen die Landtagswahlen«, versuchte Rahn sich herauszureden.

»Sie wollen unbedingt ins Parlament?«

»Das ist mein Ziel, Käptn.«

»Dann haben Sie Ihr Ziel bereits erreicht, Rahn«, eröffnete ihm Lützow. »Meine Freunde, die Engländer, für die wir dieses Unternehmen angehen, besitzen den nötigen Einfluß in Hannover. Ich darf Ihnen versichern, daß Sie bei der Wahl auf einen sicheren Listenplatz gesetzt werden.«

»Das wäre dann Schiebung.«

»Na und, Sie Superdemokrat, ohne die geht nichts heutzutage.«

Rahn hatte noch mehr Einwände. Zweifellos gefiel ihm das

Leben, das er führte, und er ließ sich ungern aus Bequemlichkeit und Karriere losreißen.

»Bis zu den Ferien dauert es noch. Ich kriege keinen Urlaub.«

»Auch das wurde vom Kultusministerium bereits geregelt«, versicherte Lützow.

Bald hatte Rahn schon Mühe, noch Argumente zu finden. Er stotterte herum: »Nun, ich strebe auch beruflich ein gewisses Fortkommen an. In meinem besonderen Fall …«

Auch hierüber schien sich Admiral Lützow vorinformiert zu haben.

»Sie sind jetzt Oberstudienrat.«

»Und ich würde gerne Studiendirektor werden.«

»Wann wären Sie an der Reihe damit?«

»In vier bis fünf Jahren«, antwortete Rahn nach einem Seufzen des Bedauerns, »falls ich dem Chef keine silbernen Löffel klaue.«

Auch diesmal konnte Lützow noch einen Trumpf ausspielen. »Sie werden nach Rückkehr aus der Unternehmung ›North Print‹ zum Studiendirektor befördert. Spätestens jedoch zum 31. 12., das ist beschlossene Sache. Sie dürften der Frau Ihres Chefs sogar an die Unterwäsche gehen.«

Rahn blickte nur säuerlich. Scherze dieser Art hatte er nie gemocht. Aber nun konnte er nicht mehr anders.

»Dann bin ich dabei, Käptn, wohl oder übel.«

»Außerdem wird Ihr Mütterchen mächtig stolz auf Sie sein«, höhnte Lützow.

Die Vereinbarung wurde mit Handschlag besiegelt.

»Und eine achtbare Dollarprämie gibt es am Ende auch«, erwähnte Lützow noch, bevor er ging, »so eine halbe neue Hundehütte.«

Nahe Jülich befand sich eine der größten Baustellen der Bundesrepublik. Kurz vor Mittag tauchte ein Militärhubschrauber der NATO auf. Vorher hatte er in weitem Kreis Aachen überflogen und näherte sich nun, dem Flusse Bur folgend, einem quadratkilometergroßen Viereck durchwühlter hellbrauner Erde. Das einförmige Reaktorgebäude, der Kühlturm, das Turbinenhaus mit dem Schornstein und der einstöckige Verwaltungstrakt waren nahezu fertig. Lkws, Planierraupen, Betonmischer und Bagger fuhren hin und her. Arbeiter wieselten herum wie in einem Ameisenhaufen.

Nach der Landung hatte Admiral Lützow zunächst Mühe, einen Mann zu finden, der ihm weiterhalf. Er fragte sich durch. Einer gab ihm den Tip, daß der Chefingenieur Dr. Behrens im Reaktorgebäude vermutlich den Einbau des Core überwachte. Core nannten sie das Herz einer solchen Anlage, in der die Hitze mit Hilfe der Uranstäbe erzeugt wurde.

Ähnlich wie bei Rahn rechnete Lützow auch bei Behrens mit Schwierigkeiten. Die *U-136*-Männer, jetzt alle zwischen vierzig und fünfzig, standen mitten in Beruf und Karriere. Jeder würde Schwierigkeiten haben freizukommen. So war es schon vor acht Jahren gewesen, als er seine alten *U-136*-Spezialisten in halb Europa aufsammeln mußte. Damals für den Kampf gegen die malaysischen Piraten, die einen US-Frachter mit drei Wasserstoffbomben in ihre Hände gebracht hatten, als das Schiff zu Tests in die Südsee unterwegs war. Lützow wußte aber auch, daß sie ihren alten Kaleu nicht im Stich lassen würden. Die Unternehmung sollte ja nicht länger als drei Wochen dauern. Wenn es irgendwie ging, wollte er nicht auf sie verzichten. Nicht auf einen einzigen. Sie konnten mit U-Booten besser umgehen als andere Leute mit dem Fahrrad.

In der großen Reaktorhalle, wo es aussah wie im Bauch eines Panzerkreuzers, in einem unsäglichen Gewirr aus Rohrleitungen von silbrigem Edelstahl, dicken und dünnen, gebogenen und geraden, Pumpen, Elektromotoren, Überwachungsgeräten, Kondensatoren, fand er wirklich einen Mann in einem nahezu blütenweißen Overall. Er trug das Abzeichen der Siemens-Kraftwerk-Union und ein Namensschild.

Lützow hätte seinen ehemaligen LI nicht sofort erkannt, aber Behrens erblickte die Admiralsuniform und stutzte. Wortlos fielen sie sich erst einmal in die Arme.

In einer ruhigen Ecke, wo kein Schweißgerät zischte, weder Motorsägen kreischend in Nirostastahl schnitten noch Niethämmer ratterten, sprachen sie sich aus.

Admiral Lützow erwähnte nur andeutungsweise, worum es ging, schon bald stoppte ihn Behrens. Er war immer noch schlank mit dunklem Haar, seitlich ein wenig angegraut, dunklen Augenbrauen und dunklen Augen.

»Wenn Sie bis hierher kommen, Käptn, auf labyrinthischen Wegen, ist klar, daß es nicht um die Besichtigung einer Baustelle geht.«

»Ja, wir sind auf Sie angewiesen, Behrens«, gestand der Admiral.

»Die hier auch, Käptn. Jülich ist ein Milliardenprojekt. Der erste Leistungsreaktor in der Bundesrepublik.«

Lützow griff noch etwas höher.

»Okay, hier mag es um Milliarden gehen, Behrens, bei mir geht es um die Sicherheit des Westens und möglicherweise um die Vermeidung eines Krieges.«

Behrens zog den Schild der weißen Baseballkappe etwas tiefer. Über seine Freundlichkeit fiel ein Schatten von Kümmernis.

»Wir bauen an einem Kugelhaufen-Reaktor. Das ist meine Konstruktion, mein Kind. Er gestattet, den Brennstoff während des Betriebes nachzuschieben oder auch aus dem Reaktor zu entfernen. Wir verwenden flüssiges Natrium als Kühlmittel mit hohem Siedepunkt. Damit führen wir die Wärme ab und wandeln sie in Heißdampf für Turbinen um.«

Lützow verstand ihn.

»Und Sie sind der einzige mit Durchblick. So wie x-mal auf *U-136*, als Sie das Boot und unsere Leben retteten.«

Die Erinnerung daran schien Behrens deutlich zu treffen.

»Ich werde hier an allen Ecken und Enden gebraucht, Käptn. Täglich hunderte Male. Mein Arbeitgeber, die KWU, würde niemals akzeptieren, daß ich mich entferne. Die würden nicht einmal einen Blinddarmdurchbruch als Entschuldigungsgrund anerkennen.«

Der Lärm wurde wieder lauter.

Lützow wartete bis er abgeklungen war und sagte dann: »Mit Siemens ist alles geklärt. Und Sie haben ja tüchtige Nachwuchsingenieure herangezogen.«

Behrens war erst verblüfft, dann nickte er versonnen.

»Dann kann der Alte also gehen.«

»Nur ein bißchen Urlaub machen.«

»Ich brauche keinen Urlaub.«

»Vielleicht Anregung, frische Power.«

»Na ja, wenn man das so betrachtet.«

Damit wollte Behrens ausdrücken, daß man den Generaldirektoren bei Siemens offenbar die Hölle heiß und klargemacht hatte, um wieviel es ging.

»Na ja, wenn es so ist«, sagte Behrens noch einmal, »wer macht noch mit?«

»Seit Tagen versuche ich Klein zu erreichen. Er treibt sich mit seinem Walfangmutterschiff irgendwo im südlichen Polarmeer herum.«

Sie gaben sich die Hand, und Behrens sagte: »Sie lassen mich wissen, Käptn, wo und wann mit wie vielen Socken und Unterhosen ich antreten muß.«

Der NATO-Hubschrauber startete wieder.

Über die Seefunkstelle Norddeich-Radio bekam Lützow telefonischen Kontakt mit dem norwegischen Walfänger, der nahezu zwanzigtausend Kilometer entfernt in der Antarktis unterwegs war. Die Stimme am Telefon vom anderen Ende der Welt gehörte zweifellos Klein. Die Verbindung über die vielen Relaisstationen war schlecht. Es krachte, knatterte und knisterte. Immer wieder wurden sie unterbrochen. Lützow gelang es schließlich, sich verständlich zu machen. Einzelheiten durfte er der abhörbaren Verbindung nicht anvertrauen, aber Kapitän Klein begriff, daß Lützow nicht auf ihn verzichten konnte.

»Sie sind der beste Navigator, den ich kenne, Klein.«

»Danke, habe ich mit der Muttermilch inhaliert.«

»Wie ein Gehirnchirurg finden Sie immer einen Weg aus

dem engsten Gefäßsystem. Ich erinnere nur an unseren Einsatz 1941 in Neufundland.«

»Placentia Bay«, erwiderte Klein.

»Nach unserem Angriff auf die *Prince of Wales* hatten die feindlichen Flottenverbände die Bucht abgeriegelt. Wir saßen in der Falle. Damals entdeckten Sie, Klein, den Ausweg durch einen alten Fjordkanal Richtung Eismeer.«

»Nein, Sie entdeckten das Schlupfloch«, verbesserte ihn Klein.

Sie wollten nicht darüber streiten. Überraschenderweise war Klein bereit mitzumachen, als er erfuhr, wann es losging.

»In vier Wochen haben wir den Bauch hier voll Tran. Nur noch ein paar tausend Tonnen Blauwalspeck.«

»Wird Ihre Reederei Sie freigeben?«

»Die Reederei bin ich«, erklärte Klein mit Gelächter, »mir gehören das Fabrikschiff und ein paar Fangdampfer dazu. Wir treten ohnehin bald die Rückreise an. Den Rest kann jeder Hilfsreserve-Fischdampfsteuermann erledigen. Wo sehen wir uns, Käptn?«

»In Okinawa«, deutete Lützow an.

»Das liegt auf unserem Heimatkurs und direkt vor meiner Nase.«

»Dann bis dann«, sagte Lützow.

Der letzte Mann, den er aufsuchte, war Wessel. Sein ehemals II. Wachoffizier war ein tüchtiger Bursche. Mädchen für alles, universell einsetzbar und vor allen Dingen für das Leben an Bord eines U-Bootes unerhört wichtig. Wessel, immer fröhlich, immer guter Laune, ein Spaßvogel, hatte stets eine komische Bemerkung auf Lager. Selbst wenn es um Kopf und Kragen ging.

Er saß in seinem Haus in der Toscana. Von Florenz aus zwei Stunden mit dem Auto. Die Landschaft war fast kitschig schön. Der Himmel, die Weinberge, die Zypressenalleen, die Burgen und Palazzi.

Lützow fand Wessels Refugium, eine Arkadenvilla, oberhalb eines Dorfes am Hang eines Hügels im Schatten von Pinien. Wessel hatte ihn erwartet. Sie gingen aufeinander zu und blieben stehen.

»Haben wir uns so verändert?« fragte Lützow.

»Na ja, früher Adonis, heute alter Indianer«, sagte Wessel. Er sah wirklich ein wenig so aus. Tiefbraun mit Falten, das lange Haar hinten zusammengebunden, als hätte er eben in seinem Wigwam mit feindlichen Komantschen die Friedenspfeife geraucht.

Die schmucke Villa war bequem eingerichtet. Im Hintergrund bewegte sich unauffällig leise eine hübsche dunkelhaarige Person weiblichen Geschlechts von der Sorte, wie sie immer in der Nähe von Männern wie Wessel zu finden war.

»Erst Sohn braver Eltern«, sagte Wessel, »sank er von Stufe zu Stufe, wurde Marineoffizier. Und später, beim Kabarett, habe ich planmäßig meine Karriere vernichtet.«

Das klang nicht besonders fröhlich.

»Kummer?« fragte Lützow. »Wo drückt der Schuh?«

»Ich schwöre beim Arsch von Dichterfürst Goethe«, erklärte Wessel, »das ist die beschissenste Arbeit, die ich je zu machen hatte. Leider ist eine Menge Bloody Mary, also Geld, drin in diesem Mist. Sie verlangen von mir ein Filmdrehbuch, komisch bis lustig.«

»Weil Sie doch so ein todernster Mensch sind«, erwiderte der Admiral trocken.

»Darum allein geht es nicht. Wie kann man eine lustige Geschichte schreiben, wo alle Menschen von Natur aus schlecht sind, die Politiker Schwindler, die Künstler ein Haufen von Abartigen und der Rest Schwule und Bimbos.«

»Dann lügen Sie sich halt was zusammen, Junge«, riet ihm Lützow.

»Was mir dazu fehlt, ist das Getöse englischer Wasserbomben«, spottete Wessel.

»Das können Sie kriegen. Aber dürfen es zur Not auch russische sein? Die krachen besser.«

»Drehbuchmäßig bin ich schon am Basteln«, sagte Wessel. »Aber wenn man genauso denkt, wie die es im deutschen Film gedacht haben möchten, dann fliegt man aus dem amerikanischen Geschäft und umgekehrt. Wo also hin mit Wesselklein … Wesselklein, ging allein in die weite Welt hinein …«

Bei einem toskanischen Imbiß, Fornerino – heißem Pizzabrot mit Öl und Rosmarin – und einem fantastischen Rotwein, erzählte ihm Lützow vom Grund seines Besuches.

»Das ist ein Job für Gehirnamputierte«, kommentierte Wessel.

»Ihr Film etwa nicht? Alles Charaktersache!«

Das dunkelhaarige Mädchen aus der Toscana brachte einen neuen Fiasko voll Valpolicella. Sie wollte gehen, da hielt sie Wessel mit einem Griff unter ihren Rock am nackten Oberschenkel fest.

»Ist es nicht so, cara mia?« fragte er sie.

»Si, si, alles so, wie du es wollen, Signore.« Sie lachte.

Er ließ sie gehen, und dann bemerkte er todernst, mit dem Gesichtsausdruck eines Mannes nach langen Jahren Zuhälterei in einem orientalischen Puff in Bagdad: »Wenn es hinten wehtut, muß man vorne aufhören. Und deshalb mache ich mit, Käptn.« Mehr sagte er nicht. Aber das Wort ›deshalb‹ drückte eine Menge aus. Vermutlich hatte er sich von seiner Kabarettgruppe getrennt, weil alles zu sehr eingefahren war und die Spuren zu tief wurden. Geschrieben hatte er schon immer, aber das Leben hier oben in seinem Refugium wurde wohl auch schon eintönig für ihn.

»Immer nur sole, vino amore e labore.«

»Davon träumen andere, mein Junge.«

»Man kann nicht immer geradeaus fahren«, erwiderte Wessel, »und ein Esel wird nie ein Rennpferd, nicht mit bestem Futter.«

Wie immer das auch gemeint sein mochte.

Als das letzte Glas Vino rosso getrunken, Salami und Käse gegessen, der Fornerino verzehrt war und Lützow aufbrach, sagte Wessel noch: »Das wird ja nun wohl heißen: Servus Luxus, ade für einige Zeit. Aber mit Gemüsesuppe allein werden wir das wohl nicht durchstehen, Käptn.«

»Sie kriegen Vollpension. Für Proviant ist gesorgt.«
»Auch für geistigen?«
»Natürlich«, erwiderte Lützow, »Rahn ist ja dabei.«
»Und Damen?«
»Wenn Sie Mongolinnen mögen.«

Nun fehlte Lützow noch ein Mann. Sie waren erst zu fünft. Um das Boot korrekt bedienen zu können und sich bei der Wache abzulösen, brauchten sie aber noch einen sechsten Mann. Der war leider nicht in Sicht.

Fregattenkapitän Maxwell, dem Lützows Problem zu Ohren gekommen war, fragte ihn: »Legen Sie Wert auf eine bestimmte Nationalität, Admiral?«

»Am liebsten wäre mir ein Engländer. Denn ursächlich geht es ja um die *Ventura*, möglicherweise um die *TITANIC II*.«

»Das wird schwierig«, fürchtete Maxwell.

»Zumal unser sechster Mann U-Boot-Erfahrung haben sollte, speziell auf einem Klein-U-Boot. Typen, die England nie hatte. Die Amerikaner aber auch nicht. Ich nehme sogar einen Liliputaner.«

Maxwell hatte offenbar seine Fühler schon ausgestreckt. Er kannte ja Gott und die Welt, Geheimdienstleute hatten ihre Verbindungen immer überallhin.

»Würden Sie auch einen Deutschen akzeptieren?«

»Warum nicht. Sogar sehr gerne. Deutsche sprechen mitunter deutsch.«

»Beim Bundesnachrichtendienst ist ein erfahrener U-Boot-Maat aus dem Zweiten Weltkrieg tätig. Er soll Seetörns auf einem Klein-U-Boot mitgemacht haben«, entnahm Maxwell einer Notiz.

»Fährt er jetzt für den BND auf dem Starnberger See herum?

»Nein, er besitzt angeblich mediale Fähigkeiten und arbeitet auf diesem Gebiet in Pullach. Sein Name ist Harry Rex.«

37

Harry Rex war sechzehn Jahre alt, als er im Wanderzirkus anfing. Die Artisten mochten ihn nicht sonderlich, weil er als vorlauter Besserwisser galt.

Einmal hatte er gesagt: »Das Einmastzelt baut sich schneller auf als ein Zweimastzelt.«

»Klar, und ein Dreimastzelt schneller als ein Viermastzelt«, höhnte ein alter Clown. »Geh an die Arbeit, Junge, und halt's Maul.«

Harry Rex mistete den Stall aus, fütterte die Tiere und harkte das Sägemehl in der Manege. Dafür wurde er schlecht bezahlt. Aber es war immer noch besser als zu Hause.

Die Mutter hatte wechselnde Liebhaber, der Vater, Brauereiarbeiter, war ein Trinker. Er schlug meistens wild um sich. Eines Nachts hatte der schmächtige Harry genug von den blauen Flecken und verließ für immer die Wohnung in Bochum. Eigentlich wollte er nicht sein Leben lang beim Zirkus bleiben. Als Clown taugte er nicht und um Salto, Flickflack, Drahtseilnummern oder Jongleur zu lernen, war er zu alt. Der Prinzipal entdeckte jedoch eine andere Fähigkeit bei ihm. Der Junge hatte zwar ein loses Mundwerk, aber auch die Gabe, gewisse Dinge vorherzusehen. Wenn er sagte: In Ulm haben wir gutes Wetter, dann traf das ein, und in Ulm schien die Sonne.

Eines Tages gastierte bei ihnen ein Hellseher, dessen Assistentin erkrankte. Harry sprang für sie ein. Er lernte eine Menge von den Tricks und zog dann mit dem Artisten, der weder Magier noch Hellseher war, durch die Gegend. Dabei kamen sie durch halb Europa.

Er lernte, Leuten zu sagen, was sie in den Taschen mit sich herumtrugen oder welche Namen oder Zeichen sie auf Zettel geschrieben hatten. Alles fauler Zauber. Aber in ihm steckte mehr. Er hatte tatsächlich das Zweite Gesicht.

Der Krieg kam. Harry Rex ging zur Marine und prophezeite zweimal einen Schiffsuntergang voraus. Sein Zerstörer lief auf eine Mine, sein U-Boot wurde versenkt. Beide Male rettete er sich durch vorgetäuschte Krankheiten vor dem Tod. Halsschmerzen hatten ihm so das Leben erhalten.

Der Canaris-Nachrichtendienst wurde auf ihn aufmerksam. Dort sagte er feindliche Truppenbewegungen und die Tätigkeit von Spionageagenten voraus. Meist zutreffend. Nach dem Krieg übernahmen ihn die Amerikaner und schleiften ihn von Labor zu Labor, von einem wissenschaftlichen Institut zum anderen. Seine Trefferquote beim Test mit verdeckten Karten (Kreuz, Kreis, Viereck, Sterne) war weitaus höher als laut Statistik bekannt. Deshalb arbeitete er einige Zeit beim amerikanischen Geheimdienst, als dieser noch OSS hieß, denn auch die Russen beschäftigten Medien und Menschen, die zur Präkognition fähig waren.

Als 1960 sein Vertrag mit der CIA auslief, zog es ihn in die Heimat zurück. Doch Leute wie er wurden von den interessierten Gruppen nie aus den Augen gelassen. Eines Tages erschien ein Mann vor seinem Haus im Bergischen Land.

»Wollen Sie für uns arbeiten, Herr Rex?« fragte er.

Sie kamen ins Gespräch. Das Angebot klang gut. Jetzt erst stellte sich der Besucher vor. Er kam aus München-Pullach. Der deutsche Bundesnachrichtendienst, ehemals Orga. Gehlen, hatte ihn auf Harry Rex angesetzt.

Fortan erledigte Harry Rex für den BND als freier Mitarbeiter gewisse Aufgaben. Speziell in Krisensituationen. Etwa wenn die Lageanalysen zwei gleichwertige Entwicklungsmöglichkeiten vorgaben und man nicht sicher war, welchen Lauf die Dinge nehmen würden. Hier ging es um mediale Entscheidungen, und Harry Rex traf oft ins Schwarze.

So sagte er Amerikas Schlappe in der kubanischen Schweinebucht voraus, warnte vor einem Krieg in Vietnam und behauptete, der amerikanische Präsident Kennedy würde bei einem Mordanschlag in Dallas das Leben verlieren. Damit stieß er jedoch auf totale Ungläubigkeit.

Hundertprozentige Treffer erzielte er bei der Ankündigung der Suez-Krise und gewisser Spionageaffären in London. Harry Rex saß aber auch wieder wochenlang tatenlos in Pullach herum und schaute zum Fenster hinaus. Bis man ihm eines Tages einen Einsatz anbot, den er eigentlich ablehnen wollte. Doch sein Gefühl riet ihm, mitzumachen.

Unterstützt von den USA und der Air Force löste Admiral Lützow das Problem, wie man das Klein-U-Boot auf schnellstem Weg in das Einsatzgebiet bringen konnte. Mit Hilfe seiner Pentagon-Verbindungen organisierte Lützow die vier derzeit schnellsten und größten strategischen Militärtransporter, nämlich Lockheed-C-141 Starlifter. Jede Maschine konnte in einem Rutsch zehntausend Kilometer weit fliegen bei einer Nutzlast von dreißig Tonnen. In vier Teile zerlegt, wurde das Klein-U-Boot von Wilhelmshaven nach Ostasien zum amerikanischen Flottenstützpunkt Okinawa geflogen. Dort nietete man es unter der Aufsicht von Atlas-Ingenieuren wieder zusammen. Eine äußerst komplizierte Arbeit.

Inzwischen trafen auch die Besatzungsmitglieder ein. Oberstudienrat Dr. Rahn mit Sonderurlaub, Behrens von seinem Kraftwerkbau freigestellt, Kapitän Klein von seiner Walfängerflotte im Roßmeer und Wessel aus der Toskana. Der BND-Angehörige Harry Rex war schon vor ihnen zur Stelle.

Als sie zum erstenmal das Boot sahen, sagte Wessel: »Is dat de Oma sein klein Bötchen? Aber ich glaube ja nie, was ich nur sehe.«

»Ein glückliches Schiff«, meinte der Visionär Harry Rex. Doch keiner nahm ihn zur Kenntnis.

In den nächsten Tagen machten sie sich mit dem U-Boot, das Behrens ein Spielzeug nannte, vertraut. Bald merkten sie, daß der Umgang damit selbst für alte Hasen eine Herausforderung darstellte. Überall gab es zehnmal so viele Schalter, Knöpfe und Anzeigeinstrumente wie auf *U-136*, weil alles hydraulisch, pneumatisch, servogeregelt ablief, sogar das Tauchen, die Kurssteuerung, ja selbst die Tiefenruderlagen.

»Wenn da mal ein Splitter reinhaut«, fürchtete Wessel, »dann ist Matthäus am letzten.«

»Matthäi«, verbesserte ihn Dr. Rahn.

»Ein Unterschied wie zwischen einem VW-Käfer und einem Mercedes 600, wenn ich an *U-136* denke«, nannte es LI Behrens, »aber gelernt ist gelernt.«

Und Wessel ergänzte: »Sagte der Artistenpfarrer und predigte im Kopfstand. Nicht, daß Sie uns für verwöhnt halten, Käptn, aber gibt es hier auch ein Klo?«

»Vom feinsten mit Druckluftausstoß«, verriet Lützow.

»Plus 4711-Po-Wäsche?«

Probefahrten ergaben, daß das Boot bis auf kleine Mängel voll funktionstüchtig war. Seine Hauptabwehrmittel, die Ortungssysteme, arbeiteten mit erstaunlicher Präzision. LI Behrens war des Lobes voll.

»Schaukelt zwar ein bißchen, geht aber ab wie ein Rennboot. Kein Wunder, mit einem Fünftel der 7-C-Tonnage ist es ziemlich übermotorisiert.«

Nach einer Eingewöhnungsrunde um die Insel lief das Boot Ende Januar zu seiner lebensgefährlichen Mission aus.

38

Konteradmiral Toni Lützow und der inzwischen ebenfalls zum Admiral beförderte Russe Korpakow kannten sich. Nicht persönlich, aber zumindest dem Namen nach. Einmal waren sie sich in Stockholm begegnet, beide als Beobachter eines Manövers der schwedischen Flotte. Bei der anschließenden Tagung hatte Lützow einen Vortrag mit dem Titel ›Über die Verteidigung kritisch strukturierter Küstengebiete gegen U-Boote‹ gehalten. Mit »kritisch strukturiert« waren Küsten wie die vor Stockholm mit ihren vielen kleinen Inseln, tausend Schären und Riffen gemeint, die sich vorzüglich als Versteck eigneten. Von den Verteidigungsfachleuten wurde Lützows Referat mit Interesse aufgenommen. Bei der anschließenden Abschlußparty tranken sich Lützow und Korpakow einmal kurz zu, jeder mit Blick in das Weiße vom Auge des Gegners.

Sowohl Lützow wie Korpakow wußten eine Menge voneinander. Vielleicht mehr als gute Freunde, die sie wohl niemals werden würden, überlicherweise voneinander wissen.

Anfang 1961, als sich die *Ventura*-Krise zuspitzte, wurde Korpakow noch einmal zum kommandierenden Admiral der nordsibirischen Flotte gerufen. Der Admiral faßte sich militärisch knapp.

»Wir wissen, um was es der NATO mit diesem Geisterboot *Ventura* geht. Es führt Atomtorpedos mit und wurde von wer weiß welchen genialen Teufeln entwendet, von Piraten gekapert, wie auch immer. Bekanntlich vermutet unser Gegenspieler, dieser amerikanische Konteradmiral Lützow, das Boot in einem Versteck im Ochotskischen Meer. Die leidige Tunnelgeschichte. Was halten Sie davon, Genosse Korpakow?«

Korpakow kam der Aufforderung, sich zu äußern, gerne nach. »Admiral Lützow ist ein wirklich verbissener Knabe.

Man könnte ihn schon stur nennen. Dazu intelligent und durchsetzungsfähig, sonst hätte er es nicht so weit gebracht. Ich bin ziemlich sicher, der gibt nicht auf. Er wird nach der *Ventura* suchen oder nach ihr suchen lassen, bis er sie findet.«

»Ebenso wie Sie. Sie sind ja dem Minister im Wort.«

»Zweitausend Tonnen U-Boot können sich nicht in Salzwasser aufgelöst haben wie Würfelzucker. Dieser Lützow läßt mit Sicherheit nicht locker.«

»Sie meinen also, er wird kommen und seine Nase in unsere Gewässer stecken«, verstand der Kommandierende.

»Mit hoher Wahrscheinlichkeit«, äußerte Korpakow überzeugt. Daraufhin lautete die Order des Chefs der Sibirienflotte klar und deutlich: »Dann fangen Sie ihn ab, Admiral.«

Mit seinem Kiew-Boot machte sich Korpakow auf die weite Fahrt nach Süden. Von 65 Grad Nord an der Küste mit Kurs Südosten, dann an der Halbinsel Kamtschatka entlang, nahezu 2500 Seemeilen. Dazu brauchte das Boot eine Woche, denn es kam in schwere See. Auf Position 50 Grad Nord, 155 Grad Ost nahm es Westkurs auf die Straße von Paramuschin, der engsten Stelle zwischen den Kurileninseln und dem Festland.

Trotz genauer Seekarten dauerte es einige Zeit, bis Korpakow mit Hilfe seiner Taucher die Reste des Tunnels fand. Er war leer und verfallen. Sofort verminte er den Eingang mit Magnet- sowie Sonarsprengkörpern und ließ ihn mit spinnwebfeinen Signaldrähten aus Nylon verspannen. Dann faßte er sich in Geduld und wartete.

Der Januar verging mit seinen eisigen Schneestürmen, und der Februar kam mit tiefer Kälte. Auf dem Kiew-Boot gingen Treibstoff und Proviant zu Ende. Mit einem Einsatz von so langer Dauer hatte niemand gerechnet.

Auch beim Oberkommando in Amadir war man inzwischen zu der Überzeugung gekommen, daß es wohl zu keiner NATO-Operation in diesen Gewässern kommen würde. Korpakow wurde mit seinem Kiew-Boot von der Inselpatrouille abgezogen und begab sich nach Wladiwostok, um dort Versorgung,

Proviant und Treibstoff aufzunehmen und einige Schäden beheben zu lassen.

Das Kiew-Boot befand sich noch zwischen Sachalin und der Festlandküste auf Südkurs, als von Wladiwostok ein Alarmruf eintraf. Nach Beobachtungen russischer Agenten auf der japanische Insel Okinawa, die von den USA als Luftwaffen- und Marinestützpunkt genutzt wurde, hatten Lufttransporter des Typs Starlifter merkwürdige Gegenstände aus Europa herangeflogen. Die Gegenstände, jeder mindestens dreißig Tonnen schwer und von den Abmessungen eines Zwanzigtausend-Liter-Heizöltanks, waren nachts getarnt entladen und abtransportiert worden.

Die Agenten hatten eifrig danach gesucht und die vier ominösen Gegenstände, alle röhrenförmig, etwa vier Meter dick, wiedergefunden. Und zwar in der scharfbewachten US-Marinewerft. Zusammengesetzt sahen die Teile aus, als würde ein Klein-U-Boot daraus.

Tatsächlich wurden sie auf der Werft in Tag- und Nachtarbeit remontiert. Und plötzlich war das U-Boot-ähnliche Fahrzeug zwischen Sonnenuntergang und Sonnenaufgang nicht mehr da. Vermutlich hatte man es aus dem Werftdock in den Hafen und weiter auf See geschleppt oder in eine einsame Bucht.

Dieser Agentenmeldung entnahm der sowjetische Marinegeheimdienst, daß es sich um ein Klein-U-Boot handelte, das aus Europa per Luftfracht nach Asien geschafft worden war und nun eine verdeckte Operation antrat.

Von diesem Punkt auf Lützows Absichten zu schließen war für Korpakow nicht schwerer als die Lösung einer Dreisatzaufgabe. Er versorgte sein Boot in Wladiwostok so schnell es möglich war und kehrte mit größter Dieselfahrtstufe durch den Tatarischen Sund in das Patrouillengebiet bei den Kurilen zurück.

Dadurch hatte Korpakow aber nahezu zwanzig Tage an Zeit verloren.

39

Es war Februar geworden. Februar 1962.

1800 Seemeilen lagen vor Lützow, seinen Männern und seinem Boot. Das kleine Unterwasserfahrzeug, nur ein Fünftel so groß wie ihr altes Atlantik-Kampfboot *U-136*, bot trotzdem mehr Platz und Bequemlichkeit. Mit sechs Mann war es nur mit zehn Prozent der Besatzung der alten 7-C-Boote besetzt. Jeder hatte eine Koje. Sie gingen im Vier-Stunden-Wachrhythmus. Behrens kümmerte sich um die Technik, unterstützt von Wessel. Für das Fahren des Bootes und Ausguck waren Lützow und Rahn zuständig. Ex-Obersteuermann Klein, der selbst unter Rasierwasser stets ein wenig nach Sardellen duftete, kümmerte sich um Navigation. Und der BND-Mann Harry Rex hatte meist die Hörer des Unterwasserhorchgeräts auf den Ohren.

Sie kamen so prima zurecht, daß Wessel, der im Grunde ein fauler Hund war, einmal sagte: »Dieses fabelhafte Nichtstun haben wir ja schon bei der deutschen U-Boot-Waffe exerziermäßig geübt. Und ich mag Lagerfeuerromantik.«

Sie mogelten sich um die japanischen Inseln herum und nördlich von Hokkaido durch die Kurilen hinein ins Ochotskische Meer. Meist liefen sie vorgeflutet, also halb getaucht, mit kleiner Turmsilhouette. So konnte man sie auch für einen japanischen Fischkutter halten.

Einmal machte Rahn Anstalten, mit weißer Farbe *U-136* auf den schmalen Turm zu pinseln, unterließ es dann aber, weil Wessel feixte: »Die alten Huren können es nicht lassen. Sie sind die schlimmsten, müssen sich immer mit Glitzerkram behängen.«

Lützow stimmte ihm vom Fahrstand herab zu.

»Das machen wir besser nicht, Rahn.«

Das Seegebiet entlang der Kurilen war stark befahren.

Überall Frachter, Küstenwächter, ganze Flotten von Fischereifahrzeugen. Flugzeuge drückten das neue U-Lützow immer wieder unter Wasser. Bei Tauchfahrt war es im Innern auszuhalten. Dank vorzüglicher Entlüftung und moderner Klimatisierung.

Wessel der große Spötter kommentierte: »Wenn unsere alten Boote stanken wie ein antikes römisches Urinal, dann riecht es hier nach parfümierter Damentoilette.«

»Ist ja auch nagelneu, das Ding«, ergänzte Behrens und kümmerte sich um seinen Diesel, der präzise wie ein Chronometer lief.

Noch waren ihre japanischen Seekarten für diesen Meeresabschnitt genau. Damit konnten sie auch, im Flachwasser tauchend, Deckung suchen. Oft im letzten Moment.

An Steuerbord lagen wie Perlen an einer Schnur aufgereiht die Kurilen-Inseln, dicke schwarze Buckel. U-Lützow passierte sie eine nach der anderen. Bei den Marakuschi Islands trafen sie nachts ein Versorgungsschiff der 7. amerikanischen Flotte, das sich als Fischdampfer getarnt hatte. Ihre Dieselbunker waren nahezu leer. Das Betanken fand bei Dunkelheit statt. Noch vor Eintritt der Dämmerung fuhr U-Lützow weiter. Nun schon nahe ihrem Ziel, überquerten sie den 50. Breitengrad.

Wessel, der sich immer für einen guten Koch gehalten hatte, kümmerte sich auch um das Essen. Nur Rahn meckerte stets daran herum. Einmal war ihm der Kartoffelbrei nicht fest genug, dann die Würste zu scharf gebraten.

»Du bist eben ein Gourmet«, sagte Wessel, »Doktor Gourmet.«

»Das kann man wohl behaupten.«

Wessel trieb gewöhnlich die Frozzeleien auf die Spitze.

»Natürlich kennst du alle Feinschmeckerlokale der Welt. Bocuse, Eiermann und die Köche im Elsaß, die Haeberlin-Brüder.«

»Alle«, bestätigte Rahn kauend.

In seiner hinterfotzigen Art setzte Wessel noch einen drauf: »Wirklich alle? Hast du schon mal ...«

»Was?« fragte Rahn unbeirrt weiter essend, »mit Sicherheit habe ich.«

»Hast du schon mal eine Babywindel gekaut, vorne matschig, hinten knusprig?«

Fluchend warf Rahn das Besteck weg und schrie: »Du bist eine verdammte Wildsau, Wessel!«

»Man wird doch noch fragen dürfen.«

»Mir reicht es. Danke.«

Ruhig erwiderte Wessel:

»Wenn Wildsau, dann möchte ich um Riesenwildsau bitten, was mir dienstgradmäßig zusteht.« Wessel lenkte ein: »Ich kann dir Spiegeleier braten.«

»Okay.«

»Aber nur, wenn du mir eine Frage beantwortest.«

»Falls es nicht wieder auf eine Schweinerei hinausläuft.«

»Wo denkst du hin«, tat Wessel empört und begann: »Was ergeben: zwei Eier, eine Frau, ein Mann, Liebe und ein Zimmer?«

»Na bitte. Du kannst es nicht lassen.«

»Und was wird daraus?« wollte Klein wissen.

Wessel grinste.

»Ei, ei, liebe Frau Zimmermann.«

»Du bist wirklich der Rest der Welt, Wessel.«

Dem empörten Rahn war der Appetit vergangen, aber wahrscheinlich würde er künftig nicht mehr am Essen rummeckern.

Unverdrossen saß ihr Sonarmann im Schapp bei seinen Geräten. Wenn Lützow Blickwechsel mit ihm suchte, schüttelte er nur den Kopf.

»Sonst irgendein Feeling, Rex?«

»Nein, Käptn«, hieß es meistens.

Nachts, wenn sie aufgetaucht fuhren, sahen sie Frachter mit merkwürdiger Decksladung in die Inselhäfen einlaufen. Es waren ellenlange röhrenartige Behälter. Vermutlich enthielten sie Interkontinentalraketen. Oft begegneten sie ein- und auslaufenden Schiffen der Roten Flotte, Kreuzern, Zerstörern, auch mal einem Hubschrauberträger.

Rahn machte stets Notizen. Alles stenographiert er mit.

»Schreiben Sie eine Art Kriegstagebuch?« fragte Lützow.

»Vermutlich seinen nächsten U-Boot-Roman«, bemerkte Wessel. »Als zukünftiger Minister für Unterricht und Kultus im Entwicklungsland Niedersachsen wird er dazu keine Zeit mehr haben.«

»Stärkere Schraubengeräusche«, meldete ihr Horcher.

Sie entfernten sich aber.

»Vermutlich Tanker.«

Dicht unter der Küste fahrend, machten sie im Glas hellbeleuchtete Stützpunkte aus. Offenbar hatten die Russen hier keine Angst mehr vor Spionen und gingen mit der Verdunkelung eher lässig um. Einmal beobachteten sie den Teststart einer Rakete und am Himmel die üblichen Bewegungen der Kontrollflugzeuge. Ein Tiefdruckgebiet mit schlechtem Wetter zog auf. Gegen die Kälte trugen sie Vliesunterwäsche dreifach und gegen die Gischt und den Regensturm Gletscherbrillen.

Sie umrundeten Schumschu, die letzte der Kurilen-Inseln, fanden aber den Tunnel nicht. Jetzt erwiesen sich zum erstenmal die japanischen Geheimkarten unzureichend. Auch ihr BND-Hellseher, den Lützow auf den Turm rief, half ihnen nicht weiter. Den gewöhnlich ruhigen Mann, der mit allen gut zurechtkam, hatten im hohen Seegang wohl seine übersinnlichen Fähigkeiten verlassen.

Tagelang kämpften sie gegen schweres Wetter. Das Boot mit seiner instabilen Oberwasserform schaukelte und schlingerte nach allen Seiten. Oft legten sie sich deshalb auf Grund. Erst als der Sturm nachließ, gingen sie wieder nach oben.

Es war schon eine üble Ecke, kalt, windig, Regen, Schneetreiben. Die Gischt spritzte wie aus Schaumlöschern und gefror sofort an die Turmverkleidung. Dazu kaum Sicht.

»Die Gegend der unsichtbaren Küsten«, sagte Lützow, »so wird sie genannt. Schätze, sie führt den Namen zu Recht.«

Da die Zeit drängte und es ihnen weder mit Sonar noch durch Loggen oder Unterwasserradar gelang, die Tunnelreste aufzuspüren, hielt Lützow eine Lagebesprechung ab.

»Ich weiß, es wird gefährlich, Freunde, aber es bleibt uns nichts anderes übrig als ein heimlicher Landgang. Wer kommt freiwillig mit?«

Wessel, der Mann für alles, fürs Feine und fürs Grobe, meldete sich sofort: »Außerdem möchte ich mich davon überzeugen«, erklärte er, »ob die Sache stimmt.«

»Dir geht es bestimmt nur um die Weiber«, warf Rahn ein.

»Klar, um die Mongolinnen«, bemerkte Wessel. »Man behauptet, sie hättens quer.«

»Was quer bitte? Aber nicht schon wieder eine Schweinerei, wenn's genehm ist.«

»Die Mongolinnen sind wie die Chinesinnen. Sie haben quer, was die anderen senkrecht haben«, präzisierte Wessel ungerührt und allen Ernstes.

Jeder kannte das alte Seemannsgarn. Nur Rahn drückte seinen Abscheu durch Mißbilligung aus.

Sie nahmen noch Klein mit, den sardellenduftenden Walfängerkapitän. Auf seinem Schiff fuhren oft russische Besatzungsmitglieder, weshalb er einigermaßen deren Dialekte sprach. Während Lützows Abwesenheit übernahm Rahn als Kommandant das Boot. Er brachte es soweit wie möglich unter Land. Im Schlauchboot pullten sie zu einem einsamen Strandstück, das verdreckt von Ölschmiere und Schwemmholz war, und marschierten zur nächsten Ansiedlung. Irgend jemand, so hoffte Lützow, mußte doch etwas von diesem verdammten Tunnel wissen. Immerhin war das damals in Ostsibirien ein Sensationsbau gewesen.

Häuser tauchten auf, primitive Hütten aus Holz und Wellblech. Zu sehen war kein Mensch. Aber Licht, Tabakmief und Fuselgestank drangen aus einer Kneipe auf die Straße.

Sie schauten durch die verstaubten Fenster und konnten nicht glauben, was sie sahen.

Die Männer drinnen tranken, knutschten mit Frauen herum und trugen alle Uniformen. Allerdings keine russischen.

»Verdammt!« fluchte Lützow. »Das sind britische U-Boot-Overalls.«

»Aber wer drinsteckt, das sind keine Engländer, sondern Muschiks, oder ich marschiere auf dem Zahnfleisch zurück nach Germany«, sagte Wessel.

Um es herauszufinden, ging Klein hinein. Die Tür quietschte in den Angeln, die Sackvorhänge bewegten sich. Aus ihrer Deckung heraus sahen Lützow und die übrigen, wie Klein am Tresen Wodka bestellte, Wodka mit irgendeiner Flüssigkeit aus rotem Beerensaft, und wie er mit den Leuten redete.

Ungeduldig warteten sie auf seine Rückkehr, denn bald war ablaufendes Wasser, und ihr Boot würde vielleicht auf dem Trockenen liegen. Endlich torkelte Klein heraus.

»Ich bin nicht besoffen, aber besoffen könnte man es wohl eher verstehen. Sie tragen alle die Uniformen der toten *Ventura*-Leute.«

»Wo haben sie die her?«

»Kommt mit!« winkte Klein.

Er hatte sich den Weg beschreiben lassen. An einem verfallenen Staketenzaun entlang erreichten sie den Friedhof. Er zeigte frische, zum Teil noch schneebedeckte Hügel. Einige davon trugen schlichte Holzkreuze. Am Ende des Friedhofs war eine Hütte. Dort weckte Klein den Totengräber.

Der brauchte einige Zeit, bis er aus seinem schläfrigen Wodkanebel freidünstete und ihre Fragen beantwortete.

Als Lohn dafür, daß er die Toten der Inseln begrub, durfte er ihre Uniformen und die paar Habseligkeiten aus ihren Taschen für sich behalten und verkaufen.

»Waren die Toten unter den Kreuzen von einem U-Boot?« forschte Klein in Lützows Auftrag.

»Nö, nur von den Verbannten.«

»War mal ein U-Boot da?«

»Das mag wohl so sein, Genossen.«

»Haben Sie von da die Uniformen?«

»Das mag wohl so sein, Genossen«, lallte der Alte.

Gewiß lag ihm nicht daran, die Herkunft der britischen Monturen zu verraten. Lützow glaubte ihn richtig verstanden zu haben und ließ nicht locker.

Klein übersetzte: »Wo ist das U-Boot jetzt?«

»Weitergefahren.«

»Oder hat es sich versteckt?«

»Vielleicht ja, vielleicht nein.«

Auf ihre Frage nach dem Tunnel erhielten sie eine überraschende Auskunft.

»Mein Bruder ist Austernfischer. Er hängt seine Austernkästen immer in die verfallenen Holzgerüste. Dort wachsen die Muscheln schneller.«

Der Alte bekam eine Goldmünze, wie immer ein probates Zahlungsmittel. Dafür holte er seinen Bruder. Auch den entlohnten sie gut, damit er ihnen die Reste des alten Tunnels zeigte, beziehungsweise den Ort genau beschrieb.

Was davon noch vorhanden war, lag oben am Kap an einem Strandstück, das sich steinig, aber sanft zur See hin neigte. Die Nacht war lang in diesen Breiten, erst recht im Winter, und es dämmerte spät.

Doch als sie zum Schlauchboot zurückkamen, war ihr Mutterschiff nicht mehr zu sehen. Kein Wunder. Der Strand war bis weit hinaus trocken gefallen.

»Beinah wie ein friesisches Haff«, verglich es Klein.

»Die kommen schon wieder«, meinte Wessel, »ohne uns verarmen die doch geistig total, und ohne Ihnen, Admiral, die Kameraden nix verdienen.«

In Deckung warteten sie hungrig und frierend, bis es endlich dunkel wurde. Nach sieben Stunden, mit der Flut, kam das kleine U-Lützow endlich wieder herein. Klamm, aber frohgemut stiegen die Männer in die Enge der warmen Stahlröhre.

»Und wie war's?« fragte Rahn.

Vorlaut wie immer lieferte Wessel den üblichen Kommentar: »Mann, die baden hier noch in der Regentonne – mit Tauchsieder.«

Trotz genauer Beschreibung fanden sie den Stummel der Tunnelröhre nur mit Mühe. Die Einfahrt lag etwa sechs Meter unter der Hochwassermarke. Lützow stand am Sehrohr.

»An WO! Darf ich ausnahmsweise einmal um astreine Feintrimmung bitten.«

»Wie gehabt, Käptn«, bestätigte Rahn.

»Plus leichtem Untertrieb. Damit wir uns an dem Gerümpel keine Zacken verbiegen.«

»Wenn die *Ventura* mit ihrem dicken Hintern reingepaßt hat«, meinte Wessel, »dann schaffen wir das auch.«

»Mit der Einschränkung ›wenn‹ – wenn sie hier war«, kommentierte Rahn.

Lützow am Sehrohr, rief: »Achtung! Magnetminen!«

Sie leuchteten die Wände, die Decken und den Bodenschlamm mit dem Turmscheinwerfer ab. Was vor ihnen lag, sah aus wie ein überfluteter Bergwerkstollen, dem Einsturz nahe. Überall krumme Balken, Schutthaufen, Trümmer. Das grelle Licht schreckte Fische und kleine Krebse auf. Und ringsherum hingen graue tellerförmige Platten. Die Magnetminen.

»Falls der Rest des Tunnels jetzt einstürzt, sitzen wir ganz dicke fest.«

»Vergessen und verloren für alle Zeiten«, schwärmte Wessel.

Wie immer behielt Lützow eiserne Ruhe.

»Wenn das britische U-Boot *Ventura* hier Schutz gesucht hat, ist der Tunnel ja auch nicht eingestürzt.«

»Hoffentlich«, bemerkte Klein.

»So, und jetzt bringen Sie uns rein, Rahn. Sie sind der einzige, der das kann. Aber mit der Sensibilität eines Schmetterlingsfühlers, bitte.«

»Lateinisch Fühlerus Schmetterlingis«, kam es von Wessel.

Im Schritttempo tasteten sie sich vorwärts. Ein gutes Stück tiefer im Tunnel, auf Land zu, fanden sie dann, was sie suchten.

Im Wasser lagen Konservenbüchsen von brasilianischem Cornedbeef, britischem Ham and Eggs, leere Cola- und Ölsardinendosen sowie Mineralwasserflaschen herum. Die Leute, die jetzt das britische U-Boot besaßen, hatten es wohl ziemlich leergefressen.

»Jedenfalls waren Menschen da«, versicherte das BND-Medium Harry Rex. »Ich spüre noch die Aura.«

»Spür mal besser, wie wir hier wieder rauskommen«, riet ihm Wessel.

Behrens und Lützow entschlossen sich zu einem Tauchgang außerhalb des Bootes, um ganz sicher zu sein, Im Neopren-Anzug, die Aqualunge am Rücken, schwammen sie draußen herum. Die Wasserprobe, die sie mitbrachten, erwies sich als schwach radioaktiv, was auf Strahlung der britischen Atomtorpedos schließen ließ.

»Die haben sie wohl schon in den Abschußrohren«, vermutete Lützow.

Endlich, bei der nächsten Flut, erteilte Lützow den Befehl, das Boot langsam rückwärts aus der Tunnelröhre zu ziehen.

Und Wessel bemerkte erleichtert: »Jetzt wissen wir immerhin mit absoluter Sicherheit eines: Die *Ventura* ist nicht hier.«

»Aber daß sie da war«, ergänzte Lützow, »und daß man sie einsatzbereit gemacht hat.«

»Mal angenommen, sie wäre noch da, Käptn …?«

»… dann würde die NATO sich das Boot schnappen, egal ob Krieg oder Frieden.«

Klein kratzte seinen Scheitel.

»Aber zum Teufel, wo ist es abgeblieben?«

»Auf Anmarsch in Einsatzposition«, fürchtete Lützow.

»Einsatzposition wofür?«

»Gegen ›*TITANIC II*‹.«

»Dann müssen wir diese Burschen also weiter suchen.«

»Ja, bis wir sie kriegen.«

»Geht es denn schon wieder von vorne los«, schimpfte Rahn.

»Nein, von achtern«, meinte Wessel, »diesmal von hinten.«

Mit größtmöglicher Vorsicht und langsamster Fahrtstufe zog sich das U-Boot rückwärts aus dem Tunnel. Die nagelneuen Magnetminen, die den Tunnel sichern sollten, waren mit Sicherheit erst vor kurzem gelegt worden. Algen, Plankton und Schlamm hatten sie noch nicht beschichtet.

»Unser antimagnetischer Stahl wird sie schon nicht auslösen«, gab sich Lützow zuversichtlich.

»Hoffentlich wissen das auch die Minen«, bemerkte Wessel dazu.

Trotzdem wurden es bange hundert Sekunden, die sie nahezu atemlos machten. Dann waren sie durch.

Draußen im tiefen Wasser wendeten sie und steuerten Kurs einhundertfünfundvierzig Grad.

40

Admiral Korpakow verlor mit seinem Kiew-Boot zwanzig Tage Zeit. Erst hatte er nicht geglaubt, daß Lützow noch auftauchen würde, dann mußte er zum Auftanken Wladiwostok anlaufen. Nun, nach schneller Rückkehr in pausenlosem Diesel-AK-Marsch stellte er fest, daß er zu spät kam. Vielleicht nur um Stunden, aber zu spät. Jedenfalls gab es deutliche Anzeichen dafür, daß ein Boot in den Tunnel eingedrungen war. Die Signalschnüre hingen zum Teil in Fetzen. Von Fischen konnte diese Beschädigung nicht stammen.

»Warum haben die Magnetminen nicht gezündet?« fragte kopfschüttelnd sein I WO.

»Vermutlich weil das Boot aus antimagnetischem Stahl gebaut wurde.«

»Wer besitzt solche?«

»Na, wer schon. Die NATO.«

Der fremde Besuch mußte vor kurzem erst stattgefunden haben. Recherchen an Land ergaben, daß Seeleute unbekannter Nationalität die Insel betreten hatten. Korpakow zweifelte nicht daran, daß der Chef dieser Operation Lützow hieß. Das alles trug seine Handschrift.

Korpakow empfand es als persönliche Niederlage. Mit wütender Energie und allen verfügbaren Mitteln machte er sich daran, den Eindringling zu hetzen. Sämtliche Wachboote und U-Boot-Jäger auf See wurden alarmiert. Aber das NATO-U-Boot zu finden war mindestens so schwierig wie einen treibenden Flaschenkorken bei Sturm im Bodensee.

Nach wenigen Stunden Fahrt schon hörten sie auf U-Lützow die Schraubengeräusche dieselgetriebener Bewacher.

»Die suchen anderswo herum«, sagte der BND-Horcher, »sie entfernen sich.«

Was auch zutraf. Doch in der Nacht geriet U-Lützow in eine Kette von Fregatten, die, geringen Abstand haltend, eine Art Sperre aufbauten. Getaucht gelang es Lützow, die Sperre zu durchbrechen und Distanz zu gewinnen.

Er wähnte die Jäger längst abgeschlagen, als sich ein Verfolger hinter sie hängte. Auch er operierte unter Wasser. Ganz leise war sein Asdic vernehmbar, soweit es von der Beschichtung nicht verschluckt wurde.

»Ich habe das Gefühl, das ist kein guter Freund«, äußerte der BND-Mann. »Wir sollten uns vorsehen, Käptn.«

»Das walte Montezuma«, sagte Lützow, »der große Gasförmige«, und stülpte sich selbst Kopfhörer über. Angestrengt lauschend nickte er mehrmals.

»Diese Schraube kenne ich. Hörte sie schon mal vor Alaska. Die Zehnblattschraube eines Kiew-Bootes. Wenn wir Pech haben, sitzt uns Admiral Korpakow im Nacken. Der kennt sich in solchen Dingen leider recht gut aus. Als Verfolger ist er ein verdammt zäher Knochen.«

Zunächst versuchten sie es mit den üblichen Tricks, mit abrupter Kurs- und Tiefenänderung. Es gab immer wieder Wasserschichten von verschiedener Wärme und verschiedenem Salzgehalt, die wie eine Tarnkappe wirkten. Zuweilen konnte man sich in ihnen verstecken. Doch dieses Glück hatten sie diesmal nicht. Eisern blieb der taktikerfahrene Korpakow hinter ihnen.

Wessel brachte es auf einen Nenner: »Der hat auf uns gewartet und uns verfehlt. Jetzt ist er sauer. Hätte er doch besser aufgepaßt, der Penner. Nun will er unbedingt etwas tun. Ja, wer andern eine Grube gräbt, muß arbeiten.«

Doch Wessels Witzelei lockerte die Spannung nicht.

»Was wird er unternehmen?« fragte Klein.

Ringsum besorgte Gesichter.

»Torpediert er uns?«

»Am liebsten würde er uns zum Auftauchen zwingen«, vermutete Lützow, »und dann rammen.«

Dazu verfügte das Kiew-Boot über geeignete Mittel.

»Es hat Schnorchel und kann unter Wasser recht schnell operieren.«

»Ziemlich antike Technik«, bemerkte Behrens abfällig.

»Vielleicht unser Vorteil«, schätzte Lützow. »Seine Batteriekapazität ist viel geringer ausgelegt als die unsere. Irgendwann muß er rauf und nachladen.«

»Oder er schnorchelt weiter hinter uns her.«

»Das begrenzt seine Tauchtiefe auf zwanzig Meter. Der Dieselärm ist dabei so höllisch, daß er nicht uns, sondern vor allem sich selbst hört.«

»Dann hat er noch sein Asdic und sein Sonar.«

»Aber wir sind antimagnetisch.«

Einmal meldete sich Harry Rex.

»Ich erkenne weit voraus ein Hindernis, Käptn.«

Noch zeigten die Seekarten nichts an.

»Wie sehen Sie das?«

»Mit Vorahnung, Käptn.«

»Das muß wohl mehr ein unbestimmtes Gefühl sein«, tat es Lützow lächelnd ab.

Im Laufe der Nacht gelang es ihnen tatsächlich, den Russen erst einmal loszuwerden. Ursachen dafür gab es mehrere. Lützow analysierte sie rauf und runter. Aber letzten Endes hatten wohl zu viele Parameter mitgewirkt. Hauptsache, sie waren ihm entwischt.

»Den sind wir los«, frohlockte Klein. »Das wird ihm mächtig stinken.«

Doch schon meldete sich ihr Hellseher wieder zu Wort.

»Leider«, bedauerte Harry Rex, »sind wir ihn nicht gänzlich los. Richtig spannend wird es erst in den nächsten Stunden.«

»Ja, und ich bin ein bißchen schwanger«, höhnte Wessel.

Sie hatten sich zu früh gefreut. Sie hatten ihn noch immer im Nacken. Korpakow blieb an dem deutschen U-Boot, als wäre er durch eine Schlepptrosse mit ihm verbunden. Deutlich war er wieder zu hören.

»Jetzt müssen wir leider zu einer Gemeinheit greifen«, bedauerte Lützow. Mit Klein beugte er sich über die Seekarte. »Unser Magier hat ein Hindernis gemeldet. Schaun wir mal nach, ob wir da was hätten.«

Die neueste japanische Radarkarte, sie war mehr ein Computerausdruck aus sehr vielen Zahlen bestehend, zeigte tatsächlich etwas an. Was sie erst für eine Untiefe hielten, waren Wracks.

»Weltkrieg zwo«, meinte der Walfangreeder.

»Dorthin müssen wir Korpakows Boot locken.«

Mit hoher Geschwindigkeit, Diesel plus E, lief das Kiew-Boot auf und begann sie einzuholen.

»Nun leiten wir unsere kleine Gemeinheit in die Wege«, entschied Lützow, »tut mir echt sorry, Korpakow.«

Mit der Lupe prüften sie noch einmal die japanischen Computerkarten. Die Japaner hatten sie mit neuartigen Methoden einer Kombination von Sonar- und Luftradarfotos erstellt. Das Ganze wirkte mehr wie ein Mosaik aus winzigen Steinen.

»Außerdem wissen die noch aus dem letzten Weltkrieg genau, wo die Wracks ihrer gesunkenen Schlachtschiffe liegen.«

Lützow deutete auf ein Kreuz in der Seekarte. Es war nahe ihrer Position in Küstennähe und in relativ seichtem Wasser eingezeichnet. »Hier denke ich.«

Klein hatte den Chef verstanden, wie immer, und stimmte zu.

»Tiefe kaum vierzig, die Aufbauten der Yokohama ragen bei Niedrigwasser bis dicht unter die Oberfläche.«

»Und wann haben wir Niedrigwasser, Mister Klein?«

Ein Blick auf die Uhr.

»In sechzig Minuten, Käptn.«

»Distanz zu dem Wrack?«

»Noch etwa vierzehn Meilen«, griff Klein mit dem Zirkel ab, »Laufzeit etwa siebzig Minuten. Wir erreichen es 17 Uhr 20 OAZ.«

Lützow und Klein besprachen leise die Einzelheiten. Lützow legte die Taktik fest, und Klein wollte den Kurs berechnen.

»Machen Sie es so, daß wir genau auf die Wracks zulaufen.«

»Und dann den Kurs ändern, Käptn?«

»Nein, wenn wir eine Ausweichbewegung machen, würde das Korpakow auffallen. Sobald wir das Wrack im Sonar haben, gehen wir kurz hoch, huschen drüber weg und dann wieder auf Tiefe. Wenn wir Glück haben und er Pech hat, folgt er uns stur und kracht voll in das alte Eisen. U-Boot gegen Panzerschiff, schmeckt lecker.«

»Das möchte ich knirschen hören«, bat Wessel.

Und so kam es dann auch.

Um den Verfolger nicht zu irritieren, behielten sie Kurs und Geschwindigkeit strikt bei. Ab und zu vernahmen sie das Asdic, das Ping-ping von Korpakows Unterwasserradar. Dies aber in Abständen von mehreren Minuten. Offenbar glaubte Korpakow sie jetzt sicher zu haben und daß sie ihm nicht mehr entkommen konnten.

Lützow konnte sich vorstellen, was Korpakow vorhatte. Torpedieren war zu unsicher, also würde er sie unter Wasser zu rammen versuchen. Mit seinem schweren Dreitausend-Tonnen-Schiff gegen das leichte U-Boot war das, als würde man per Fußtritt einen Luftballon gen Himmel kicken. Noch bestand aber die Gefahr, daß auch der Russe das im Seichten liegende Wrack des gesunkenen japanischen 40000-Tonners erkannte.

Dagegen gab es noch ein probates Mittel.

»Wir stoßen einen Bold aus«, entschied Lützow.

»Ein vorz-erprobtes Mittel«, kam es von Wessel, »vorzüglich erprobt. Haut nur leider selten hin.«

»Die neuen Bolde versprühen im Wasser die Wolke einer reflektierenden Flüssigkeit auf Silberjodid- und Eisenpulverspraybasis.«

Doch das würde Korpakow sofort erkennen. Die Tarnungsmöglichkeiten von U-Booten waren ihm durchaus ein Begriff.

Lützow entschied trotzdem: »Aber der Bold blendet ihn.«

»Und er hält stur unseren Kurs.«

»Vorausgesetzt, dieser Bimbo kann überhaupt geradeaus steuern«, brummte Wessel.

»Wir lösen den Bold erst nahe dem Wrack. Er wird sich wie ein Schleier vor das Hindernis hängen.«

Lützows Plan konnte aufgehen oder auch nicht.

Der Gegner folgte ihnen nahezu auf der Geruchsspur. Eine halbe Meile vor dem Wrack bliesen sie den Bold aus. In seinem Schutz tauchten sie bis auf neun Meter hoch. So huschten sie über das gesunkene japanische Schlachtschiff hinweg, dann wieder tiefer und weiter und warteten ab.

»Jetzt kein Geräusch im Boot«, befahl Lützow und setzte selbst die Hörer auf.

Klein verfolgte die Zeiger von zwei Stoppuhren. Im Flüsterton zählte er.

»Seine Entfernung beträgt kaum drei Kabellängen. Gleich muß es soweit sein. Eigentlich jetzt.«

Ein urgewaltiges Krachen riß ihm schier das nächste Wort von den Lippen. Der Donner eines unterseeischen Bebens, als hätte sich hinter ihnen ein Meeresgewitter entwickelt, holte sie ein. Dazu klang es wie immer, wenn Stahl gegen Stahl kracht.

»Sie machen nichts Halbes, Käptn«, bewunderte Wessel seinen Chef.

»Reine Charaktersache«, lautete Lützows magerer Kommentar, »jawohl meine Herrn, so haben wir es gern.«

Sie grölten, daß draußen die Fische erschraken.

»Jetzt ist Genosse Korpakow mit seiner Schlauheit am Ende«, meinte Rahn studienrathaft.

»Der Krug geht so lange zum Brunnen, bis der Brunnen leer ist«, formulierte es Wessel.

»Da muß ein Torpedo mit hochgegangen sein«, vermutete Lützow, »den hatte er für uns schon im Rohr.«

»Und jetzt Ballett«, wünschte Wessel, »und Champagner.«

Dummerweise hatten sie beides nicht an Bord.

»Darf ich Ihnen wenigstens die Füße küssen, Käptn?«

»Auch das habe ich gern«, sagte Lützow.

Die Männer von U-Lützow glaubten schon, sie hätten das Schlimmste hinter sich und eine Art Musikdampferheimfahrt.

Großer Irrtum. Das dicke Ende kam, als ihr Treibölversorger nicht zur Stelle war.

»Der kommt auch nicht mehr«, weissagte der BND-Hellseher.

»Immer positiv fühlen«, riet Lützow.

Sechs Stunden später brachen sie die Funkstille und mußten erfahren, daß der getarnte Fischdampfer wegen einer Maschinenhavarie sie nicht pünktlich erreichen konnte.

Mit dem restlichen Sprit fuhren sie weiter und hatten plötzlich eine sowjetische U-Jagdfregatte im Kreuz. Offenbar hatte diese sie trotz ihrer antimagnetischen Stahlhülle geortet. Nur mit Mühe entkamen sie dem Verfolger, lutschten die Batterien aber bis zum letzten Ampere aus.

»Das war eine meiner schwersten Übungen«, gestand Lützow danach erschöpft.

Auftauchend verfuhren sie mit dem Diesel die letzte Treibstoffreserve, lagen dann mit leeren Akkus und Tanks kraftlos da.

Mitten in russischen Hoheitsgewässern dümpelnd, lästerte Wessel: »Klarmachen zum Segeln. Alle Leute mit abstehenden Ohren auf der Back antreten.«

In der Morgendämmerung gelang es ihnen, einen japanischen Fischkutter zu bewegen, daß er ihnen eine Tonne Treibstoff überließ, so daß sie den Treff mit dem neuen Versorger gerade noch wahrnehmen konnten.

»Aber wir kommen nach Hause«, verkündete Harry Rex, »ich sehe keine Probleme mehr.«

Schon querab der Kurilen-Insel Kunaschir stehend, liefen sie durch die Katharinenstraße Richtung Pazifik. Ohne weitere Zwischenfälle erreichten sie Okinawa.

Der Heimtransport ihres Bootes war Sache des NATO-Oberkommandos. Sie selbst beabsichtigten, mit Linienmaschinen nach Europa zurückzukehren. Die einzige Erkenntnis für Lützow war die, daß der unbekannte Gegner das britische U-Boot mit den Atom-Torpedos offenbar einsatzklar in Händen hatte und daß es nun galt, die *Ventura* ausfindig zu machen, ehe sich die Lage zuspitzte. Allzuviel Zeit blieb ihm nicht. Vielleicht noch vier Wochen.

In Okinawa ließen sie sich erst einmal bis zur Halskrause vollaufen, spülten dann mit Bourbon durch.

Zum Abschied meinte Dr. Ing. Behrens: »Omas Bötchen wird ein echter Exportschlager. Da wette ich drauf. Soeben hat es seine Einsatzerprobung bravourös bestanden.«

Und Wessel wurde beinahe sentimental: »Ihnen verdanke ich die erlesensten Abenteuer meines Lebens. Durch Sie, Käptn, habe ich mit vierundvierzig Jahren mehr erlebt, als andere mit fünfundvierzig.«

»Bloß nicht übertreiben, Wessel, das war eine von den gemütlichen Sachen.«

»Und ich kaufe mir für eine Million Whisky und Weiber. So long amigos!«

VIII. TEIL

Die Täuschung

41

In den ersten Märztagen erhielt die Baronesse Dorothea von Königsau-Brandenburg ein Telegramm. Der Postbote lieferte es am Nachmittag bei der Pension ›Villa Sabrina‹ in Fiesole in den Hügeln über Florenz ab.

Das Telegramm war in Casablanca aufgegeben worden. Es lautete: MUSS DICH SEHEN – STOP – KOMM NACH ROM HOTEL HASSLER VILLA MEDICI – DRINGEND – gez. BRANDENBURG

Sie dachte an eine nur kurze Abwesenheit, packte rasch den Zwei-Tage-Koffer und fuhr sehr früh mit dem Rapido nach Rom. Von der Stazione Termini nahm sie ein Taxi zur Spanischen Treppe.

Bei der Rezeption des Hotels hatte man kein Zimmer für sie reserviert. Nur eine Nachricht lag da. Ein Zettel. Darauf stand ›Taxi‹ und eine Telefonnummer.

Die Baronesse ließ das Taxi rufen. Wortlos übergab ihr der Fahrer einen Brief und bat sie einzusteigen. Sie wollte wissen, wohin er fahre.

»Aeroporto Leonardo da Vinci«, lautete die Antwort.

Der Umschlag enthielt ein Ticket für die spanische Fluglinie Iberia: Rom – Barcelona – Malaga.

Sie bekam eine Buchung für den späten Nachmittag. Als sie in Malaga landete, noch sommerlich braun, das Blondhaar strähnig ausgebleicht, war es schon dunkel, und es regnete leicht. In der Ankunftshalle stand ein großer breitschultriger Mann. Er trug einen Burberry-Trenchcoat. Den Hut hatte er links hereingezogen, so daß seine schwarze Augenklappe darunter verschwand. Blumen hatte er nicht dabei.

Brandenburg nickte nur kühl, griff seine Ehefrau fest beim Arm und zog sie hinaus zu einer Chrysler-Limousine. Sofort fuhr er los.

Offenbar kannte er sich in Malaga aus. Sie rollten zum Meer hin, dann an der Küste entlang. Noch immer hatte er kaum ein Wort gesprochen.

Statt einer Begrüßung fragte er endlich: »Ist dir jemand gefolgt?«

»Glaube nein.«

»Hast du Kontakt mit Lützow?«

»Ja, kurz in Brüssel. Schon eine Weile her. Du batest mich darum.«

»Ergebnis?«

»Was hast du erwartet?«

Trotz seines kaputten linken Auges fuhr Brandenburg schnell, aber nicht sehr sicher. Das Blenden entgegenkommender Fahrzeuge machte ihm zu schaffen. Dann holte er zu weit rechts aus. Bei einem gewagten Überholvorgang streifte er schon die Büsche am Straßenrand. Scharf riß er den Chrysler wieder auf den Asphalt zurück.

Hartnäckig bohrte er: »Wie steht ihr, du und Lützow?«

»Neutral, reserviert, abgeschaltet. Aber es bessert sich.«

»Versuche die Beziehung zu normalisieren«, drängte er.

»Warum? Und was ist normal?«

»Du solltest sein Vertrauen zurückgewinnen. Lützow ist mein einziger gefährlicher Hauptgegner. Er wurde auf mich angesetzt. Du versuchst herauszufinden, was er vorhat. Ich muß ihm ständig einen Schritt voraus sein.«

Ungehalten wollte sie wissen, weshalb er sie nach Südspanien bestellt hatte.

»Warum sollte ich herkommen? Bin ich deine Marionette?«

»Und außerdem immer noch meine Frau.«

Da lachte sie nur abfällig: »Vielleicht auf dem Papier.«

Nun versuchte er ihr den Grund seines Drängens zu erläutern. Angeblich ging es ihm darum, sie fester an sich zu binden.

»Du weißt, ich plane eine große Sache. Wenn das vorbei ist, bin ich reich. Versorgt für den Rest meines Lebens, möchte ich mich in Spanien niederlassen und hier mit dir und meinem Sohn leben.«

»Du und eine intakte Familie«, erwiderte sie hämisch, »das paßt wie Eisblumen in der Sahara.«

Ohne darauf einzugehen, während sie durch das kaum belebte nur spärlich beleuchtete Torremolinos fuhren, lieferte er ihr eine weitere Erklärung: »Du hast in Kalifornien Spanisch gelernt. Setz dich mit Immobilienfirmen, die ich dir nennen werde, in Verbindung. Du wirst nach einem geeigneten Objekt Ausschau halten. Es soll zwischen der Küste und den Bergen liegen. Eine Finca, vielleicht zwanzig Hektar groß, mit einem bewohnbaren bequemen Haus, Garagen, Ställen, vielleicht einem Swimmingpool. Häng dich gefälligst da rein. Mach es gestern.«

»Preis?«

»Ist Nebensache.«

»Warum schon gestern?« wollte sie wissen.

»Im Frühjahr wird alles über die Bühne gegangen sein. So um Mitte April herum. Danach möchte ich wissen, wo ich bleibe.«

Mehr äußerte er nicht dazu. Aber eines stellte sie fest, und das verriet ihn: Er hatte einen besonderen Geruch an sich. Anzug und Mantel strömten eine typische Duftmischung nach Dieselöl, Farbe und getrocknetem Seewasser aus. Das hatte er auch mitgebracht, wenn er 1940 von Feindfahrt zurückkam, diese unverwechselbaren Reste von U-Boot-Mief. Und er war tiefbraun. Daraus schloß sie, daß er von einem U-Boot kam, das möglicherweise in Nordafrika lag.

Sigurd Brandenburg verschwand meist so unerwartet, wie er kam. Als die Baronesse das richtige Objekt für ihn in Casares gefunden hatte, war er plötzlich da, prüfte es, fand es okay und vollzog sogleich den notariellen Kaufakt. Danach ließ er sich von ihr zum Außenhafen von Marbella bringen.

Er bestand darauf, daß sie gleich zur Finca nach Casares zurückkehrte.

Es war ein heller Vormittag mit guter Sicht. Von der erhöhten Küstenstraße aus versuchte die Baronesse das Auslaufen eines Schiffes nach Süden zu beobachten. – Zwar legte keine Yacht ab, aber ein kleines Wasserflugzeug, ein Amphibienflugboot, startete mit langem Anlauf. Mehrmals kreisend gewann es Höhe und flog nach Südosten.

Zurück im Haus begann die Baronesse, die noch nicht ausgepackten Koffer Brandenburgs zu durchsuchen, bevor sie seine Sachen in die Kleiderschränke hängte. An einem Schuhpaar hatte sich Schimmel angesetzt, wie es in der Feuchtigkeit von U-Boot-Spinden leicht vorkam. In einem der Sakkos fand sie mehrere Zeitungsausschnitte mit Berichten über den Bau eines Luxusdampfers, der *TITANIC II*, des größten Schiffes der Welt, wie es hieß. Es gab auch Fotos davon.

Was sie besonders interessant fand, war eine per Hand ausgeführte große Planskizze des Schiffes mit Einzelheiten seines Innenlebens, samt Reaktorräumen, Turbinen, Hilfsmaschinen, Bunker. Allmählich begann sich das Bild über das, was Brandenburg plante, zu runden.

An einem der noch kühlen Märzabende ließ sie von der Hausangestellten im Kamin Feuer machen. Die Olivenäste dufteten. Wie immer trank sie mindestens eine Flasche Wein. Der Tinto beflügelte sie und verdrängte die Sorgen. Alkohol half gegen Depressionen. Wieder einmal nahm sie sich ein Herz und rief Lützow an.

Er legte nicht auf.

Vorsichtig deutete sie an, was sie wußte: »Es geht um die *TITANIC*.«

»Denk, was du willst«, tat er es ab, als sei das nur eine gewagte Kombination.

Immer wieder tauchte Brandenburg unverhofft in Casares auf. Diesmal brachte er spätabends einen Mann mit, den er als seinen Piloten vorstellte.

Der schweigsame, wenig sympathische Bursche hieß Fedorowitsch, eine Art rasierter Affe, dem man das Fliegen beigebracht hatte. Vermutlich war er Russe, denn sie sprachen immer Russisch miteinander.

Brandenburg forderte die Baronesse auf, für ihn und seinen Kumpel Abendessen vorzubereiten. Sie hatte Paella im Kühlschrank, die sie aufwärmte. Dazu briet sie T-Bone-Steaks. Doch das hatte die Männer noch immer nicht gesättigt. Also sprachen Brandenburg und sein Gast kräftig dem Alkohol zu. Früh gingen sie schlafen.

Die Baronesse wollte noch aufbleiben und das Haus in Ordnung bringen. Brandenburg bestand jedoch darauf, daß sie mitkam. Droben im Schlafzimmer jagte er sich eine Injektion in den Oberschenkel. Die Spritze enthielt honiggelbe Flüssigkeit. Gegen ihren Willen und obwohl sie sich sträubte, verpaßte er auch ihr mehrere Kubikzentimeter in die Armvene. Sie wußte nicht, worum es sich handelte, vermutlich war es etwas mit Kokain. Jedenfalls machte die Droge Brandenburg äußerst aktiv. Er nahm sie mehrmals brutal, bis er fast besinnungslos in die Kissen sank.

Die Baronesse hingegen lag hellwach da. Bei Morgengrauen, als Brandenburg sich einmal umdrehte, sah er ihre offenen Augen.

»Warum schläfst du nicht? War es nicht gut?« sabberte er.

Da konnte sie sich nicht mehr beherrschen.

»Warum tust du das?« fuhr sie ihn an. »Was treibt dich dazu? Was hat dich so kaputt gemacht, so gemein?«

»Wovon sprichst du?«

Durch ihre Fragen war auch er vollends wach geworden.

»Die Gründe«, forderte sie, »nenn sie mir.«

»Ich habe zwar Kopfschmerzen«, antwortete er gähnend, »aber vielleicht erinnerst du dich. Die Amerikaner haben 1941 mein Boot im Atlantik versenkt. Freunde in Malaysia nahmen mich auf. Wir wurden aufrechte Piraten. Was wir den Reichen wegnahmen, schenkten wir den Armen, wie damals Robin Hood. Dann kaperten wir einen amerikanischen Schnellfrachter mit Wasserstoffbomben. Um deren Atomversuche in der Südsee und die Zerstörung der Atolle zu verhindern. Eine Katastrophe, die dann später leider doch eingetreten ist. Lützow hat als Helfer der Amerikaner mein Boot zerstört, mich zum

Krüppel geschossen und meinen Freund, Senator Harvey, trieben sie in den Selbstmord.«

»Hör auf!« unterbrach sie ihn. »Das stimmt ja alles nicht.« Doch er redete weiter: »Dann nahm mir Lützow die Frau und den Sohn weg. Die Brüder meiner Glaubensbrüder in Arabien schmachten in den Folterkellern des Westens. Ich habe versprochen, sie zu befreien. Außerdem fordern wir eine finanzielle Entschädigung für angetanes Unrecht, für die Schäden der Kriege in Nahost und die Verfolgungen. Weißt du nun, was meine Motive sind? Verdammt nochmal, ich hoffe es.«

Fassungslos erwiderte sie: »Das kann nicht dein Ernst sein, die ehrliche Ansicht eines intelligenten Mannes. Das glaubst du doch selbst alles nicht.«

Das letzte hatte Brandenburg schon nicht mehr mitbekommen, denn er war wieder eingeschlafen.

Die Baronesse fühlte sich jetzt ziemlich munter und erleichtert. Sie duschte erst einmal. Dann durchsuchte sie den Koffer des Piloten. Sie fand darin mehrere Karten. Darauf eingezeichnet die Flugroute. Diese führte über Gibraltar direkt an die afrikanische Küste nach Ceuta und weiter nach Osten, an der Küste entlang, an Algerien vorbei bis Libyen. Dort endete sie nicht an einem bestimmten Punkt, sondern in einem kreisförmig umrissenen Landegebiet.

Eines war der Baronesse ziemlich klar. Brandenburg mußte dort einen Stützpunkt haben. Vermutlich im Schutze eines Staates, der ihn und seine Hintermänner duldete und der gewiß nicht zu den Freunden Englands zählte.

Sie durchsuchte auch Brandenburgs Brieftasche. In einem der hinteren Fächer fand sie ein Zelluloidplättchen von der Größe einer Streichholzschachtel. Mit Sicherheit Filmbilder. Da sie sich mit diesen Dingen nicht auskannte, sah sie keine Möglichkeit, es zu kopieren. Also legte sie es zurück. Immerhin bestand die Gefahr, daß Brandenburg es vermißte. Bei nächster Gelegenheit wollte sie damit aber einen Fotografen in Marbella aufsuchen. Anschließend schlief sie noch ein paar

Stunden. Am Vormittag, als sie aufstand und herunterkam, war das Haus schon leer. Brandenburg und sein Pilot hatten es in aller Frühe verlassen.

Durch seine Verletzungen, verbunden mit einer schleichenden Lebererkrankung, war Brandenburg nicht mehr der skrupellose Draufgänger von einst. Beim nächsten Besuch trank er wieder Unmengen Whisky und Wodka durcheinander. Dabei geriet er außer Kontrolle, denn er begann von seinen Plänen zu sprechen.

Sein Anteil an dem Geschäft betrage ungefähr hundert Millionen Dollar, schwadronierte er. »Und ich werde sie mir holen. Ich kriege alles, was ich will. Immer.«

Vorsichtig forschte Dorothea ihn aus, auch wie lange er diesmal zu bleiben gedenke.

»Zwei bis drei Tage«, schätzte er. »Wir brauchen im Haus noch Möbel, und ich muß mit den Handwerkern verhandeln. Das Dach über der Terrasse ist undicht.«

Anschließend schlief er tief und fest. Die Gelegenheit war günstig. Die Baronesse brachte den Zelluloidstreifen an sich und konnte es einrichten, daß sie in Marbella am Morgen eine Stunde für sich hatte.

Der Mann im Fotolabor kannte sie gut. Er hatte schon früher Bilder für sie entwickelt. Fachmännisch stellte er fest, daß es sich bei dem Zelluloid um Mikrofilm handelte.

»Können Sie das kopieren und vergrößern?« drängte sie.

»Das dauert einen Tag, Senora«, sagte er. »Aber ich habe ein Lesegerät.«

Zu ihrem Bedauern mußte sie feststellen, daß ihr das wenig half. Bei den Seiten auf dem Mikrofilm handelte es sich um kaum entzifferbare handschriftliche Aufzeichnungen eines Mannes namens von Müller, über ein U-Boot mit der Nummer 11 und einen Zeitraum, der ein halbes Jahrhundert zurücklag. Sie bat den Fotolaboranten, wenigstens einen Abzug des Mikrofilmes herzustellen, auch wenn er schwer lesbar sein würde. Das dauerte nur wenige Minuten.

Als sie den Fotoladen verließ, stand Brandenburg draußen.

»Dachte, du bist beim Friseur.«

Sie war so überrascht, daß sie ins Stottern geriet, machte ihm aber klar, daß sie nur entwickelte Farbbilder habe abholen wollen. Sie seien aber noch nicht fertig.

Er schien ihr zu glauben.

Später, in Casares, in einem unbeobachteten Augenblick, als Brandenburg im Pool schwamm, brachte sie den Mikrofilm wieder in das Versteck.

Den ganzen Tag über war die Stimmung gespannt und gereizt. Doch es kam nicht zu den bei Brandenburg üblichen Ausfällen.

Abends fragte er sie nur: »Sprichst du mit Lützow?«

»Manchmal.«

»Dann ruf ihn an.«

»Jetzt?«

»Warum nicht. Du liebst ihn doch noch immer.«

»Liebe war es nie zwischen ihm und mir.«

»Was dann?«

»Achtung.«

»Aber mich haßt du abgrundtief. Und dieser Haß ist echt.«

Sie vermied Streit, ging nicht darauf ein.

Spät nachts, als er schlief, sprach sie noch einmal mit Lützow in Brüssel.

»Ich glaube, es ist bald soweit«, berichtete sie. »Ich hoffe, daß ich dir noch etwas Wichtiges mitteilen kann. Die Niederschrift eines gewissen Kapitänleutnant von Müller über ein U-Boot Nummer 11. Wenn du schon nicht vergessen kannst, vielleicht doch – verzeihen.«

Rasch legte sie auf, denn sie hörte droben Brandenburg hin und her gehen.

Am Morgen gelang es ihr noch einmal, allein nach Marbella hinunterzufahren. Sie übergab dem Fotolaboranten einen frankierten und adressierten Umschlag, mit dem er die Mikrofilmkopie nach Brüssel in Belgien senden sollte.

Als sie zur Finca zurückkam, wartete Brandenburg auf sie,

hochrot im Gesicht. Er bekam einen Wutanfall, weil sie ohne sein Wissen weggefahren war. Er warf ihr vor, jetzt auch ihn zu hintergehen und daß sie auf zwei Schultern tragen würde. Er habe bei dem Fotolabor angerufen. Dort liege kein Film zur Entwicklung.

Sie sah keinen Ausweg und täuschte eine Art Geständnis vor. »Ich bestellte bei ihm ein Foto«, log sie geistesgegenwärtig.

Er unterbrach sie: »Nein, es ist ein Brief, frankiert und adressiert an Admiral Lützow.«

Die Diskussion nahm an Schärfe zu.

»Ein Brief«, räumte sie ein. »Stimmt.«

»Und der Inhalt?« herrschte er sie an.

»Besagtes Foto.«

»Welches Foto?«

Sie zögerte und gestand dann, täuschend schuldbewußt, in der Hoffnung mit der Wahrheit zu bluffen.

»Ein Foto der *TITANIC*.«

Brandenburg schien nachzudenken wie ein Schachspieler vor dem nächsten Zug, der zu Sieg und Matt führen konnte. Obwohl es so schien, als stehe die Partie gut für ihn und käme seiner Taktik entgegen, entschied er pro forma: »Hol den Brief zurück!«

»Wo? Bei der Post?«

Da dies unmöglich war, zwang er sie, Lützow noch einmal anzurufen mitten in der Nacht und ihm falsche Informationen zuzuspielen.

Brandenburg sei schwer erkrankt, sollte sie dem Admiral mitteilen. Er liege im Hospital, in Malaga, und sei nicht in der Lage, seine Pläne durchzuführen. Schritte gegen ihn seien voreilig, wenn nicht gar zwecklos. Es gehe mit ihm zu Ende.

Sie fügte aber noch etwas in Spanisch hinzu, von dem sie hoffte, Lützow würde es verstehen.

»Brandenburg es efectivo sano. Doch bei allem, was du tust«, bat sie ihn inständig, »nimm keine Rücksicht auf mich, sondern erfülle deine Pflicht.«

Brandenburg mißtraute der Baronesse jetzt sehr und immer mehr. Instinktiv fürchtete er, daß sie doppeltes Spiel trieb. Er rief in Marbella im Hotel seines Piloten an und befahl ihm, in die Finca nach Casares zu kommen.

Wie auf Knopfdruck erschien der Russe wenig später. Er half Brandenburg, die sich verzweifelt wehrende Baronesse gefügig zu machen. Fedorowitsch hielt sie fest umklammert, Brandenburg stellte sie mit einer Spritze ruhig. So zwangen sie die Willenlose mitzukommen und flogen mit ihr nach Nordafrika.

In einer Bucht der Kleinen Syrte, in Deckung mehrerer Inseln, innerhalb libyschen Hoheitsgebietes, lag militärisch perfekt getarnt das U-Boot *Ventura.*

Brandenburg brachte Dorothea an Bord und sperrte sie in seine Kommandantenkammer. Sie fürchtete, daß er sie bei der bevorstehenden Operation mitnehmen würde. Gewissermaßen als Kugelfang gegen Lützow.

42

Das vormals britische, einst deutsche Unterseeboot *Ventura* lag in seinem Inselversteck. Es trug weder Nummer noch Namen. Getarnt war es durch zusätzliche Deckaufbauten aus Latten und Leinen und bunte Bemalung, so daß man es aus der Ferne für einen Fischlogger halten konnte. Nur die arabische Flagge des Heiligen Krieges aus grünem Tuch mit Halbmond und Stern flatterte in Sehrohrhöhe.

An Bord ratterte der Hilfsdiesel für die Erzeugung von Strom, wovon Klimaanlage und Funk eine Menge fraßen. Trotzdem wurde es jetzt, Ende März, schon unerträglich heiß an der Küste Nordafrikas.

Die Arbeiten an Bord verliefen routinemäßig. Immer fielen Wartungen und kleine Reparaturen an. Sie wurden täglich durchgeführt, so daß das Boot jede Stunde einsatzbereit war. Ein großer Vorteil der aus Arabern, Indern und Philippinos bestehenden Besatzung war, daß sie der Hitze gegenüber nicht so empfindlich waren wie Europäer. Außerdem tröstete sie die hohe Dollarheuer über vieles hinweg.

Eines Abends, die Sonne stand nur noch daumenbreit über der Kimm, näherte sich der Insel eine schnittige 60-Meter-Yacht. Es mußten Freunde sein, denn niemand sonst kannte das Versteck. Die Yacht ankerte und schwenkte ihr Motorboot aus. Mehrere Gentlemen in wallenden arabischen Gewändern kamen herüber und gingen an Bord der *Ventura*. In ihren Dschallabijas und Kaffjes sahen sie aus wie Beduinen, Bänder um die Turbane signalisierten den Rangunterschied. Die höchste Stellung nahm Scheik Ibn Afrud ein. Seine Kaffje trug goldene Verzierungen. Die anderen waren schwarz, rot oder silbern durchwirkt.

Zu den Besuchern gehörten auch ein Perser und zwei Asiaten, kleine Leute mit fahlgelben Gesichtern. Sie wurden in allen Ehren empfangen, schritten an Bord der *Ventura* und zwängten sich durch ein Mannluk nach unten. Brandenburg behandelte sie ihrem Rang gemäß wie Fürsten.

Die anfangs angenehme Unterhaltung wurde jedoch bald heftiger und steigerte sich zu einer Mischung aus Vorwürfen, Zorn und nicht erfüllten Erwartungen.

»Diese britische Bande von Halbschwulen geht nicht auf unsere Forderungen ein«, rief der Perser.

Der Scheik fluchte im Tonfall eines gebildeten Mannes.

»Die denken immer noch, wir würden im letzten Moment das Gesäß kneifen.«

»Kneifen wir, Herr Admiral?« fragte der Araber mit der silbernen Turbanlitze.

»Wir werden es ihnen zeigen, Exzellenz.«

»Tun Sie, was Sie tun müssen, Admiral. Wir haben viele Millionen in das Projekt investiert. Wir wollen, daß sich dieser enorme Betrag gut verzinst. Es geht aber auch darum, daß wir unsere Freiheitshelden wieder aus den Gefängnissen und Kerkern herausholen und daß wir diesen arroganten Christenhunden einmal richtig zeigen, was ein jemenitischer Krummsäbel ist.«

»Die pokern doch nur.«

»In Wirklichkeit haben die schon die Hosen voll«, bemerkte Ling-Ho, der Asiate. »Die glauben immer noch, wir machen nicht ernst.«

»Tödlichen Ernst«, bekräftigte der Perser, »die nageln wir so zusammen, daß sie das Scheißen vergessen.«

Eistee wurde gereicht sowie Blätterteiggebäck garniert mit körnigem Zucker.

Brandenburg blieb bei Scotch, was neidische, aber auch vorwurfsvolle Blicke zur Folge hatte.

Die Besucher überzeugten sich von der blitzblanken Einsatzbereitschaft des Bootes. Die Moral der Besatzung, von der sie notfalls auch Selbstopferung verlangen, beurteilten sie nach den blütenweißen Arbeitspäckchen durchaus positiv.

»Eine Probefahrt, Gentlemen?« bot Brandenburg an.

Die Herrschaften blickten sich entsetzt an.

»In diesem stinkenden Geröhre aus Eisen? Nein, danke, Sir.«

Bevor sie sich in der Zentrale verabschiedeten, fragte der mit dem goldumrandeten Kopftuch: »Wann gehen Sie in See, Admiral?«

»Das ist geheim, Hoheit.«

»Werden Sie denn unbemerkt an Gibraltar vorbeikommen durch die Säulen des Herkules?«

»Mit Glück«, erwiderte der Einäugige nicht ohne Vorbehalt.

Der hochrangige Araber Ibn Afrud sagte, indem er seine Hand auf Brandenburgs Schulter legte: »Zwingen Sie Ihr Glück, Admiral Brandenburg, oder Ihr Pech zwingt Sie.«

Wie das gemeint war, darüber bestand kein Zweifel.

Während die weiße Yacht bei Dunkelheit die Bucht verließ, löste sich auch bei den Männern der *Ventura* die Spannung. Die Besichtigung war überstanden.

IX. TEIL

Die Vollstrecker

43

In seinem Büro im Brüsseler NATO-Hauptquartier brütete der Admiral über der neuen Lützow-Liste. Links stand ›plus‹, rechts ›minus‹. Strich darunter. Noch stand das Ergebnis nicht fest.

Auf die Plusseite buchte Lützow die Erkenntnis, daß es sich bei der Torpedierung von *TITANIC II* ohne Zweifel um Brandenburgs letzten Coup handelte. Eindeutig sprachen dafür, daß er sich auf einem U-Boot, der *Ventura*, aufhielt und daß er ziemlich genaue *TITANIC*-Pläne besaß. Eine Voraussetzung, um die Torpedoschüsse präzise zu setzen. Ferner war Brandenburg der Mann, der Kapitänleutnant von Müller in Bayrischzell besucht hatte. Aus Spanien verschwand er immer wieder zu seinem nordafrikanischen Stützpunkt. Vermutlich in Libyen. Kein anderer Mittelmeeranrainer wurde noch so diktatorisch islamisch beherrscht wie der von Saijd Muhammed As Sanusi, genannt Idril I. König von Libyen.

Der letzte nächtliche Anruf der Baronesse in Brüssel war zweifellos mit vorgehaltener Pistole erfolgt. Die darin enthaltene Täuschung, daß Brandenburg angeblich erkrankt sei und seine Pläne aufgegeben habe, klang eindeutig erzwungen. Außerdem stand dies in keinerlei Übereinstimmung mit den tatsächlichen Vorgängen. Die Erpressergruppe betrieb weiterhin ihr makabres Spiel.

Inzwischen war bei der Regierung in London die Drohung mehrmals wiederholt und ein Ultimatum gestellt worden. Auch verstand Lützow den Schlußsatz seines Ferngespräches mit der Baronesse durchaus richtig.

Bei allem, was du tust, hatte sie ihn inständig gebeten, nimm keine Rücksicht auf mich, sondern erfülle deine Pflicht.

Sie hatte dabei spanisch gesprochen. Vermutlich weil die Person, die sie unter Druck setzte, Spanisch nicht verstand.

Andererseits war der Anruf auch als Abschiedsgruß zu werten. Das bedeutete, daß Brandenburg seine Ehefrau zwang, mit ihm zu kommen. Wohin? Zu dem U-Boot, auf die *Ventura*? Was wiederum darauf schließen ließ, daß Brandenburg sich keineswegs in desolatem Zustand befand.

Wenn Lützow all diese Punkte zusammenzählte, ergab sich, daß die Operation gegen *TITANIC II* nicht abgebrochen worden war, sondern unter Brandenburgs Kommando weiterlief. Planmäßig und verstärkt.

Zwei Tage später hatte Lützow den Brief aus Marbella, den Umschlag mit dem Filmnegativ, in der Hand. Sofort reichte er das briefmarkenkleine Zelluloidstück ins Labor weiter. In den Abendstunden versuchte er noch einmal die Baronesse unter ihrer Nummer auf der Finca in Casares zu erreichen.

Dort meldete sich aber nur eine weibliche Stimme vom Hauspersonal: »Irse de viaje – en el camino – durante el viaje«, also für längere Zeit verreist.

Spät in der Nacht bekam Lützow die Vergrößerung des Mikrofilmes per Rohrpost an seinen Schreibtisch geschossen.

Zusätzlich erfolgte noch ein erklärender Anruf des Laborleiters: »Besser ging's nicht, Admiral. Der Abzug vom Original war total in der Unschärfe. Wir mußten das Ganze per Computer rekonstruieren. Wie Sie sehen, sind es insgesamt elf DIN A4 Seiten. Wir haben sie gleich fotokopiert.«

»Gute Arbeit. Danke«, zeigte sich Lützow zufrieden.

Beim Nachtservice bestellte er eine Kanne Mocca und machte sich an die Entzifferung der schrägspitzen deutschen Sütterlin-Handschrift. Zweifellos die Aufzeichnungen des alten Mannes aus Bayrischzell, des ehemaligen Kommandanten von *U-11*. Von Müller hatte ihn also regelrecht belogen. Seine Notizen existierten, und er hatte sie Brandenburg überlassen.

Der Verfasser, Theo von Müller, hielt sich nur kurz bei der Unternehmung *TITANIC* und jener Nacht auf, als er zwei Torpedos gegen das Schiff abgefeuert hatte. Im wesentlichen führte er seine Gedanken weiter, nämlich zu welcher Taktik er greifen würde, falls er den gleichen Angriff heute noch einmal hätte durchführen müssen. Unter Berücksichtigung moderner Ortungs- und Abwehrmittel.

Lützow, dem nichts fremd war, was U-Boot-Krieg anging, mußte den alten Herrn bewundern. Von Müllers Scharfsinn und seine Logik, womit er den Angriff heute vorbereitet, eingeleitet und durchgeführt hätte, konnte als beachtlicher admiralstabsmäßiger Entwurf gelten. Aber jetzt, nachdem Lützow ihn kannte, war er in der Lage, sich darauf einzustellen. Zweifellos würde Brandenburg nach dem von Müllerschen Verfahren angreifen.

Großbritannien reagierte auf die Erpressung typisch englisch, nämlich mit Stillschweigen. – Wie immer in seiner Geschichte, wenn England vor schwierigen Entscheidungen gestanden hatte, tat es zunächst einmal gar nichts und wartete ab. Was den Gegner stets mächtig Nerven kostete.

Das Schweigen einerseits löste andererseits aber verdeckte Aktivitäten aus. Doch diese spielten sich im Hintergrund ab. –

Der algerische und libysche Küstenbereich wurde fortan bei Tag und Nacht von Fernaufklärern überflogen. Mit hochauflösenden Infrarot- und Wärmebildkameras wurden die in Frage kommenden Abschnitte fotografiert. Die Auswertung ließ jedoch nicht eindeutig bestimmen, wo das gesuchte U-Boot lag. Es gab zu viele versalzte Flußmündungen und verschilfte Inseln. Deshalb konzentrierte sich die 6. amerikanische Mittelmeerflotte um die nordafrikanische Küste zwischen dem tunesischen Bizerta und dem libyschen Tobruk. Das entsprach einer Küstenlänge von eintausend Seemeilen und war mithin schwer überwachbar.

Admiral Lützow lieferte den einzigen praktikablen Vorschlag, nämlich die Meerenge von Gibraltar noch schärfer zu kontrollieren als in Kriegszeiten. Jede Gemüsekiste, welche die Straße passierte, sollte registriert werden. Eine andere Möglichkeit, mit der *Ventura* das Mittelmeer zu verlassen als via Gibraltar, hatte Brandenburg nämlich nicht.

Der unbemerkte Durchschlupf im Winter mochte ihm noch

gelungen sein, aber herauskommen würde er nicht mehr. Auch Suez schied aus. Die Kontrolle des Kanals war eine Routinemaßnahme, die von Analphabeten bewältigt werden konnte.

Inzwischen war die *TITANIC II* fertiggestellt. Mitte März absolvierte sie ihre Probeläufe in der Irischen See. Gleichzeitig wurde vom Oberkommando der Royal Navy eine Strategie entwickelt, die punktgenau zu befolgen war.

»Wir geben keinen Fingerbreit nach«, erklärte der Premierminister in Downing Street den Flottenchefs, »England kriecht vor solchen Terroristen nicht zu Kreuze. Wenn wir nur einmal den Schwanz einziehen, müssen wir es immer tun.«

Die britische Home-fleet stellte eine Reihe von Begleitschiffen für die *TITANIC II* ab. Diese Einheiten wurden noch von NATO-Verbänden Frankreichs, Deutschlands und Norwegens durch Kreuzer, Zerstörer und Korvetten ergänzt. Sie verteilten sich an den Ausgängen des Ärmelkanals.

Achtundzwanzig Fahrzeuge, eine ganze Flottille also, standen bereit. Die *TITANIC II*, wenn sie am 8. April Southampton verließ, in Empfang zu nehmen und zu schützen wie eine Bienenarmee die Königin. Auch der Luftschirm war lückenlos.

Zunächst lief alles nach Programm. Die *TITANIC II* wurde für ihre Jungfernreise vorbereitet, übernahm Frischwasser und Proviant. Außerdem erhielt sie noch eine Reihe geheimer Sonderausrüstungen.

Am 6. April meldete der Commodore sein Schiff seeklar. Das große Pokerspiel konnte beginnen.

Egal, wo der Feind stand und wo er angriff, England war bereit, den Gegner anzunehmen, um ein für allemal gegen solche Drohungen ein Exempel zu statuieren. Dazu erhielt London auch die moralische Unterstützung sämtlicher befreundeter Nationen. Wofür man sich in der Regel aber nichts kaufen konnte. Nur aus dem arabischen Raum tönten Radio und Pressestimmen, die England davor warnten, Menschenleben aufs Spiel zu setzen und eine atomare Verseuchung der Meere hinzunehmen, nur um das, was man im Westen Recht und Ordnung nannte, aufrechtzuhalten. Durch diese Art von Heuchelei seien schon weltweit Kriege ausgelöst worden und Millionen von Menschen zu Tode gekommen.

Das Ultimatum lief Minute um Minute ab. Noch sechsunddreißig Stunden. Der 7. April verstrich, der 8. April dämmerte herauf. Leider mit gutem Wetter.

44

Admiral Lützow übernahm kommissarisch das Kommando des amerikanischen Kampf-U-Bootes *Triton*. Bei Nacht und Nebel lief das *SSN-586* vom amerikanischen U-Stützpunkt Hull in Nordschottland aus. Mit voller Leistung seiner 34000 Turbinen-PS ging es auf Kurs WNW. Schon nach wenigen Stunden erhielt Lützow die Meldung, daß Brandenburgs *Ventura* schon unterwegs sein müsse und der *TITANIC II* auflauere.

Bei den Färöer war ein Asdic-Echo ohne Transponderkennung empfangen worden. Demnach hatte die *Ventura* bereits vor vier Tagen, als die Sperre noch nicht stand, getaucht die Meerenge von Gibraltar passiert. Gegen die starke Atlantikströmung konnte sie nur mit Diesel angekommen sein. Allerdings in Schnorchelfahrt.

In der Tat wurden Dieselabgase von Kohlendioxydsensoren aufgespürt. Der Zusammensetzung nach stammten sie nicht von Fischereifahrzeugen. Eine Erkenntnis, die leider zu spät kam.

Auch die *TITANIC II* hatte inzwischen Southampton verlassen, denn selbstverständlich war die britische Regierung nicht auf die Erpressung eingegangen, auch nicht in der letzten Stunde.

Begleitet von Sicherungsverbänden, geschützt wie ein schwimmender Riesendiamant, nahm das Schiff den alten *TITANIC*-Kurs durch den Sankt-Georgs-Kanal, die Irische See zu den Hebriden und weiter entlang dem 45. Breitengrad.

Nahtlos wurde ihr Kurs von Aufklärern, Jägern und Jagdbombern überwacht. Die Flugzeuge waren mit kriegsmäßigem Spürgerät ausgerüstet, dem kein Angreifer, woher er auch kam, entging. Längst hatten die U-Jagdverbände der NATO das unbekannte Objekt erneut ausgemacht, es als *Ventura* identifiziert. Sie folgten ihm.

Die unsichtbare Anwesenheit der *Ventura* beunruhigte Admiral Lützow nicht, denn er kannte ja Brandenburgs neue Taktik. Der mit modernsten elektronischen Mitteln lesbar gemachte Mikrofilm enthielt Kapitänleutnant von Müllers neue, aus alten Erfahrungen geborene Angriffstheorie. Zweifellos hatte Brandenburg sie verarbeitet, sich von der Müllerschen Strategie anregen lassen und sie verbessert. Das wirklich Revolutionäre daran war der Angriff mit nicht nur einem U-Boot, sondern mit zwei Booten. Dies zur Ablenkung und Irreführung der Verteidiger.

Darüber sprach Lützow mit Commander George Mittler, der ihm für diese Mission die Führung der *Triton* überlassen hatte.

»Brandenburg hat aber nur ein Boot zur Verfügung«, wandte Mittler ein, »die alte *Ventura*. Wenn er nach der verbesserten Angriffstaktik arbeitet, woher nimmt er dann das zweite Boot?«

»Ja, woher«, stimmte ihm Lützow nachdenklich bei.

Mit hoher Fahrtstufe, in einer Art Geleitzugssuchkurve, steuerte die 136 Meter lange 6000 Tonnen schwere *Triton* die Kurslinie der *TITANIC II* an und hoffte, sie im kritischen Bereich zu treffen.

Die *TITANIC II* behielt Kurs und Fahrt bei. Am vierten Tag ihrer Reise stand sie schon nahe jenem Punkt südlich von Neufundland, wo sich gemäß geographischer Länge und Breite im April 1912 die *TITANIC*-Katastrophe zugetragen hatte.

Nur noch wenige Stunden und das riesige Schiff erreichte die historische Stelle.

Es war die gleiche Jahreszeit, wieder ein Tag mit rasch hereinbrechender Dunkelheit. Auch die Wetterbedingungen stimmten nahezu überein. Nebel, treibende Eisberge, Kälte. Bedingungen wie vor fünfzig Jahren.

Noch war das zweite Boot des Angreifers nicht zu sehen, als die *TITANIC II* in immer dichteres Treibeis geriet.

Lützow, der die Operation von Bord der *Triton* aus koordinierte, hatte nach Blick auf die Eisbergmeldungen der Wetterstationen einen Einfall.

»Das zweite Boot«, wandte er sich an Commander Mittler, »muß ja nicht unbedingt ein Unterwasserfahrzeug sein.«

Also ließ er alle Schiffe, soweit sie Nordrouten befuhren, ermitteln. Da die meisten über einen Erkennungstransponder verfügten, selbst Frachter, Fischdampfer, Logger und Kutter wurden damit ausgestattet, war das weiter nicht schwierig. Zwar hatten nicht alle ihre Kurse gemeldet, aber in der Nähe der *TITANIC II*-Route schipperte kaum ein Objekt herum. Die Frachterwege lagen südlicher. Um diese Jahreszeit mieden sie gern die Eisbergdrift. Obwohl die Strecke nach Amerika je nördlicher, desto kürzer war, wagte sich ohne Grund niemand in diese Waschküche. Auch gab es Anfang April hier kaum Fisch. Die Heringsschwärme zogen weiter östlich.

Dichter Nebel, Schneeregen, Temperatur unter Null.

Das geortete U-Boot, zweifellos das konventionelle Typ-XXI *Ventura* der Royal Navy, benahm sich plötzlich merkwürdig. Völlig unerwartet schlug es einen Haken, drehte von seinem bisherigen Parallelkurs zur *TITANIC II* scharf in Richtung Westen ab. Mit Kurs Mittelatlantik, etwa 210 Grad.

Die Verfolgung wurde trotzdem aufrechterhalten. Sicherungseinheiten folgten ihm mit Brassfahrt. Das dünnte jedoch den Ring um die *TITANIC II* aus.

Lützow war jetzt besorgt. Bis er die Finte Brandenburgs durchschaute, war es schon zu spät. Bei dichtem Treibeis, im Radarschatten eines Eisberges, machten sie einen norwegischen Heringsfänger aus, einen 150-Tonnen-Trawler.

»Das Radarsignal kommt äußerst schwach«, meldete der Ortungsoffizier der *Triton.* »Vermutlich hat er einen hölzernen Rumpf.«

»Forschen Sie über Funk in Oslo nach«, empfahl Lützow, »und geben Sie die ungefähren Daten durch.«

Die Rückantwort aus Norwegen erfolgte verhältnismäßig schnell. Sie besagte, daß das erkannte Schiff gar nicht unterwegs sein könne. Der vermutliche Eigner saß wegen Versicherungsbetrugs in Bergen im Gefängnis. Angeblich war sein Schleppnetz-Trawler durch eine Gasflaschenexplosion abgebrannt und auf hoher See gesunken. Der Nachsatz lautete: Vermutlich hat der Eigner ihn illegal verkauft. Versicherungsbetrug.

Über Bildfunk lief noch ein Foto des Trawlers ein. Die Silhouette entsprach nur ungefähr der Radaraufzeichnung. Sie war demnach verändert worden, besonders durch längliche Aufbauten am Vorderdeck und einem zweiten Mast.

In diesen kritischen Minuten kam die *TITANIC II* mit 35 Knoten von Osten her angerauscht. Kaum war sie in Sicht, setzte sich auch der Heringsfänger in Bewegung. Mit deutlicher Bugwelle, also voller Dieselkraft, hielt er auf die *TITANIC II* zu. An einem berechenbaren Punkt mußten sich die Kurse des Riesendampfers und des Heringsfängers zwangsläufig schneiden.

Der *TITANIC II*-Commodore hielt mit einem trügerischen Gefühl von Sicherheit und Gottvertrauen stur Kurs. Um kein Grad wich er davon ab. Bald betrug der Abstand nur noch zwei Meilen.

»Zweifellos ist das Brandenburgs Torpedo-Trawler«, äußerte Admiral Lützow am Sehrohr stehend. Einer der *Triton*-Offiziere meldete leichte radioaktive Strahlung.

»Das stammt wohl von den britischen Atom-Torpedos.«

»Oder vom *TITANIC*-Reaktor.«

»Wird er die Aale abfeuern?« zweifelte Fregattenkapitän Mittler.

»Ohne die geringste Hemmung«, sagte Lützow, »er dreht schon in Schußposition.«

In der Weitwinkeloptik des Sehrohrs erkannte man jetzt deutlich vor dem Ruderhaus des Trawlers zwei schnellbootähnliche Abschußrohre. Die Heringsfängerleute rissen die Planen weg. Die Mündungsklappen schwangen auf wie mächtige Kiefer und gaben die Schlünde frei.

»Was können wir tun, Herr Admiral?« fragte Mittler ratlos.

Mit Froschmännern war nichts zu machen. Jagdbomber konnten den Trawler bei Nacht und Nebel nicht erreichen und von seinem Vorhaben abhalten. Lützow sah nur noch eine Möglichkeit, nämlich ihn per Fangschuß zu versenken. Dazu galt es schnell zu handeln. Vermutlich wurde der Trawler von Brandenburg selbst kommandiert. Sie mußten ihn versenken, ehe er die Torpedos abfeuerte. Auch wenn Dorothea von Königsau an Bord war.

»Klar zum Unterwasserschuß!« befahl Lützow. »Genau Tiefe steuern, fünfzehn Meter.«

Der Rechner empfing die Datenkombination von Sonargerät und dem Unterwasserradar und verarbeitete sie. Die Kontrollichter an der Konsole blinkten und kamen zur Ruhe.

»Werte eingespeichert, Sir.«

»Wir sind schußklar«, sagte Commander Mittler.

Lützows Hand näherte sich dem roten Schußknopf. Doch er zögerte. Wie auch immer, die letzte Entscheidung überforderte ihn einfach. Das war zuviel verlangt.

»Machen Sie das, Commander.«

Nach diesem schweren Entschluß gab er Mittler Sehrohr und Schießbefehl frei.

Nach kurzer Orientierung erteilte Commander Mittler den Befehl: »Rohr eins los!«

Zischend verließ der Torpedo das Rohr. Das im Bug erleichterte Boot wurde nachgetrimmt. Der E-Torpedo näherte sich, mit vierzig Knoten unter dem Treibeis laufend, dem Trawler. Der Aal war ein Modell, das seinen Gegner automatisch zu suchen und auch zu treffen pflegte. Ein erprobtes zuverlässiges Gerät. Der Zeiger der Stoppuhren wanderte lautlos. Sekunden nach der vorberechneten Zeit der dumpfe Aufschlag, als hämmere ein Schmiedehammer gegen eine leere Tonne.

»Treffer!« sagte jemand an.

Dann die Detonation. Keine großartige, die alles umhaute wie ein Erdbeben, doch in der Dunkelheit blowte ein Feuerball hoch. Sein Umfang wuchs. Sein Kern, weiß und rot, war in der Dunkelheit deutlich zu sehen.

Zum Glück blieb es bei dieser einen Explosion. Alle 170 Mann an Bord des *SSN 586 Triton* waren erleichtert.

Und Lützow kommentierte nüchtern: »Wer zuerst stirbt, ist der Verlierer, chinesische Seemannsregel.«

»Die Atomköpfe der *Ventura*-Torpedos sind nicht mit hochgegangen. Sie haben es ausgehalten«, ergänzte Mittler erleichtert. Und die *TITANIC II* rauschte, von all dem unberührt, auf ihrem Kurs weiter nach Westen.

Noch am Morgen trieben Trümmer zwischen den Eisschollen. *U-Triton* tauchte auf. Ein kurzer Salut galt den Toten. Indessen stand die *TITANIC II* schon vierhundert Seemeilen weiter. Sie nahm ihren Weg an der Südspitze Neufundlands vorbei nach New York.

Lützow machte sich mit der *Triton* an die Verfolgung des ehemals britischen U-Bootes deutscher Herkunft. Doch die *Ventura* blieb in den Weiten des Atlantik verschwunden und war nicht mehr auffindbar.

45

Am 21. April 1962 kehrte die *TITANIC II* wohlbehalten aus New York nach Southampton zurück. Offiziell gab die Reederei bekannt, daß es sich nicht um die Jungfernfahrt des Schiffes gehandelt habe, sondern um eine ausgedehnte Atlantikerprobung ohne Passagiere. Eine wahrlich elegante Umschreibung der wirklichen Hintergründe.

Während die *TITANIC II* für den errungenen Blaues-Band-Rekord und zum Einschiffen der internationalen Prominenz auf Hochglanz poliert wurde, versuchte ein britisches Tiefseetauchboot die Atomköpfe der *Ventura*-Torpedos in 4000 Meter unter der See zu finden und zu bergen.

In London wurde Admiral Lützow von Reportern befragt, wie er sich denn so fühle.

Er antwortete auf seine dröge Art: »Wir haben unseren Job gemacht. Es kommt mir vor, als sei es nicht passiert und gar nicht wahr. Aber ich glaube an den Erfolg.«

In Buckingham Palace fand ein dezenter Staatsakt statt. Durch außerordentlichen Erlaß ernannte Königin Elizabeth II. den Admiral Toni Lützow zum Ehrenbürger des Königreiches und verlieh ihm den Orden ›Commander of the British Empire‹. Gleichzeitig wurde Lützow von der Queen zum Ritter geschlagen und zum Lordadmiral ernannt. Die damit verbundenen Privilegien gedachte Admiral Lützow nicht in Anspruch zu nehmen. Bei einem Fernsehinterview erkundigte sich der Talkmaster nach seinen Gründen.

»Ach wissen Sie«, antwortete Lützow, »siegen ist zwar nicht alles, aber verlieren ist leider gar nichts. Zu siegen genügt mir schon. Der Rest interessiert mich wenig.«

Froh, daß er aus der Sache einigermaßen heil herausgekommen war, begab sich Lützow nach Brüssel, um die Operation North-Print abzuwickeln.

Bei einem Spaziergang durch die Brüsseler Altstadt fiel sein Blick auf ein buntes Plakat. Der Münchner Großzirkus Krone gastierte in der Stadt.

Aus Zirkusbesuchen hatte sich Lützow nie allzuviel gemacht. Tierställe rochen nicht gut, Artisten auch nicht, U-Boot-Gestank reichte ihm. Aber ein Detail des Zirkusplakats, Foto und Name eines Manegenstars darauf, faszinierten ihn. Also besuchte er die Abendvorstellung.

Nach der Pause, im zweiten Teil, trat ein Mann auf. Schlank, mittelgroß, er trug Smoking und Zylinder, war aber unschwer als Harry Rex zu erkennen. Offenbar machte er wieder einmal einen seiner geliebten Show-Ausflüge. Jedenfalls bezeichnete er sich als ›Der Erbe Hanussens‹ und faszinierte das Publikum mit seinen hellseherischen Tricks. Er wußte die Namen ihm völlig unbekannter Menschen, konnte den Inhalt ihrer Brieftaschen nennen, ihre privaten Probleme, ihre Hobbys. Als Höhepunkt beschrieb er die in zusammengefalteten Zetteln von Zuschauern gezeichneten Symbole. Dafür erntete er stürmischen Applaus.

Nach anhaltenden »da capo«-Rufen betrat er noch einmal das Zirkusrund und lieferte eine besondere Zugabe. Darin prophezeite er, zu aller Überraschung, das Wetter für den Sommer und den Namen des nächsten belgischen Premiers. Die Lottozahlen vom Wochenende bedauerte er jedoch nicht nennen zu dürfen, da die Quoten sonst zu niedrig ausfallen würden.

Nach Rex kam die Löwennummer. Das Gitterrund wurde aufgebaut. Admiral Lützow verließ seinen Logenplatz und suchte Harry in seiner Künstlergarderobe auf.

Der Hellseher schminkte sich gerade ab, nahm einen Schluck Champagner. Überrascht und hocherfreut, Lützow zu sehen, goß er ein zweites Glas voll. Doch bevor sie tranken, legte Lützow ein Foto auf den Schminktisch. Er sagte nicht, daß es sich dabei um ein Bild der Baronesse handelte. Der große Harry Rex fragte aber auch nichts Näheres.

»Was möchten Sie über die Dame wissen, Käptn?«

»Wie es ihr geht.«

Harry Rex legte seine Hand auf das Foto und verdeckte es beinah zur Gänze.

Lützow wartete gespannt. Es dauerte so lange, daß er, nervös geworden, fragte: »Lebt sie noch?«

Harry Rex hatte die Augen geschlossen. Dann öffnete er sie langsam. Seine Lippen bewegten sich. Wie in Trance antwortete er: »Ob sie noch lebt, kann ich nicht sagen, Admiral. Ich fühle nur …«

»Ja?«

»… ich weiß nur, daß sie nicht gestorben ist.«

»Danke, das genügt mir, Harry. Sie sind der wahrhaft Größte.«

Sie leerten die Champagnerflasche und noch eine und sprachen über den sibirischen Törn. Dann ging Lützow.

Wenige Tage später flog er zurück nach Kalifornien. Er wollte sich endlich um seine Pampelmusenfelder kümmern.

Als Hinweise auf besondere Ereignisse dienten:
Herzog, Bodo: Deutsche U-Boote.
Guenter, C. H.: Der Gefangene von Sachalin.
British Overseas Investigation: Der Titanic-Prozeß.